Peter Ensikat
Populäre DDR-Irrtümer

PIPER

Zu diesem Buch

Wer wissen will, wie es in der DDR wirklich zuging, der kann sich davon vor Ort in Brandenburg und Thüringen ein Bild machen – oder Peter Ensikats ebenso hellsichtiges wie ätzendbissiges Lexikon der populären DDR-Irrtümer lesen. Der große Kabarettist erklärt, was es mit dem vielfach beschworenen »Wir-Gefühl« der DDR-Bürger wirklich auf sich hatte, wagt einen Blick hinter die Mauern des »Fürstentums Wandlitz« und erläutert seine These von der »unbefleckten Empfängnis« des Schießbefehls. Oft genug, so bekennt er, hat er sich für das »kleine Mauerländchen« namens DDR geschämt. Bis 1989 meinte er, man könne es, wenn man nicht verzweifeln wolle, nur satirisch betrachten. Inzwischen ist Ensikat klüger: »Seit ich in der Bundesrepublik lebe, weiß ich, dass das keine Besonderheit dieser DDR war. Es sind nicht die Unterschiede zwischen den beiden von mir erlebten Systemen, die mich erschrecken. Es sind die Ähnlichkeiten.«

Peter Ensikat, geboren 1941 in Finsterwalde, ist der meistgespielte Kabarettautor der DDR. 1991 wurde er Gesellschafter, von 1999 bis 2006 künstlerischer Leiter des Kabaretts »Die Distel«, Berlin. Er schrieb unter anderem die Bücher: »Hat es die DDR überhaupt gegeben?« und »Das Schönste am Gedächtnis sind die Lücken«.

Peter Ensikat

Populäre DDR-Irrtümer

Ein Lexikon von A–Z

Piper München Zürich

Mehr über unsere Autoren und Bücher:
www.piper.de

Mix
Produktgruppe aus vorbildlich bewirtschafteten Wäldern und anderen kontrollierten Herkünften
www.fsc.org Zert.-Nr. GFA-COC-001223
© 1996 Forest Stewardship Council
FSC

Ungekürzte Taschenbuchausgabe
Piper Verlag GmbH, München
April 2010

Umschlagkonzeption: semper smile, München
Umschlaggestaltung: Cornelia Niere, München
Umschlagfoto: mauritius-images
Autorenfoto: Matthias Zimmermann
Satz: Greiner & Reichel, Köln
Papier: Munken Print von Arctic Paper Munkedals AB, Schweden
Druck und Bindung: CPI – Clausen & Bosse, Leck
Printed in Germany ISBN 978-3-492-25772-5

Um allen Irrtümern vorzubeugen

Dies ist kein DDR-Brockhaus. Es ist ein Lesebuch und nicht nur eines für Ostdeutsche. Wo von der DDR die Rede ist, muss auch von der Bundesrepublik gesprochen werden und von dem, was aus beiden seit 1990 geworden ist. Im Übrigen ist es ein Buch über »meine« DDR, über meine komischen Irrtümer, die ich manchmal mit anderen Ostdeutschen geteilt habe, manchmal auch nicht. (Siehe auch das Stichwort ↑Wir-Gefühl.) Honeckers DDR war gewiss eine ganz andere als meine oder die von Bärbel Bohley und Katarina Witt. »Die« DDR hat es nie gegeben, nicht zu DDR-Zeiten, danach schon gar nicht. Wer meint, hier nur gelitten zu haben, irrt sich – Gott sei Dank – genauso wie der, für den die DDR in der Erinnerung die reine Freude war.

Wenn ich höre oder lese, was heute so über sie gesagt und geschrieben wird, habe ich immer öfter das Gefühl, nicht dabei gewesen zu sein oder mich rechtfertigen zu müssen dafür, dass ich dabei war. Geschämt habe ich mich für dieses kleine Mauerländchen oft genug. Bis 1989 meinte ich, diese DDR könne man, wenn man nicht verzweifeln wollte, nur satirisch betrachten. Seit ich in der Bundesrepublik lebe, weiß ich, dass das keine Besonderheit dieser DDR war. Das Politbüro der SED hatte eines gemeinsam mit dem Vorstand der Deutschen Bank. Beide wurden und werden nicht vom Volke gewählt, und beide hatten beziehungsweise haben zu viel Macht.

Es sind nicht die Unterschiede zwischen den beiden von mir erlebten Systemen, die mich erschrecken. Es sind die Ähnlichkeiten. Von der politischen Gängelei zum ökonomischen Druck. Die Zwänge wechseln, der Zwang bleibt.

Der Komponist Hanns Eisler hat mal gesagt: Das Gegenteil von einem Irrtum ist ein Irrtum. Das halte ich für keinen Irrtum, aber ich kann mich natürlich auch darin irren. Denn Irren ist nicht nur menschlich, unser ganzes Leben beruht auf dem einzigen Irrtum, es hätte einen Sinn. Wer aber wollte ohne diesen Irrtum leben? Auf manchem Irrtum muss man bestehen.

Am besten ging es mir immer, wenn ich an etwas glaubte, von einer Sache fest überzeugt war. Als Kind glaubte ich zeitweise an den lieben Gott. Das hatte aber mehr mit meiner streng atheistischen Erziehung zu tun als mit der Kirche. Dann glaubte ich zwischenzeitlich an Marx. Diesen Glauben hat mir die DDR ausgetrieben. Inzwischen glaube ich an das Einzige, woran auch Marx zu glauben schien, an den Zweifel. Mit diesem Glauben lebt es sich nicht ganz so einfach, nicht mal in einer Gesellschaft wie der Unseren, in der jeder Glaube erlaubt ist, auch der an sich selbst. Wer den verloren hat, dem helfen weder Gott, noch Marx.

Offensichtlich habe ich diesen Glauben noch, sonst könnte ich hier nicht so respektlos über meine und anderer Leute Irrtümer herziehen. Also – wenn ich nicht wieder irre – lohnt es sich sogar über alte Irrtümer zu lachen, um Kraft zu sammeln für neue. Da es sich um ein – wenn auch ganz und gar subjektives – Lexikon handelt, sind die Irrtümer nicht nach ihrer Bedeutung, sondern alphabetisch geordnet.

Peter Ensikat im Juli 2008

Alles nicht mehr wahr

Die DDR ist ein überwundener Irrtum der Ostdeutschen

Als die DDR untergegangen war, glaubten viele von uns Ostdeutschen, die letzten vierzig Jahre durch kollektives Vergessen einfach ungeschehen machen zu können. Man wollte noch mal ganz von vorn anfangen, bei einer Stunde Null. Die DDR, das war ja nur die SED, die Staatssicherheit, Honecker, Mielke und Co. Wir, die sechzehn oder siebzehn Millionen Hinterbliebenen, hatten mit dem Staat nichts zu tun. Denn alles, was hier in diesen vierzig Jahren geschehen war, war ohne unser Zutun, ja eigentlich gegen unsern Willen geschehen. Also waren wir auch für nichts verantwortlich. Wir waren fest entschlossen, lieber vierzig Jahre nicht, als vierzig Jahre falsch gelebt zu haben. Denn, dass hier alles falsch war, das hatten wir ja sofort erkannt, als es vorbei war. In diesem Glauben bestärkten uns auch die, die gar nicht hier gelebt hatten. Ja, es stellte sich sehr schnell heraus, dass sie sogar viel besser als wir über uns Bescheid wussten. Da sie aus dem klügeren Teil Deutschlands kamen, glaubten wir es ihnen auch erst mal. Wir hatten nur den einen Wunsch, ganz schnell genauso klug und reich zu werden, wie sie es schon immer waren und alles nachzuholen, was sie uns scheinbar voraushatten.

Im Streben, nach vierzig Jahren Trennung endlich wieder eins zu werden, versuchte man zwischenzeitlich sogar die Himmelsrichtungen abzuschaffen. Als in einer Talkshow des SFB Anfang 1990 der Moderator immer wieder vom Osten sprach, protestierte einer der Zuschauer laut, indem er rief: »Osten is' abjeschafft.« Dafür bekam er viel Beifall.

Da dem Abschaffen von Himmelsrichtungen aber einiges entgegen stand, einigte man sich, fortan vom »ehemaligen Osten« zu sprechen. Wir wollten jetzt auf einen Schlag zum Westen gehören, auch wenn hier alles noch genauso aussah, wie es zu »Ost-

Zeiten« ausgesehen hatte. Der Schlussstrich sollte schon gezogen werden, als noch kein Ende abzusehen war.

Der verblichenen DDR verlieh man einen Ehrentitel, den man zuvor noch keinem deutschen Staatswesen angetragen hatte, sie wurde zur »Ehemaligen«. So wurden wir »Ehemaligen« aus der »Ehemaligen« etwas ganz Einmaliges in der deutschen Geschichte. Wir fielen von einem Tag zum andern in eine Gegenwart, die nicht nur eine goldene Zukunft versprach, sondern auch die ganze schwarze Vergangenheit im Dunklen lassen sollte. Schon Ende 1989 waren in Leipzig Demonstranten mit DDR-Fahnen auf die Straße gegangen, aus denen sie das schändliche DDR-Symbol – »Hammer, Zirkel, Ährenkranz« – herausgeschnitten hatten. Da glänzte nun ein schwarzes Loch im ganz neuen alten Schwarz-Rot-Gold und versprach uns eine Zukunft ohne jede Vergangenheit.

Für kurze Zeit kamen Ost- und Westdeutsche einander so nahe, dass man sie für einen Moment gar nicht mehr unterscheiden konnte. Der eine meinte, sich im anderen wiederzuerkennen. Und alle riefen: »Wir sind ein Volk!« Gesamtdeutsche Glückstränen flossen in Strömen, und ein einziges Wort genügte damals, um all unsere ebenso heißen, wie gesamtdeutschen Gefühle auszudrücken: »Wahnsinn!« Dieser Wahnsinn machte uns für ein paar Wochen zu einem einig Volk von betrunkenen Brüdern und Schwestern. Der bis dahin verachtete Anorak der ostdeutschen Montagsdemonstranten würde – so träumten wir – zu unserem revolutionären Ehrenkleid, an dem man uns auch im entlegensten Winkel des Westens erkennen und lieben würde. Das mit dem Erkennen hat geklappt, das mit der Liebe leider nicht.

Wir brauchten lange, um diesen ersten Irrtum zu erkennen, nämlich dass wir »drüben« gar nicht so willkommen waren, wie wir in der Nacht des Mauerfalls gedacht hatten. Mit den blaugelben Abgasfahnen unserer Zweitakter eroberten wir nun wenigstens den Luftraum über den intakten westdeutschen Autobahnen und Innenstädten. Allerdings wurden nun aus den bewunderten sächsischen Montagsdemonstranten auf der Stelle lästige Familienangehörige, vor deren Besuchen man zu Mauerzeiten sicher gewesen war. (↑Mauer) Nur deshalb hatte man uns damals ja auch ungefährdet zum Gegenbesuch einladen können. Das Wort »Familienbande« bekam jetzt wieder seine alte gesamtdeutsche Bedeutung zurück.

Wo immer wir »Ehemaligen« auftraten, taten wir nun auch im Westen das, was wir im Osten in vierzig Jahren Sozialismus gelernt hatten – wir bildeten Schlangen. Zuerst vor den Bank- und Sparkassenschaltern, an denen wir unser Begrüßungsgeld abholten, dann bei Aldi und in den wundervoll glänzenden Warenhäusern des Westens, wo wir es wieder ausgaben. Im Osten, wo es nichts zu kaufen gegeben hatte, waren hundert Westmark ein unglaublicher Reichtum gewesen. Im Westen, wo es alles gab, waren dieselben hundert Mark nun fast nichts mehr.

Im zwischenzeitlich ostdeutsch besetzten Westberlin klagten die Wilmersdorfer Mütter schon eine Woche nach der Maueröffnung, dass die Ostmütter ihnen die Milch für ihre Kinder wegkauften. Wenn sich ein Ostberliner über die lange Schlange vor der Aldi-Filiale beklagte, konnte es geschehen, dass er sich von einem Türken aus Kreuzberg sagen lassen musste: »Wir euch nix gerufen.«

Mochte es in den ersten Tagen auch so ausgesehen haben – der Weg zur deutschen Einheit blieb jedoch keine Einbahnstraße, die von Ost nach West führte. Selbst mancher, nun endgültig in allem überlegene Westdeutsche fand seinen ganz persönlichen Weg zum eigenen Vorteil in diesen noch halbwilden Osten. Und – wer immer kam – er wurde von Herzen begrüßt. Sei es Harald Juhnke in Cottbus, Jürgen von der Lippe in Karl-Marx-Stadt oder Helmut Kohl in Leipzig – sie wurden als Befreier begrüßt und umjubelt. Ganz zu schweigen von den Gebrauchtwagenhändlern, Versicherungsagenten und Teppichanbietern, die zu Tausenden kamen, um uns mit ihren Wohltaten zu beglücken. Auch der eine oder andere Freigänger aus westdeutschen Justizvollzugsanstalten, nutzte seinen Freigang, um dem befreiten Osten mit Rat und Tat beizustehen.

Doch die ostdeutsche Begeisterung für solche Entwicklungshelfer währte nicht viel länger als die westdeutsche Freude über den unerwarteten Ostbesuch. Mancher östliche Irrtum klärte sich in Form eines schrottreifen Gebrauchtwagens oder einer völlig überflüssigen Versicherungspolice auf. Aus der bedingungslosen Dankbarkeit der ersten Tage wurde nun sehr schnell ein ebenso allgemeines Misstrauen. Plötzlich wurde auch der gutwilligste und harmloseste Helfer aus Bonn, München, Hamburg oder Bottrop in ostdeutschen Augen zum potentiellen Betrüger.

Langsam, aber sicher, stellte sich auf beiden Seiten heraus, wir haben uns ineinander geirrt. Aber da war es schon zu spät. Die Ehe war geschlossen. Der Irrtum ist nicht mehr zu beheben. Nun müssen wir irgendwie miteinander auskommen. Aber es ist ja auch nicht die erste Liebe auf der Welt, die am Zusammenleben zu scheitern droht. Wir haben uns nicht nur ineinander geirrt, wir haben uns auch in uns selbst geirrt. Jeder für sich. Der Ossi ist kein Wessi, wie der Wessi kein Ossi ist. Vierzig Jahre kann man nicht einfach ungeschehen machen. Eine DDR ohne ↑Honecker oder ↑Mielke kann man sich noch vorstellen. Aber eine ↑DDR ohne uns? Wir haben – wenn auch noch so widerwillig – mitgemacht. Schon deshalb müssen wir darauf bestehen: Es kann gar nicht alles schlecht gewesen sein in der DDR. Das behaupte ich, auch auf die Gefahr hin, dass sich das wieder als Irrtum herausstellen sollte.

Andersdenkende → Bürgerrechtler

Antifaschistischer Schutzwall → Mauer → Republikflucht

Arbeiter- und Bauernstaat

Die Arbeiter und Bauern hatten die Macht

Dass die DDR ein Arbeiter- und Bauernstaat sei, glaubten die Arbeiter und Bauern dieses Staates am wenigsten. Das lag zum einen daran, dass kaum ein DDR-Arbeiter oder -Bauer seinen Lenin gelesen hatte. (↑Marxistische Bildung) Der nämlich hatte diese Bezeichnung geprägt für – so steht es in meinem DDR-Lexikon von 1988 – »die Staatsmacht, die unter Führung der Arbeiterklasse und ihrer marxistisch-leninistischen Partei die Interessen der Werktätigen in Stadt und Land vertritt und verwirklicht und den Aufbau des Sozialismus und Kommunismus zum Ziele hat«. Nein, solche Sätze mag man nicht lesen, auch wenn man kein Arbeiter oder Bauer ist. Das war jenes Parteichinesisch, das allein aus Worthülsen bestand, die so nichts sagend waren, dass sie jeder wiederholen konnte, ohne sich etwas dabei denken zu müssen.

Die Behauptung, die DDR sei ein Arbeiter- und Bauernstaat, war kein Irrtum, sondern eine vorsätzliche Täuschung von Anfang an. Um sie als solche nicht von vornherein kenntlich werden zu lassen, rühmten sich die Parteioberen der DDR gern ihrer lange zurück liegenden proletarischen Herkunft. Von Wilhelm Pieck – dem ersten Präsidenten der DDR – lernten die Kinder schon in der Schule, dass er nicht nur Tischler, sondern auch Tischlersohn gewesen sei. Mit Walter Ulbricht verhielt es sich ähnlich – auch er war erst mal Tischler und ist dann Politiker geworden. Erich ↑Honecker berief sich mit Vorliebe auf seine Dachdeckerlehre, die er – das hat er allerdings verschwiegen – gar nicht abgeschlossen hatte. Aus dem proletarischen Stammbaum der Parteiführung suchte man die Rechtfertigung für ihren Führungsanspruch herzuleiten. So wie die Hohenzollern mit ihrer adligen Herkunft ihren Herrscheranspruch einst im Kaiserreich begründet hatten, so taten es die DDR-Fürsten nun mit ihren proletarischen Geburtsurkunden.

Nach diesen noch zu belegenden proletarischen Anfängen war aber in den folgenden Jahrzehnten eine Funktionärsgeneration herangewachsen, die ihre proletarischen Wurzeln allenfalls noch bei Groß- oder Urgroßeltern nachweisen konnte. Da auch die Logik im Arbeiter- und Bauernstaat auf Seiten der Partei stand, ernannten sich die Parteifunktionäre kurzerhand parteilogisch zu Parteiarbeitern. Das hatte den Vorteil, dass auch die Kinder dieser Parteiarbeiter nun automatisch wieder zu Arbeiterkindern wurden. Arbeiterkind – das war in der Tat so etwas wie ein Adelstitel im feudalsozialistischen Staat DDR. Man war privilegiert, wurde bevorzugt zu Abitur und Studium zugelassen, erhielt mehr Stipendium als die Kinder derer, die nicht aus der »herrschenden Klasse« hervorgegangen waren. Natürlich waren die mit dem nachträglich proletarisierten Stammbaum dann auch dazu berufen, in diesem fiktiven Arbeiter- und Bauernstaat die führenden Rollen einzunehmen.

Und weil das so war, fürchtete die Partei der Arbeiterklasse nichts so sehr wie den Unwillen der an der Basis hängen gebliebenen Arbeiter und Bauern. Weil nicht sein durfte, was nach Parteilogik nicht sein konnte, durften die Arbeiter auch nicht streiken. Denn sie hätten ja gegen sich selbst, gegen ihre Arbeiter- und Bauernmacht gestreikt. Die Vorstellung, dass es nach dem 17. Juni 1953 noch einmal zu ähnlichen Arbeiterunruhen kommen könnte, versetzte die Arbeiter- und Bauernfunktionäre in panische Angst. Mit den Intellektuellen wurde man leichter fertig. Denen konnte man mit Folgen für ihre Karriere drohen, wenn sie allzu sehr aufmuckten. Oder man bestach sie mit allerlei Privilegien. Womit sollte man aber einem Bauarbeiter drohen? Und womit hätte man ihn bestechen können? Wegen des Mangels an schöneren Autos oder besseren Wohnungen versuchte man es mit immer schöneren Worten und immer weniger Erfolg.

So kam es, dass die Arbeiter und Bauern der DDR, auch wenn sie den Staat nicht regierten, eine unsichtbare Macht ausübten, von der der einzelne Arbeiter oder Bauer gar nichts ahnte. Woher sollte er auch wissen, dass Partei- und Staatsführung ihn mehr fürchtete als den ↑Klassenfeind? Den konnte man offen bekämpfen. Die Arbeiter, wenn sie aufmuckten, musste man beruhigen. Man musste Zugeständnisse machen, war sogar hier und da gezwungen, bereits beschlossene Norm- oder Preiserhöhungen wieder zurücknehmen, wenn die Stimmung allzu schlecht wurde. Ja, man musste auch alle Augen zudrücken, wenn die heilige Arbeiterklasse die ebenso heiligen staatlichen Pläne nicht mehr erfüllte, weil das Material fehlte und der Maschinenpark hoffnungslos veraltet war.

Das zehrte an der Arbeitsmoral der angeblich herrschenden Klasse, die nach Feierabend lieber etwas für ihren privaten Wohlstand tat, als sich während der Arbeitszeit für das Wohl der sozialistischen Gesellschaft ein Bein auszureißen. Schließlich konnte man in der DDR, auch ohne Heldentaten zu vollbringen, ein »Held der Arbeit« werden. Die Versorgungslage mochte immer schlechter werden, an ↑Orden und Auszeichnungen fehlte es bis zum Schluss nicht. Übrigens, auch nicht an Alkohol.

Je mehr die Unzufriedenheit wuchs, desto heftiger wurden die Arbeiter von der Partei umworben. Jedem Berufszweig wurde ein Ehrentag gewidmet. Da gab es den »Tag der Werktätigen des Post- und Fernmeldewesens«, den »Tag der Mitarbeiter des Handels«, den »Tag des Metallarbeiters«, den »Tag der Werktätigen des Verkehrswesens«, bis hin zum »Tag der Genossenschaftsbauern und Arbeiter der sozialistischen Land- und Forstwirtschaft« und dem »Tag der Werktätigen des Bereiches der haus- und kommunalwirtschaftlichen Dienstleistungen«. Jeder zweite Tag ein Ehrentag der Werktätigen – das kostete so manchen Arbeitstag und führte dazu, dass die wirtschaftliche Lage trotz aller Feiertagsstimmung immer prekärer wurde.

So kam es denn, dass dieser Arbeiter- und Bauernstaat ausgerechnet von eben diesen Arbeitern und Bauern im brüderlichen

Bündnis mit der Intelligenz und den anderen Schichten der Bevölkerung gestürzt wurde. Dass die Regierung am Ende nicht auf ihre Arbeiter und Bauern schießen ließ, mochte daran liegen, dass sie sich in letzter Minute doch noch ihrer proletarischen Ahnen entsann, die ja auch mal ein falsches System gestürzt hatten. Wenn auch keinen Arbeiter- und Bauernstaat.

Ausreiseantrag → Republikflucht

Bedürfnisse → Konsumgesellschaft DDR

Berlin und die Berliner

Berlin und die Berliner waren immer und überall in der DDR beliebt

Daran allerdings glaubten und glauben nur die Berliner. Es handelt sich hierbei übrigens um einen gesamtberliner Irrtum. Dass es ein Leben außerhalb der Hauptstadt gibt, ist dem Berliner zwar bekannt, wird ihm aber ewig unbegreiflich bleiben. Seine unmittelbaren Nachbarn teilt er einfach in Sachsen und Fischköppe. Diese hausen nördlich, jene hausen südlich. Dagegen hat er nichts. Aber wohnen kann man, seiner maßgeblichen Meinung nach, nur in Berlin. Die knapp eins Komma zwei Millionen Ostberliner hatten dem Rest der Republik nicht nur ihr großes Maul voraus, es ging ihnen im Schnitt auch besser als den restlichen fünfzehn Millionen DDR-Bürgern. Das machte sie außerhalb der Hauptstadt nicht gerade beliebter.

Bis zum Mauerbau am 13. August 1961 gab es unter den Ostberlinern noch viele, die in Westberlin arbeiten gingen und einen Teil ihres Lohnes oder Gehalts in Westmark ausgezahlt bekamen. Grenzgänger nannte man sie. Ihnen ging es noch besser als den anderen Ostberlinern. Im Westen für gutes Geld zu arbeiten, im Osten für billige Mieten zu wohnen, das war ideal. Staat und Regierung der DDR sahen solches Fremdarbeiten zwar nicht gern, konnten es aber nicht verhindern. Denn in ganz Berlin herrschte der Viermächtestatus. Anders als außerhalb Berlins war bis zum August 1961 sogar noch eine Ost-SPD zugelassen, so wie es bis zum Mauerfall in Westberlin noch eine SEW, eine Sozialistische Einheitspartei Westberlins, gab. In Berlin war vieles anders, fast alles besser als im restlichen Ostdeutschland.

Für Ostberliner war es eine Selbstverständlichkeit, für ↑Ostgeld im Westen ins Kino oder ins Theater zu gehen. An den westlichen Sektorengrenzen gab es eine Unzahl kleiner Kinos, die fast ausschließlich von Besuchern aus dem Osten lebten. Nach dem Mauerbau gingen sie allesamt ein. Die Westberliner Verkehrsmittel – Busse, Straßenbahnen und U-Bahn – konnte man mit so genannten »Ost-Fahrscheinen« benutzen – sie kosteten ganze fünfunddreißig Ostpfennige. Es genügte die Vorlage des DDR-Personalausweises. Die S-Bahn gehörte sowieso der Deutschen Reichsbahn, also der DDR. Damit konnte man für ganze zwanzig Pfennige quer durch Ost- und Westberlin fahren.

In den frühen fünfziger Jahren gab es zwischen Ost- und Westberliner Handels- und Dienstleistungseinrichtungen noch so etwas wie einen echten Konkurrenzkampf. Das HO-Warenhaus am Alexanderplatz warb mit einer riesigen Reklamewand, auf der eine junge Frau zu sehen war. Daneben stand: »Die kluge Berlinerin kauft in der HO«. Und eben diese kluge Westberlinerin ging auch gern in Ostberlin zum Friseur oder ließ sich hier ihre Schuhe besohlen. Das Geld dafür hatte sie vorher in einer der unzähligen Wechselstuben oder bei der dankbaren Ostverwandtschaft zu unglaublich günstigem Kurs getauscht. Dank der beiden Währungen gab es zwischen Ost- und Westberlin einen regen, natürlich illegalen Warenaustausch. Der Ostberliner Zoll kontrollierte zwar regelmäßig an den Grenzstationen. Aber der gewiefte Berliner fand immer Mittel und Wege für seinen kleinen oder größeren Schwarzhandel. Ostlebensmittel für Westgeld, das lohnte sich für beide Seiten, auch wenn es die ohnehin komplizierte Versorgungslage im Osten noch komplizierter machte. Aber solche privaten Schwarzhändler waren ja nur die kleinen Fische im großen Haifischbecken Berlin.

Dass Geheimdienste aus aller Herren Länder hier agierten, war kein Geheimnis. Berlin war zu jener Zeit so etwas wie eine Unterweltstadt. Westberlin nannte sich eine »freie Stadt der freien Welt«, Ostberlin war in dieser Sprachregelung »der demokratische Sektor von Berlin«. So stand es auf allen Schildern an der Sektorengrenze, die man ungehindert passieren konnte.

Der Kampf der Systeme wurde in Berlin auf allen möglichen Gebieten ausgetragen. Wirtschaftlich war der Westen sehr bald weit überlegen, kulturell hatte der Osten lange Zeit die Nase vorn. Brechts »Berliner Ensemble« und Felsensteins »Komische Oper« hatten Weltruf. Hier übrigens arbeiteten auch Sänger und Schauspieler, die im Westen wohnten. Sie kamen die DDR teuer zu stehen, da sie ja einen großen Teil ihrer Gage selbstverständlich in Westmark bekamen. Devisen waren für die DDR vom Anfang bis zum Ende das Hauptproblem. Aber im Kampf um die internationale Anerkennung war der DDR nichts zu teuer.

Herbe Rückschläge für dieses Streben nach Anerkennung bedeuteten die Meldungen über ständig anwachsende Flüchtlingsströme von Ost nach West. Mit besserem Theater war kaum einer im Osten zu halten. Im Westen lockte der höhere Wohlstand. Der war überzeugender als jede Propaganda. Es war in der Tat weniger die Westberliner Freiheitsglocke, als die vollen Schaufenster am Kudamm und am Tauentzien, die den Wettlauf zwischen Ost und West entschieden haben. Der Bau der ↑Mauer machte Schluss mit der Sonderrolle der Ostberliner. Sie waren jetzt genauso eingesperrt wie der Rest der Republik. Dass auch die Westberliner eingesperrt waren, das wurde den Ostberlinern erst klar, als die Mauer wieder gefallen war. Die große weite Welt, die man in den Jahren der Trennung hinter der Mauer vermutet hatte – das war ja auch nicht mehr als ein vierhundertachtzig Quadratkilometer großes Mauergrundstück.

Nichts Besonderes zu sein, widerspricht allerdings dem Berliner Wesen. Da sich DDR-Partei und -Regierung nach dem Mauerbau eine repräsentative Hauptstadt wünschten, ging das jetzt auf andere Weise weiter mit der Ost-Berliner Sonderrolle. Dieser Teil Berlins sollte zu einer sozialistischen Weltstadt ausgebaut werden. Nach der Stalinallee machte man sich nun daran, ein neues Stadtzentrum zu errichten. Der Alexanderplatz wurde zum 25. Jahrestag der DDR neu gestaltet. Das Haus des Lehrers entstand, die Kongresshalle, der Fernsehturm, ein so kurzer, wie überflüssiger Autotunnel unterquerte fortan den großen Platz. Vieles war hier im Krieg zerstört, aber einige alte Häuser, darunter auch wirklich schöne, waren zum Beispiel in der Umgebung der Marienkirche noch stehen geblieben. Die mussten einem gewaltigen Betonzentrum weichen, durch das bis heute noch ein erbarmungsloser Wind pfeift.

Honeckers ehrgeiziges Wohnungsbauprogramm gab der Stadt den Rest. Riesige Plattenbausiedlungen – im Volksmund »Arbeiterschließfächer« genannt – wurden an den östlichen Rändern der Stadt errichtet. Die alten Häuser im Prenzlauer Berg, in Pankow und anderswo verfielen. Auf der grünen Wiese zu bauen, schien billiger. Eine »Berlin-Initiative« machte die Hauptstadt in Sachsen und Mecklenburg nun noch beliebter, als sie das ohnehin schon war. Bauarbeiter, Baumaterial und Baumaschinen wurden aus der ganzen Republik abgezogen, um in Marzahn und Hellersdorf gewaltige Betonsiedlungen in den märkischen Sand zu setzen. Noch viel schlimmer als der Berliner Innenstadt erging es den anderen Stadtzentren der Republik.

Im Vorfeld der Siebenhundertfünfzig-Jahrfeier von Berlin begann ein neuer Wettstreit der beiden getrennten Stadthälften. Ihre Schaufensterfunktion hatten ja beide auch vorher zu erfüllen. Da hatte es das von der Bundesrepublik subventionierte Westberlin wesentlich leichter. Denn mochte die Hauptstadt der DDR gegenüber dem Rest der Republik auch in allem bevorzugt sein, im Vergleich zum reichen Westberlin blieb der Osten arm, grau und provinziell. Nun aber fragte man sich, wo lag eigentlich das wahre, das historische Berlin? Da hatte Westberlin außer Kudamm und Gedächtniskirche nur wenig zu bieten. Die Wiege der Stadt, wie viele andere historische Schauplätze auch, lag nun mal im Osten. Wieder wurden mecklenburgische und sächsische Baubrigaden nach Berlin beordert, um solche historischen Stätten herauszuputzen. Da, wo einst das im Krieg fast völlig zerstörten Nikolaiviertel gestanden hatte – eben jene Wiege Berlins – baute man jetzt so etwas wie eine hübsche Altberliner Puppenstube mit Architekturzitaten aus den vergangenen Jahrhunderten.

Zum Höhepunkt der Feierlichkeiten zur Siebenhundertfünfzig-Jahrfeier wurde ein gewaltiger Festumzug veranstaltet, der viel freundlicher aussah als die Militärparaden und Massendemonstrationen, die es in Ostberlin gewöhnlich am 1. Mai oder 7. Oktober gab. Und Erich ↑Honecker sah man zu diesem Anlass in den Fernsehnachrichten, wie er jetzt – statt die jubelnden Werktätigen mit den obligatorischen Winkelementen zu grüßen – einem nackten Mädchen zuwinkte, das da auf einem der Festwagen an ihm vorbeigefahren wurde und seinem Staatsratsvorsitzenden ohne jedes Fähnchen zurückwinkte. Damals wussten wir noch nichts von der Vorliebe unseres Staatsoberhauptes für Softpornos und haben die Nackte im Angesicht der Staatsmacht ideologisch bewertet: Damit sollte vor aller Welt die neue Offenheit und Toleranz der Partei demonstriert werden.

Im Prenzlauer Berg wurde aus gleichem Anlass eine im Krieg unversehrt gebliebene kleine Straße in der Nähe des Kollwitzplatzes historisch getreu instand gesetzt oder vielmehr ganz neu auf alt gemacht. Umso deutlicher war nun der scheinbar unaufhaltsame Verfall der umgebenden Straßenzüge im Prenzlauer Berg für Besucher und Anwohner sichtbar. Ähnlich war es mit der Protokollstrecke – so nannte man die Straßen, auf denen Honecker und seine Politbüromitglieder jeden Tag von und zu ihrer Arbeit fuhren. Da hatte man die Fassaden der Häuser – so weit die greisen Blicke der oberen Genossen reichten – instand gesetzt und bunt angemalt. Davor, dahinter und daneben verfiel die Bausubstanz der sozialistischen Hauptstadt der Deutschen Demokratischen Republik.

Beziehungen

Beziehungen brauchte man nur wegen der Mangelwirtschaft

Das dachten wir, bis wir in die Überflussgesellschaft kamen. Hier lernten wir neben vielem anderen: Gute Beziehungen zu haben, das zahlt sich wohl in jedem System aus. Auch in einer Welt, in der man meint, alles mit Geld bezahlen zu können, sind gute Beziehungen – na sagen wir – zum Beispiel zu den Medien manchmal äußerst hilfreich. Ich meine jetzt allerdings nur die Art Medien, die nicht käuflich sind. Die soll es ja noch geben! Und da kann ein freundlicher redaktioneller Bericht über ein neues – na sagen wir – Automodell verkaufsfördernder sein als jede teuer bezahlte Werbung. Die richtigen Leute am richtigen Platz, zum Beispiel im Baudezernat, zu kennen, das ist gerade in der freien Marktwirtschaft nicht unwichtig. Oder den richtigen Arzt, wenn man nur bei der AOK versichert ist.

»Vitamin B« sagten wir in der DDR meist grinsend, wenn wir gefragt wurden, wie wir die oder jene Mangelware aufgetrieben hatten oder wenn wir in weniger als zehn Jahren zu einem Telefonanschluss gekommen waren. Es war durchaus üblich, solche guten Beziehungen nicht nur für sich selbst zu nutzen, sondern auch weiterzuvermitteln. Das privatwirtschaftliche Motto: »Eine Hand wäscht die andere!« – war wesentlich effektiver als die staatlich ausgegebene Losung »Meine Hand für mein Produkt«. Republikweit entstanden kleinere und größere Beziehungsnetze, mit deren Hilfe man praktisch an alles herankam, was es theoretisch in unserer Volkswirtschaft gar nicht gab.

Gute Beziehungen allerdings setzten fast immer voraus, dass man selbst etwas zu bieten hatte. Da ich zeitweise gute Beziehungen zu Kabarettkarten hatte, habe ich so manchen Handwerker ins Haus locken können, den ich heute einfach bestelle. Umso größer ist häufig mein Erstaunen darüber, wie viel ich jetzt für so eine kleine Reparatur zu zahlen habe. Früher musste ich meine Handwerker auch entlohnen, aber sie waren nicht so teuer. Vieles von dem, was man früher aus Mangel an guten Beziehungen nicht bekam, kann man sich heute aus Mangel an gutem Geld nicht leisten. Das konnten wir uns früher in der sozialistischen Misswirtschaft gar nicht vorstellen, was heute so alles nur am Geldmangel scheitern kann. Aber damals dachten wir ja auch, nur unsere vergleichsweise billigen Handwerker würden so pfuschen, wie sie das wegen des schlechten Materials manchmal taten. Dass die heute so viel teurer zu bezahlenden Klempner oder Autoschlosser mit dem viel besseren Werkzeug und Material nicht weniger pfuschen, brachte inzwischen viele von uns zu der Erkenntnis – es ist nicht alles besser in der BRD.

Wie leichtfertig sagte man früher zu seinem Autoschlosser, wenn das Auto nicht mehr fuhr: »Geld spielt keine Rolle. Hauptsache, Sie können mir die Zylinderkopfdichtung besorgen.« Ich weiß heute nicht mehr, was das ist, eine Zylinderkopfdichtung. Ich weiß aber noch, dass sie in der DDR sehr schwer zu bekommen war. Wie ja auch der Keilriemen oder die Auspuffanlage für Trabant und Wartburg. (↑Trabi) Und weil solche Ersatzteile knapp waren, kaufte man sie, auch wenn man sie persönlich gar nicht brauchte. Man könnte ja mal – nur als Beispiel – einen Spargelbauern treffen, der gerade vergeblich nach einer Auspuffanlage für sein Auto herumlief, und schon wüsste man, wo man im nächsten Frühjahr seinen Spargel her bekäme. Manchmal kaufte man auch Sachen, die gar nicht knapp waren, und die man auch nicht brauchte. Schließlich konnte irgendwann alles mal knapp werden, und da man das als DDR-Bürger wusste, konnte man im Prinzip auch alles brauchen.

Dieses ständige »auch an den anderen Denken«, spielte für den Umgang miteinander, also für das Zwischenmenschliche, eine große Rolle. Irgendwann brauchte man ja sogar den unangenehmsten Nachbarn. Darum lud man ihn immer mal zum Kaffee ein, auch wenn man ihn auf den Tod nicht leiden konnte. Handwerkern bot man grundsätzlich erstmal Kaffee und Kuchen oder Bier und Kognak an und nahm es gelassen hin, wenn sie nach dem ausführlichen Erörtern von Wetter- und Versorgungslage nicht mehr dazu kamen, den defekten Wasserhahn zu wechseln. Man war froh, wenn sie zum Abschied wenigstens noch sagten: »Auf Wiedersehen.« Das ließ einen ja hoffen, sie in absehbarer Zeit mal wieder zu sehen.

Die Mangelwirtschaft hat viel Ärger, aber auch viel menschliche Wärme erzeugt. Offiziell wurde diese Art des hilfsbereiten Umgangs miteinander »sozialistische Menschengemeinschaft« genannt, auch wenn in dieser Gemeinschaft hauptsächlich auf den Sozialismus geschimpft wurde, der die Menschen zum Zusammenhalten zwang.

Es gab unter uns auch manche, die meinten, gute Beziehungen zu Partei und Regierung könnten für sie von Nutzen sein. Das mochte im nicht-materiellen Bereich hier und da der Fall sein. Für die Karriere zum Beispiel. Doch was nützte es dem Abteilungsleiter, dass er jetzt Hauptabteilungsleiter war, aber nicht wusste, von wem er seine Messingmischbatterie fürs Bad bekommen konnte?

Messingmischbatterien hatten in der DDR gewöhnlich nur Mitglieder des Politbüros in Wandlitz oder besonders begehrte Handwerker, wie zum Beispiel Fliesenleger oder Fensterputzer. Wer sich offen zu seiner Parteimitgliedschaft bekannte, musste im DDR-Beziehungsnetz manche Benachteiligung in Kauf nehmen. Solchen Leuten, die sich durch das Tragen des Parteiabzeichens zu erkennen gaben, konnte es passieren, dass ihnen der Kohlenhändler die bestellten Kohlen nicht in den Keller trug, sondern einfach vor die Tür kippte.

Es war wesentlich vorteilhafter, Westverwandte in der Familie zu haben als einen Parteisekretär. Denn diese Westverwandten konnten Dinge besorgen, die kein Parteisekretär ohne Beziehungen zu Schalck-Golodkowski je hätte beschaffen können. (↑Westpakete) Und der hätte ohne seine Beziehungen zu Franz Josef Strauß ja auch nicht heranschaffen können, was er so heranschaffte. Einfache Parteisekretäre durften nicht mal Kontakt zu Westverwandten haben. Nein, der theoretische Klassenstandpunkt, am falschen Ort geäußert, konnte im praktischen Leben durchaus schädlich sein. Denn der ganze Sozialismus war eine äußerst theoretische Angelegenheit. Ich habe einmal meine Beziehungen zum DDR-Kulturministerium spielen lassen, indem ich mir dort eine Dringlichkeitsbescheinigung für einen Telefonanschluss habe ausstellen lassen. Als dann nach zwei oder drei Jahren in dem Haus, in dem ich damals wohnte, Telefonanschlüsse gelegt wurden, war ich der Einzige, der keinen bekam. Dass mir schließlich doch, ein weiteres Jahr später, so ein Anschluss gelegt wurde, verdankte ich meinen Beziehungen zu einem unteren Angestellten der Deutschen Post, dem ich mehrmals Kabarettkarten besorgt hatte. Als ich ihn fragte, wie es möglich sein könne, dass er mehr Macht habe als das Kulturministerium, sagte er mir grinsend: »Da oben wird beschlossen. Hier unten wird gehandelt.«

Ja, es wurde viel gehandelt, unten in der DDR. Und zwar mit allem Möglichen und Unmöglichen. Das private Wirtschaftsleben spielte sich weitgehend bargeldlos ab. Auch Schuldscheine waren nicht üblich. Es reichte zu sagen: »Du hast noch was gut bei mir.« Und der jeweilige Gläubiger war zufrieden. Man rechnete nicht in Mark und Pfennig, sondern Mangelware gegen Mangelware und Dienstleistung gegen Dienstleistung ab. Ich habe mir sagen lassen, dass solche Art Handel auch zwischen den großen Industriekombinaten der DDR durchaus üblich war. Der schnöde Ost-Mammon – meinten wir – sei ja doch nichts wert. Aber auf diesen Irrtum kommen wir in einem anderen Kapitel zurück (↑Ostgeld).

Wie viel gutes Westgeld man heute sparen kann, wenn man gute Beziehungen hat, das haben wir erst lernen müssen.

Bückware

Bückware waren nur Qualitätsprodukte

Bückwaren nannte man alles, was knapp war. Und da in der DDR alles mal knapp werden konnte, konnte auch alles zur Bückware werden, ganz unabhängig von Wert und Qualität der tausend kleinen Dinge, die gerade nicht im Angebot waren. Alles was knapp war, wurde dann eben – so nannte man das auch – »unter dem Ladentisch« verkauft, obwohl es einem in der Regel über den Ladentisch zugeschoben wurde. Das geschah möglichst unauffällig. Das heißt, man bekam seine Bückware meist ungefragt und eingewickelt zugeteilt. Da fragte man nicht, was es sei, und guckte auch nicht hinein, sondern lächelte der Verkäuferin dankbar zu, zahlte, was verlangt wurde, und freute sich auf zu Hause, wo man dann endlich auspacken konnte, was nicht jeder zu kaufen bekommen hatte.

Das konnte beim Fleischer eine Lende sein oder ein Stück gekochter Schinken, beim Gemüsehändler frisches Obst – Kirschen im Sommer, Apfelsinen und Bananen zu jeder Jahreszeit. Selbst

Zeitschriften wie der »Eulenspiegel« oder das »Magazin« mit dem – lange Zeit einzigen öffentlichen – Aktfoto der Republik gehörten zu den Bückwaren. Die bekam man vom Zeitungshändler – ins Neue Deutschland oder eine andere Tageszeitung eingewickelt – wortlos in die Hand gedrückt, und der daneben stehende, nicht so bevorzugt bediente Zeitungskäufer, konnte sich nur wundern, wie viel Geld da einer für das »Neue Deutschland« bezahlte.

Ich hatte einen Buchhändler, der mir lächelnd ganze Bücherpakete über den Ladentisch schob. »Ihre Bestellung«, sagte er, und ich bezahlte ohne mit der Wimper zu zucken, was ich nie und nimmer bestellt hatte. Aber ich ahnte zumindest, was drin war: das neue Buch von Christa Wolf, der neue Volker Braun, der neue Stefan Heym oder etwas von Christoph Hein. Auch Bücher von bestimmten DDR-Autoren konnten Bückware sein. (↑Leseland DDR) Westliteratur war es sowieso und ganz unbesehen. Wenn ich dann zu Hause feststellte, dass ich das eine oder andere Buch doppelt oder dreifach hatte, war ich auch nicht böse. Das waren ja wunderbare Geschenke, besonders für Westfreunde. Denn was sollte man denen schenken, wenn nicht Bücher oder Schallplatten?

Auch in den großen, unpersönlichen Kaufhallen gab es hin und wieder Bückwaren. Nach denen musste man sich gewöhnlich auch wirklich bücken, denn sie standen in Pappkartons neben den Regalen auf dem Fußboden. Da handelte es sich zum Beispiel um solche begehrten Mangelwaren wie Pflaumenmus, Papiertaschentücher oder Tomatenketchup. Meist lag ein handgeschriebener Zettel auf oder neben dem Karton mit der herzlichen Aufforderung: »Bitte nur zweimal entnehmen.«

Und siehe, jeder folgte der freundlichen Aufforderung und bediente sich zweimal mit der jeweiligen Bückware. Auch wer Pflaumenmus oder Tomatenketchup nicht mochte, und lieber Stofftaschentücher benutzte, bückte sich zweimal, um anderen Leuten eine Freude zu machen.

Ja, in der DDR war es leicht, seinen Freunden und Verwandten eine Freude zu machen. Besonders wenn man in ↑Berlin wohnte. Ich habe sehr gute Freunde in Dresden. Wenn ich sie besuchte, packte ich meinen Kofferraum voll mit Dingen, die außerhalb der Hauptstadt zu den absoluten Bückwaren gehörten, in Berlin aber immer mal aufzutreiben waren. Kukoreis zum Beispiel oder Tempolinsen, bestimmte Rotweinsorten aus Ungarn oder Bulgarien, neue Kartoffeln oder H-Milch.

Dank solcher Bückwaren war das Handelsleben in der DDR voller Überraschungen und bot fast täglich neue Erfolgserlebnisse. Als Kunde war man zwar nicht König. Dafür war man Jäger und Sammler zugleich. Man jagte nach allem, was knapp war, und sammelte auf, was am Wegesrand stand. Als ich einmal in meine Kaufhalle kam, sah ich mit Erstaunen, dass fast jeder Kunde in seinem Einkaufskorb zwei Flaschen FIT hatte. Dieses Spülmittel gehörte zu den wenigen Dingen, die nie knapp waren. Aber an besagtem Tag stand es nicht im Regal, sondern in so einem Pappkarton auf der Erde mit jenem Zettel versehen, auf dem stand: »Bitte nur zweimal entnehmen!« Und siehe, kaum ein Kunde ging daran vorbei, ohne sich zweimal zu bedienen. Für einen historisch kurzen Moment war auch das Spülmittel FIT zur Bückware geworden.

Bürgerrechtler

Bürgerrechtler sind die besseren Menschen

Fairerweise muss ich einräumen, dass das nicht alle Bürgerrechtler von sich glauben. Einzelne von ihnen meinen unverändert, dass zur Freiheit auch heute noch die Freiheit der Andersdenkenden gehören müsse. In diesem Punkt war ich mir immer einig mit ihnen. Jedenfalls zu Diktaturzeiten. Als bei uns so plötzlich und unerwartet die ↑Demokratie ausgebrochen war, schien es von einem Tag auf den anderen überhaupt nur noch Andersdenkende zu geben. Das machte mich damals nachdenklich.

Wehe, einer dachte noch so falsch, wie er früher gedacht hatte und sagte das auch! Viele von uns stellten deshalb in Nachwendezeiten das Denken für einige Zeit überhaupt ein und riefen mit, was alle riefen: »Wir sind ein Volk der Andersdenkenden!« Anders als anders zu denken, schien einfach unmöglich zu sein, bis einer, der offensichtlich ganz anders dachte, dazwischen rief: »Aber ich bin Volker!« Und siehe, Volkers Signale wurden gehört und verstanden. Nun brach im Osten eine solche Meinungsvielfalt aus, dass man auf manchen Veranstaltungen mehr Meinungen hören konnte, als Anwesende zu sehen waren. Das einzige, was die vielen neuen Meinungsinhaber einte, war: Jeder von ihnen hatte ganz allein Recht. Die anfangs so gefeierten Bürgerrechtler des Neuen Forums gerieten schnell in den Hintergrund und verloren die ersten freien Wahlen im März 1990 haushoch, während die CDU genauso hoch gewann. Sie schienen schon ganz in Vergessenheit zu geraten, da besuchte Kanzler Kohl die bekannteste aller Bürgerrechtler der DDR – Bärbel Bohley.

Damit hatte er ein Zeichen gesetzt. Von nun an stand ihnen nicht nur der Weg in die CDU offen, sie wurden zu staatlich anerkannten Revolutionären ernannt, denen wir neben dem Kanzler der Einheit unsere Freiheit zu verdanken hatten. Die Bürgerrechtsbewegung, so klein sie auch gewesen sein mochte, kam nun ganz groß heraus. Als ich Mitte der neunziger Jahre regelmäßig Kolumnen für eine große deutsche Rundfunkanstalt schrieb, wurde mir gesagt, ich hätte alle Freiheiten zu sagen, was ich denke. Nur zwei Dinge seien absolut tabu: Gotteslästerung und Kritik an den Bürgerrechtlern.

Ich hatte beides nicht vor. Über welchen Gott sollte ich als Atheist lästern? Und die Bürgerrechtler waren ja als solche kaum noch auszumachen, wenn sie nicht gerade mal wieder untereinander in Streit darüber gerieten, wer von ihnen den größeren Anteil am Zusammenbruch der ↑DDR hatte – die Weggegangenen oder die Gebliebenen. Und was der einzig richtige Umgang mit den Stasiakten sei, beziehungsweise, wie man verhindern könnte, dass die alten ↑Stasi-Offiziere ihre Version der DDR-Vergangenheit einer zunehmend desinteressierten Öffentlichkeit vermittelten. In diesem Streit hat der Bürgerrechtler honoris causa Hubertus Knabe inzwischen die größtmöglichen Verdienste erworben.

Solche Streitereien wurden und werden gewöhnlich mit einer Lautstärke und Verbissenheit vorgetragen, dass es so manchem Bürgerrechtler gelegentlich peinlich wird. Einer der bekanntesten von ihnen drohte mir schon Schläge an, wenn ich ihn noch einmal Bürgerrechtler nennen würde. Aber dass Friedrich Schorlemmer Bürgerrechtler war, ist kein Irrtum.

Bürokratie

Die Bürokratie in der DDR war die größte Bürokratie aller Zeiten

Bevor der DDR-Bürger die Bürokratie der freiheitlich-demokratisch verfassten Bundesrepublik kennen lernte, war er fest davon überzeugt, dass die DDR-Bürokratie von keinem anderen Land zu übertreffen sei. Im Kampf gegen den so genannten »Bürokratismus« wurde in der DDR unendlich viel Papier beschrieben. Unendlich viele, nie gelesene Berichte wurden verfasst und in mindestens fünffacher Ausfertigung von einem Büro ins andere geschickt. Ganze Berge beschriebenen Papiers landeten in den unzähligen Ablagen unzähliger Behörden dieser unter Papierknappheit leidenden Republik. Ein sich selbst verwaltender Apparat ernährte Millionen schlecht gelaunter Funktionäre und Verwaltungsangestellter. Hunderttausend Stempel und Unterschriften waren nötig, um einfachste Genehmigungen zu erteilen. Ebenso viele Formulare waren im Umlauf, die allerdings – im Gegensatz zu den meisten heute üblichen – den Vorteil hatten, auch von Menschen mit einfacher Schulbildung noch verstanden zu werden.

Um seine Steuererklärung zu verfassen, genügten für den normalen Steuerbürger der DDR die einfachen Rechenarten, wie sie schon in der Grundschule gelehrt wurden. Das sage ich, der ich über diese Rechenarten nie hinausgekommen bin. Als freischaffender Autor und Schauspieler verlor ich für meine jährliche Steuererklärung bis 1989 einen oder zwei Arbeitstage und hegte deshalb einen heiligen Zorn auf die sozialistische Steuerbehörde. Ich hätte in dieser Zeit ja auch etwas Nützliches machen können, meinte ich. Denn diese Steuererklärung war völlig sinnlos, weil ich damit weder etwas vom Finanzamt zurückbekam, noch etwas nachzahlen musste. Die Steuern auf meine Honorare – stabile zwanzig Prozent – waren automatisch einbehalten, beziehungsweise vom Auftraggeber an das Finanzamt überwiesen worden. Ich hatte gar keine Möglichkeit, dieses Finanzamt zu betrügen, allerdings auch keine Angst, von ihm übervorteilt zu werden.

Jetzt muss ich einmal im Monat einen halben Tag darauf verwenden, alle gesammelten Belege sorgfältig zu ordnen, um sie meinem Steuerberater zu schicken, der sie dann nach Vorschriften, die er selbst nicht immer versteht, mir jedenfalls nicht erklären kann, für das Finanzamt aufarbeitet. Ich zahle ihm für jeden Monatsabschluss ein von – ich weiß nicht wem – festgelegtes Honorar und am Jahresende noch mal eines für den Jahresabschluss. Diese Honorare kann ich, beziehungsweise er für mich, dann wieder von der Steuer absetzen.

Ob mein Steuerberater oder das Finanzamt immer korrekt arbeiten, kann ich nicht kontrollieren. Aber zahlen muss ich auf jeden Fall, was immer die beiden für mich ausrechnen. Zusätzlich lebe ich unter der ständigen Angst, versehentlich etwas nicht anzugeben. Der deutsche Steuerzahler steht ja – spätestens seit die Sache Zumwinkel und Liechtenstein bekannt wurde – grundsätzlich unter dem Verdacht, ein Steuerbetrüger zu sein. Und weil das so ist, brauchen wir immer mehr Steuerfahnder. Dieses Steuersystem schafft Arbeitsplätze in der – so nannte man das in der DDR – »nicht-materiellen Produktion«.

Unter anderem an ihrem aufgeblähten Verwaltungsapparat ist die DDR zusammengebrochen, denn die dort mit sinnfreier Arbeit Beschäftigten fehlten in der materiellen Produktion. Heute und hier ist das ganz anders. In der Bundesrepublik sind wir alle dankbar für jeden Verwaltungsarbeitsplatz, weil der in der Arbeitslosenstatistik nicht mehr auftaucht.

Dass es in der DDR keine Arbeitslosen gab, jedenfalls keine als solche registrierten, verdankten wir unter anderem auch unserem Reichtum an Behörden. Das Berufsbeamtentum war zwar abgeschafft worden, nicht aber die Verwaltungen, in denen nun an Stelle der Beamten Verwaltungsangestellte ihren Dienst so korrekt wie missgelaunt an uns Bürgern vollstreckten. Die Sprechzeiten der Behörden waren so geregelt, dass sich die Belästigung des Personals in für sie erträglichen Grenzen hielt. Außerhalb der Sprechzeiten war grundsätzlich niemand zu sprechen, und in die Sprechzeit fiel so manche Kaffeepause. Das verärgerte den Bittsteller – zu unseren Behörden kam man grundsätzlich als Bittsteller – und ließ ihn auf Rache sinnen.

Der arme Kellner, der zwei Stunden vergeblich auf dem Wohnungsamt zugebracht hatte, rächte sich nun an seinen ungebetenen Gästen in seinem volkseigenen Restaurant. Denn hier hatte er jetzt Dienst, und wer in der DDR im Dienst war, der bestimmte, was in diesen Dienstzeiten zu geschehen hatte und was nicht. In unserer klassenlosen Gesellschaft musste keiner seinen Frust in sich hineinfressen, er konnte ihn ja weitergeben. Auch der einfache Pförtner, der vergeblich auf einen Termin beim Zahnarzt gewartet hatte, entschied dann eben, heute mal keine Besucher durchgehen zu lassen. Gänzlich wehrlos war der gemeine DDR-Bürger, wenn er im Urlaub war. Da war er allen Diensthabenden im Urlaubsort ausgeliefert, seinem Vermieter, der ihm immer drohen konnte, ihn im nächsten Jahr nicht wieder aufzunehmen, den ansässigen Gastronomen, dem Lebensmittelverkäufer oder dem Bäcker. Bei einem Bäcker auf der schönen Ferieninsel Hiddensee hing damals ein Schild im Schaufenster, welches die lieben Feriengäste darauf hinwies, dass hier die Ortsansässigen bevorzugt bedient würden, da sie – anders als die Urlauber – keine Zeit hätten, sich anzustellen. (↑Urlaub)

Die Abschaffung des Berufsbeamtentums in der DDR führte zu einem ganz neuen, über alle Berufsgrenzen hinaus gültigen Beamtentum der im Dienst befindlichen Bevölkerung. Um es kurz zu sagen: In der Diktatur bestimmte die Sekretärin, wann diktiert und der Kellner, wann bedient wurde.

CAD/CAM

CAD/CAM war wissenschaftlich-technischer Höchststand

Mikroelektronik in der DDR – einfach nicht klein zu kriegen! Das war die kürzeste Beschreibung des wissenschaftlich-technischen Fortschritts in der DDR. Während in vielen Betrieben an hoffnungslos veralteten Maschinen gearbeitet wurde, berichteten die DDR-Medien von den gewaltigen Fortschritten in Wissenschaft und Technik.

Unvergesslich sind die Bilder in der »Aktuellen Kamera«, als Günter Mittag Erich Honecker feierlich eine kleine Holz- oder Pappschachtel übergab, in der sich der – ich weiß nicht mehr wie viele – Megabit zählende Wunderchip befinden sollte, der die DDR-Wirtschaft angeblich endgültig an die Weltspitze katapultieren würde. Ob Günter Mittag an das Wunder glaubte, wage ich zu bezweifeln. Honecker traue ich so viel Glauben zu, er versuchte ja mit Hinweis auf diesen Chip noch im Oktober 1989, Gorbatschow davon zu überzeugen, dass in seinem Lande der Weg ins 21. Jahrhundert bereits beschritten sei.

CAD/CAM – der Begriff war in aller Parteimunde. Was er genau bedeutete, wussten die wenigsten. Englisch war nicht erste Fremdsprache bei uns. Selbst wer wusste, dass die Abkürzung computer aided design, beziehungsweise computer aided manufacturing hieß, wusste noch nicht, was das auf Deutsch hieß – ich musste auch erst nachgucken. Wer aber wusste, dass es sich dabei um den rechnergestützten Entwurf und die rechnergestützte Produktion handelte, der wusste auch, dass dafür in der DDR nahezu alle Voraussetzungen – sowohl für den Entwurf, als auch für die Produktion – fehlten. Der Volksmund übersetzte CAD/CAM als Abkürzung für »Computer am Dienstag, Chaos am Mittwoch«.

Das in Japan und den USA entwickelte System traf in der DDR auf eine in manchen Bereichen eher vorindustrielle Entwicklungsstufe. Vergleichbar hoffnungslos waren ja die Versuche, moderne VW-Motoren in Wartburg und Trabant einzubauen. Da aber sein musste, was die Partei beschloss (↑Parteitage der SED), wurden beide Versuche unternommen, kosteten viel Geld und waren gleichermaßen erfolglos.

Was dem Honecker kurz vor seinem Sturz CAD/CAM war, das war für Ulbricht – auch nicht allzu lange vor dessen Sturz – die Kybernetik gewesen, eine Wunderwaffe. Wunderwaffen aber, das wissen wir aus anderen Abschnitten deutscher Geschichte, haben uns noch nie Glück gebracht.

DDR

Der Dumme Rest hielt den Staatssozialismus für reformierbar – das sind die Unbelehrbaren

Ich gehöre zu jenem dummen Rest, der bis zum Schluss in der DDR geblieben war und in der Bundesrepublik gelandet ist, ohne die Wohnung zu wechseln. Mein Irrtum bestand unter anderem darin, dass ich viel zu lange und immer wieder glaubte oder hoffte, hier im Lande etwas verändern zu können. Motto: »Bleibe im Lande und wehre dich täglich!« Das war natürlich eine Illusion – man kann sich nicht vierzig Jahre lang täglich gegen alles Unrecht wehren, das um einen herum geschieht. Irgendwann resigniert man oder gewöhnt sich an Zustände und Zumutungen, gegen die man sich so lange vergeblich gewehrt hatte. Diese Gewöhnung erfolgte bei mir wie wohl bei den meisten DDR-Bürgern sehr langsam und ganz unmerklich. Da meinte man noch, sich nichts gefallen zu lassen und hatte sich oft genug schon so weit an manche Beschränkung oder Bevormundung gewöhnt, dass man sie als solche gar nicht mehr wahrnahm. Oder man konnte nur noch, die Schultern zuckend, sagen: »Das ist eben so.« (↑Widerstand)

Im Nachhinein erscheint es einem manchmal schon ganz und gar unglaublich, dass sich dieses System so lange hat halten können. Denn wirklich akzeptiert wurde es von der Mehrheit der DDR-Bürger nie. Den ewigen Kampf um Anerkennung hatte der Staat bei der eigenen Bevölkerung längst verloren, als er international endlich anerkannt wurde. Anders als die übrigen Länder des sozialistischen Lagers konnte sich die DDR nicht auf eine nationale Identität berufen. Sie blieb immer nur Teil eines größeren Ganzen, noch dazu der arme Teil. Die innerdeutsche ↑Mauer war ja der für alle Welt sichtbare Beweis, wie groß die Angst des Staates war, dass ihm das Volk davonlief.

Anders als die meisten meiner Landsleute kannte ich den Westen aus eigener Anschauung. Ich habe in vielen Ländern der Welt, darunter auch in der Bundesrepublik, Kindertheater gemacht, war also eine Art Exportartikel, der – wenn auch nur wenige – Devisen ins Land brachte. Außerdem diente ich durch meine Arbeit dem Ansehen der DDR im westlichen Ausland. Auch wenn ich das subjektiv kaum vorhatte, objektiv war es so. Da stand dann in den Zeitungen des »Klassenfeindes« mal etwas Positives über dieses Mauerländchen, von dem man sonst nur über Stacheldraht, Selbstschussanlagen, Staatssicherheit und Todesstreifen zu berichten wusste.

Ich bin in der DDR geblieben, obwohl oder weil ich im Gegensatz zur Mehrheit immer mal »Ausgang« hatte. Als mir von der Staatssicherheit Anfang der achtziger Jahre wegen eines besonders unbotmäßigen Kabaretttextes die »ständige Ausreise« angeboten wurde, habe ich gesagt: »Mich müsst ihr rausschmeißen. Freiwillig gehe ich nicht.« Wie gesagt, ich meinte immer wieder, wenn überhaupt, dann hier etwas bewirken zu können. Damit stand ich wohl nicht ganz so allein, wie es heute manchmal den Anschein hat.

Diese DDR war eben – trotz allem – viel mehr als nur Staatssicherheit (↑Stasi), Einheitspartei (↑SED) und Misswirtschaft. Sie war auch der Lebensraum für Millionen Menschen, die sich in diesem System eingerichtet hatten, einrichten mussten, wie sich Menschen überall auf ihr nicht unbedingt selbst gewähltes System einlassen müssen. Unrecht geschah nicht nur im Osten. Gerechtigkeit kann auch ein Rechtsstaat nicht garantieren. Und soziale Ungerechtigkeit kann mindestens so bedrückend sein wie politische Gängelei.

Das, woran sich der DDR-Bürger dann in der Bundesrepublik gewöhnen musste, ist ja auch nicht von ausschließlich guten Eltern. Der Anpassungsdruck in dieser Gesellschaft ist noch viel stärker, als er es in der DDR-Gesellschaft war. Er ist existentiell. Damals genügte es, das Maul zu halten, wenn man keine Schwierigkeiten haben wollte. Heute muss mancher von uns dem Chef nach dem Maule reden, wenn er seinen Arbeitsplatz behalten will.

Über die Zustände in der DDR kann man heute leicht mit dem Kopf schütteln. Das war ja wirklich ein saukomisches, leider aber gar nicht lustiges Land mit Sättigungsbeilage, Getränkestützpunkt und geflügelter Jahresendfigur. Auf solche Schnurren beschränkt sich das Wissen der meisten Altbundesbürger über die DDR, so lange nicht ↑Mielke und seine Staatssicherheit ins Gespräch kommen. Darüber wissen sie alles, und es packt sie immer wieder das kalte Grausen.

So, wie es aber nicht nur Staatsmacht und Parteiherrschaft gab, gab es allerdings auch nicht nur unsere »Gold-Kati«, das Sandmännchen, die Spreewaldgurke und den Rotkäppchensekt. Es war weder der Himmel, noch die Hölle. Die DDR war etwas durchaus Irdisches, in vielem dieser Bundesrepublik gar nicht so Unähnliches. Aber wie erklärt man das einem, der diesen genossenschaftlichen Kleinbürger-Paradiesgarten nicht erlebt hat? Vieles kann man sich ja selbst nicht mehr erklären. Für zu vieles, was man mitgemacht hat, schämt man sich vor den Wessis, die sich für gar nichts zu schämen scheinen. Als ein bekannter Schriftsteller einst in einem Theaterstück einer der handelnden Personen die Worte in den Mund legte, die DDR sei das langweiligste Land der Welt, erregte er Honeckers ganz persönlichen Zorn. Wenn man sich heute weigert, dasselbe Land als »Reich des Bösen« zu bezeichnen, löst man bei vielen Zuhörern mindestens ein Stirnrunzeln aus.

In jeder Talkshow, in der es um die DDR-Vergangenheit geht, bietet man gegen solche Verharmlosung mindestens ein Opfer der Staatssicherheit auf. Dass es solche Opfer gibt, kann keiner bestreiten. Aber sie immer wieder als unwiderlegbares Argument vorzuführen, um dann seinen Abscheu über ein System zum Ausdruck zu bringen, das solche Opfer produziert hat, das reicht nicht aus, um ein abschließendes Urteil über diese DDR zu fällen. Ein Film wie »Das Leben der Anderen« mag ein hollywoodreifer Publikumsrenner sein. Als Darstellung der DDR-Wirklichkeit taugt er so wenig, wie Sandmännchens Abendgruß als Beweis für die sozialistische Idylle taugt.

Ich erinnere mich an manche Gastspiele, die ich mit dem Berliner »Theater der Freundschaft« im Westen hatte. Da gerieten wir natürlich oft in Diskussionen über Ost und West. Kaum einer von uns hatte vor, die DDR zu verteidigen. Wir wussten ja nur zu gut, wie es bei uns zu Hause aussah und schämten uns eher für die Zustände dort. Aber wenn uns dann so ein strammer Wessi in irgendeiner Kneipe in Heidelberg, Düsseldorf oder Kassel erzählte, aus welcher Hölle wir gekommen waren, dann konnte es schon passieren, dass wir diese DDR, an der wir zu Hause kaum ein gutes Haar ließen, zu verteidigen begannen.

Auf der Heimfahrt von einem dieser Gastspiele wachten wir einmal an der deutsch-deutschen Grenze vom unverwechselbaren Geruckel des sozialistischen Schienenstrangs auf, und ein Kollege meinte grinsend: »So, jetzt können wir endlich wieder meckern.« Der dumme Rest war eben eine nicht immer nur schweigende Mehrheit.

DEFA

DEFA – ein Synonym für die verfilmte Langeweile

Es gab sehr viele, sehr langweilige DEFA-Filme. Wie viele gute und gar nicht langweilige Filme in den DEFA-Studios gedreht worden sind, das wird vielen von uns erst jetzt klar, so viele Jahre nach dem Ende der volkseigenen Filmproduktion. Die Deutsche Film-AG wurde am 17. Mai 1946 gegründet. Der Kulturoffizier der Roten Armee und Chef des »Informationsamtes der SBZ«, Oberst Tjulpanow, übergab damals die Lizenz an den aus russischer Emigration heimgekehrten Schauspieler Hans Klering, den Regisseur Kurt Maetzig und andere. Der erste Film, der die DEFA-Studios verließ, war der berühmte Wolfgang-Staudte-Film »Die Mörder sind unter uns«, ein gesamtdeutscher Erfolg. Die Hauptdarstellerin hieß Hildegard Knef.

Es folgte eine ganze Reihe von DEFA-Filmen, die sich noch oft mit der nationalsozialistischen Vergangenheit auseinandersetzten. Dass das meist keine großen Publikumserfolge werden konnten, lag wohl vor allem daran, dass das deutsche Publikum in Ost und West diese Vergangenheit und die eigenen Verstrickungen darin so schnell wie möglich vergessen wollte.

Der folgende Kalte Krieg wurde dann an allen Fronten geführt, auch auf der Filmleinwand. Während die DEFA ihre Produktion nach sowjetischem Vorbild entwickelte und vorwiegend proletarische Heldenfilme produzierte, begann man im Westen sehr schnell auf eher harmlose Unterhaltung zu setzen. Man drehte Heimatfilme und Lustspiele, die dem Bedürfnis des Publikums nach Ablenkung von einer trostlosen Gegenwart entgegen kamen. Die Lustspiel-Versuche der DEFA gingen meist schief.

Nein, die DEFA war lange Zeit beim Publikum alles andere als beliebt, obwohl sie neben ausgesprochenen Propaganda-Streifen wie den Thälmann- und Liebknecht-Filmen auch durchaus ernsthafte künstlerische Versuche unternahm und im Laufe der Zeit sogar sehr viele kritische Gegenwartsfilme produzierte. Der Ruf, ein Sprachrohr, zuerst der Russen und dann der SED zu sein, hing ihr noch an, als die Führung der SED 1965 eine ganze Jahresproduktion der DEFA aus ideologischen Gründen verboten hatte.

Leichte Unterhaltung zu produzieren, die auch in der DDR den ganz großen Publikumserfolg bringen konnte, fiel den DEFA-Autoren und -Regisseuren immer schwer. Ein Lustspiel wie »Karbid und Sauerampfer« von Frank Beyer mit Erwin Geschonnek in der Hauptrolle war ein echtes DEFA-Wunder. Ähnliches kann man von Beyers verbotenen Film »Spur der Steine« mit Manfred Krug sagen. Da dieser Film aber gleich nach seiner Premiere in Berlin verboten wurde, hat er sein Publikum erst nach der Wende gefunden.

Konrad Wolf, der in Moskau Filmregie studiert hatte, drehte bei der DEFA bedeutende Filme wie »Sterne« oder ein – ebenfalls gelungenes – Lustspiel »Der nackte Mann auf dem Sportplatz«, schließlich Meisterwerke wie »Ich war neunzehn« und »Solo Sunny« mit Wolfgang Kohlhaase als Drehbuchautor. »Die Legende von Paul und Paula« von Heiner Carow nach dem Buch von Ulrich Plenzdorf ist heute noch ein echter Kultfilm. Frank Beyers Verfilmung des Romans »Jakob der Lügner« von Jurek Becker wurde als einziger DEFA-Film für den Oskar nominiert. Dass er es überhaupt in die Auswahl schaffte, geschah bestimmt nicht weil, sondern obwohl er aus der DDR kam. Denn dass von hier etwas Gutes kommen könnte, schien in den USA wohl eher unwahrscheinlich. Die größten Publikumserfolge der DEFA im In- und Ausland aber blieben die Indianerfilme mit ↑Gojko Mitić. Der Publikumsgeschmack ist nicht immer der beste. Aber nicht alles, was den Leuten gefällt, muss auch schlecht sein.

Neben vielen mittelmäßigen und schlechten DEFA-Filmen gab es immer wieder bedeutende, zeitkritische Filme, die auch heute noch (oder erst heute) beweisen, wie gültig sie waren und sind. Die DEFA war – vermute ich – wohl immer besser als ihr Ruf. Ich darf das sagen, denn ich habe selbst viel zu oft auf sie geschimpft.

Delikat → Intershop → Nivea, Salamander, Trumpf

Demokratie

Demokratie war nur in der DDR ein Fremdwort

Demokratie ist kein deutsches Wort, und die deutsche Übersetzung – nämlich Volksherrschaft – wird auch von demokratischen Politikern ungern gebraucht. Denn kein Staat dieser Erde wurde oder wird jemals vom Volk regiert. Und wenn man so hört, was Volkes Stimme da, wo sie unter sich ist, also am Stammtisch, spricht, möchte man von ihm, diesem Volk, auch nicht unbedingt regiert werden. Dass man einmal eine ganze, bis an die Zähne bewaffnete Staatsmacht mit dem einfachen Ruf »Wir sind das Volk!« gestürzt hat, dürfte in der Geschichte einmalig bleiben.

Schon kurze Zeit später hing am Alexanderplatz in Berlin, wo am 4. November 1989 die größte Demonstration der DDR-Geschichte stattgefunden hatte, ein großes schwarzes Transparent mit der realistischen Feststellung: »Wir waren das Volk«. Denn nach einem kurzen basisdemokratischen Zwischenspiel hatte eine Demokratie bei uns Einzug gehalten, die sich realistischerweise repräsentativ nennt. Diese Einschränkung erinnert ein bisschen an jenes Wort vom »Realsozialismus«, der so wenig Sozialismus war, wie die repräsentative Demokratie eine wirkliche Volksherrschaft ist.

Das Volk kann jetzt zwar die Parteien und ihre Kandidaten, die sich zur Wahl stellen, frei und geheim wählen. Aber erstens stellt sich dieser Wahl nicht immer die erste Wahl, sondern wer den langen Marsch durch die vielen Parteiinstanzen geschafft hat, und zweitens kann man nie wissen, was die Gewählten nach der Wahl tun werden. Die Halbwertzeit von Wahlversprechen kann man hierzulande inzwischen in Tagen und Stunden messen. Ein bis vor kurzem noch berühmter Sozialdemokrat hat nach einer der letzten Wahlen erklärt, dass es unfair wäre, einen Politiker nach der Wahl an das zu erinnern, was er vor der Wahl gesagt hat. Das, was früher »Realsozialismus« war, ist demzufolge heute »Realpolitik«, also etwas, von dem man nie sagen kann, was zum Schluss dabei herauskommt.

Wir haben früher im DDR-↑Kabarett mit Vorliebe Partei und Regierung an das zu erinnern versucht, was Marx und Engels, auf die sie sich ja immer wieder beriefen, einmal versprochen hatten. Das fanden die Regierenden damals auch unfair. Und das war es ja wirklich. Einem ↑Honecker, Stoph oder ↑Mielke mit Marx und Engels zu kommen, das hieß, mit Kanonen auf Spatzen zu schießen. Sie hatten ihren Marx und Engels bei den Russen gelernt, und da muss bei der Hin- und Herübersetzung vieles auf der Strecke geblieben sein. (↑Marxistische Bildung)

Ausgerechnet diese aus dem russischen Arbeiter- und Bauernparadies importierte sozialistische Demokratie, die sich auch noch Volksdemokratie, also Volksvolksherrschaft genannt hat, musste am Ende vor ihrem Volk, das mit nichts als ein paar Haushaltskerzen auf die Straße gegangen war, kapitulieren. Dass sie das nach Jahrzehnten des von ihr proklamierten »Klassenkampfes« kampflos tat, ist das Positivste, was man über sie sagen kann.

Begonnen hatte alles mit der Gruppe Ulbricht, die schon im April 1945 mit der klaren Instruktion nach Berlin gekommen war: »Es muss zwar alles demokratisch aussehen. Aber wir müssen auch alles in der Hand behalten.« Bis kurz vor Toresschluss, reagierten die Herrschenden auf jeden noch so harmlosen Reformvorschlag mit dem einfachen Satz: »Das heißt, die Machtfrage stellen.« In dieser Frage verstanden sie keinen Spaß. Und also übten sie diese Macht auf eine nicht mal mehr demokratisch scheinende Weise aus. »Die Partei hat immer Recht«, das war noch der letzte Refrain im Schlusschor der Seifenoper, die sich sozialistische Demokratie nannte.

Die Führungsrolle der Partei stand seit 1968 in der Verfassung, und über diesen Anspruch ließ sie zu keinem Zeitpunkt mit sich diskutieren. Es existierten zwar noch ein paar andere Parteien, die als Blockflöten ein bisschen mitpfeifen durften, was die ↑SED ihnen da als Melodiestimme vorgespielt hatte. In der, Parlament genannten, Volkskammer der DDR gab es jedoch in den vierzig Jahren ihres Bestehens nur eine einzige Abstimmung, die nicht einstimmig erfolgte. Das war die über das Gesetz zum straffreien Schwangerschaftsabbruch. Da stimmten – man könnte sogar vermuten auf Anregung, wenn nicht Anweisung der SED – einige Abgeordnete der CDU aus christlichen Gewissensgründen mit Nein. Das stand sogar in allen Zeitungen. Und die halbe DDR lachte über den Mut dieser Abgeordneten zu einem eigenen Gewissen.

Im Artikel 94 der Verfassung von 1968 stand geschrieben: »Richter kann nur sein, wer dem Volk und seinem sozialistischen Staat treu ergeben ist.« Es wäre also gar nicht nötig gewesen, was immer wieder geschah, dass das Politbüro der SED oder ihr Erster Sekretär persönlich über manches Strafmaß in politischen Prozessen entschieden. Die Vorherrschaft der SED, die selbst streng hierarchisch aufgebaut war, war in jeder nur möglichen Form durch Gesetze abgesichert. Im Ernstfall, also immer dann, wenn es um die Machtfrage ging, entschieden sowieso die »zuständigen Organe«. Von parlamentarischer Kontrolle träumten die Abgeordneten der Volkskammer vermutlich nicht einmal.

Es gab keine Verwaltungsgerichtsbarkeit und kein Verfassungsgericht, also den Staat, was immer er einem antat, konnte man nicht verklagen. Über ihn konnte man sich nur bei ihm selbst beklagen, und die entsprechenden »Organe« entschieden dann gewöhnlich selbst, wie richtig sie alles entschieden hatten. Solche Eingaben und Beschwerden wurden oft auf vorgedruckten Formularen beantwortet. Höchste Instanz des Eingabewesens war der Staatsrat der DDR. Der kundige DDR-Bürger richtete seine Klage oder Beschwerde deshalb meist gleich an den Vorsitzenden des Staatsrates, an den Genossen ↑Honecker. Von da oben gingen sie dann nach kurzer Prüfung direkt an das Objekt der Beschwerden zurück.

Besonders viele solcher Eingaben und Beschwerden erreichten die Staatsmacht immer dann, wenn gerade Wahlen bevorstanden. Mit der Drohung, nicht zu der oder jener Wahl zu gehen, wenn der beklagte Missstand nicht beseitigt werde, konnte man manchmal etwas erreichen. Denn bei den Volkswahlen kam es nicht darauf an, wen man wählte, sondern dass man wählte. Aber dazu mehr im Kapitel ↑Wahlbetrug.

In einem Punkt allerdings waren die DDR-Bürger freier als alle Bürger in der freien Welt – in ihrer Eigenschaft als Werktätige. An ihrem Arbeitsplatz konnte ihnen kein Kaderleiter – so hießen die sozialistischen Personalchefs – etwas anhaben. Denn der musste immer fürchten, dass der Werktätige kündigte. Nicht umgekehrt. Vor den Arbeitsgerichten hatte auch der Staat, der mit Abstand größte Arbeitgeber des Landes, gewöhnlich schlechte Karten. Hier galt fast immer: Im Zweifel für den Angestellten. Das Recht auf Arbeit war, wie andere Rechte auch, in der Verfassung festgeschrieben. Es wurde aber, im Gegensatz zu vielen anderen von der Verfassung garantierten Rechten, auch eingehalten. Ja, das Recht auf den Arbeitsplatz war fast so heilig wie der Führungsanspruch der Partei.

Das hatte natürlich mit dem ständigen Arbeitskräftemangel zu tun. Die DDR war ein Staat ohne Arbeitslose, weil hier vieles noch mit der Hand oder an gänzlich veralteten Maschinen produziert wurde. Auch der aufgeblähte Verwaltungs- und der Sicherheitsapparat trugen mit bei zu dieser viel gerühmten, aber wenig geschätzten Vollbeschäftigung.

Der sichere Arbeitsplatz erschien den DDR-Bürgern so selbstverständlich, dass er als Argument gegen den Kapitalismus gar nicht ins Gewicht fiel. »Lieber arbeitslos im Westen, als das große Los im Osten«, sagten viele. Da man von den DDR-Medien annahm, dass sie sowieso nur lügen, glaubte man ihnen auch nicht, wenn sie von sozialer Not und Arbeitslosigkeit im Westen sprachen. Politisch war der Einzelne entmündigt, die soziale Sicherheit war sozusagen die staatliche Gegengabe, die allerdings ohne jede Dankbarkeit als reine Selbstverständlichkeit hingenommen wurde. An seinem Arbeitsplatz hielt sich der Werktätige auch noch für unersetzlich, wenn er während seiner Arbeitszeit zum Friseur oder einkaufen ging. Oder wenn er seine sechs Wochen bezahlten Krankheits-Urlaub nahm.

Das Recht auf freie Meinungsäußerung, von der Verfassung garantiert, in der Praxis aber lange nicht geduldet, hatte man sich auch an den Stammtischen der DDR längst genommen. Ein beliebter Satz hieß damals: »Ich sage gar nichts mehr – hat ja doch keinen Zweck.« Den Satz hört man auch jetzt wieder. Wie gesagt, eine wirkliche Volksherrschaft wäre wohl auch nicht die ideale Demokratie.

Deutsche Reichsbahn

Deutsche Reichsbahn bedeutete: billig, sauber und pünktlich

Jedem, der heute auf die Deutsche Bundesbahn schimpft, und das tue ich auch immer öfter, rate ich, sich an die guten alten Zeiten zu erinnern, als die Deutsche Reichsbahn uns für acht Pfennige pro Kilometer durch die Lande fuhr. Ihr Streckennetz war etwa 14 000 Kilometer lang. Ungefähr 2200 Kilometer davon waren bis 1989 elektrifiziert. Von den acht Pfennigen träumen wir heute, den Rest müssen wir nun endlich mal vergessen. Es war ja nicht alles so schlecht wie diese Reichsbahn. Mit ihr fuhren wir manche Strecken noch bis in die achtziger Jahre hinein auf Schienen, die von der Firma Krupp stammten, also aus Vorkriegszeiten. In den Nachkriegszeiten hatten die Russen viele dieser Schienen demontiert. Was dann mit ihnen in der großen, weiten Sowjetunion geschah, blieb weitgehend im Dunkeln. In der DDR jedenfalls blieben viele Fernstrecken noch lange, lange eingleisig.

Ich habe das Pech der frühen Geburt – ich kenne diese Strecken noch aus ihren eingleisigen Zeiten. Wir haben damals die Stunden der Verspätungen in etwa so gezählt, wie wir das heute mit den Minuten machen. Ja, wir waren geduldige Reisende, wie sie dem Herrn Mehdorn wohl ganz recht wären. Denn die Bundesbahn scheint sich inzwischen auf ältere Zeiten zu besinnen und ihren Reisenden die eine oder andere ausführliche Verspätung zu bescheren, ohne deshalb auch auf den Acht-Pfennig-Kilometer-Preis zurückzukommen. Die einzige Regelmäßigkeit, auf die wir uns bei der Bundesbahn verlassen können, besteht inzwischen in ihren jährlichen Fahrpreiserhöhungen.

Die Zeiten, da diese Bundesbahn noch mit dem Slogan werben konnte – »Alle reden vom Wetter. Wir nicht!« – sind lange vorbei. Mittlere Stürme oder überraschender Schneefall – denn Schnee fällt bei uns im Winter immer überraschend – können sie ganz schnell aus dem Takt bringen. Gelegentliche Streiks sorgen für zusätzliche Abwechslung in unserem Reiseverkehr.

Streiks gab es bei der Deutschen Reichsbahn nicht. Dafür genügten schon ein paar Schneeflocken, um den gesamten Eisenbahnverkehr in der DDR lahm zu legen. Und wenn es kalt war, fuhren die Züge gewöhnlich ungeheizt. Das war aber nicht weiter tragisch, da sie meist überfüllt waren. Menschliche Wärme bewahrte die Reisenden vor ernsteren Erkältungskrankheiten. Im Sommer musste der Fahrtwind, der durch die geöffneten Fenster in die Abteile drang, die Funktion der nicht vorhandenen Klimaanlagen übernehmen. Das ersparte den Reisenden auch den Anblick der meist ungeputzten Zugfenster. Mit der Reichsbahn fuhr man zwar immer billig, dafür ganz selten sauber und pünktlich.

250 000 Eisenbahner unterstanden direkt dem Minister für das Verkehrswesen, denn auch die Deutsche Reichsbahn war, wie fast alles in der DDR, zentral geleitet. Die Übernahme durch die Bundesbahn erfolgte im August 1990. Seitdem sind viele unrentable Strecken stillgelegt, die rentablen dafür auf modernen Stand ge-

bracht. Züge zwischen Berlin und Hamburg zum Beispiel haben bereits wieder Fahrzeiten erreicht, die dem Vorkriegsstandard nahe kommen.

Devisen → DDR → Intershop → Korruption → Reisekader

Dialektischer Materialismus

Mit dem dialektischen Materialismus konnte man alles erklären

Dass die Welt erklärbar sei, das lernten wir schon in der Grundschule. Dazu bedurfte es nur einer wissenschaftlichen Weltanschauung, eben die des dialektischen Materialismus, der als sehr kleines Einmaleins des »Marxismus-Leninismus« gelehrt wurde. Wenn man sich trotzdem etwas nicht erklären konnte, wurde einem einfach gesagt: »Das muss man dialektisch sehen.« Und schon war alles klar. Diese wissenschaftliche Weltanschauung hatte den unschätzbaren Vorteil, dass man, um sie zu erwerben, nicht erst in der Weltgeschichte herumreisen musste. Man erwarb sie innerhalb der DDR und zwar aus Schulbüchern. Mit ihrer Hilfe lernte man, Antworten auf Fragen zu finden, die einem manchmal noch gar nicht eingefallen waren. Wenn dann eine nachträglich gestellte Frage nicht zu der vorher gefundenen Antwort passte, sagte man einfach: »So steht die Frage nicht.« Es kam also ganz darauf an, die richtigen Fragen zu stellen, um die richtigen Antworten nicht unnötig in Frage zu stellen.

Wer die falschen Fragen stellte – und das taten immer mehr von uns – musste damit rechnen, von der Partei die einzig richtige Antwort zu bekommen. Bücher, Filme oder Kabarettprogramme, in denen solche nicht stehenden Fragen gestellt wurden, wurden verboten oder zumindest hart kritisiert. Unvergesslich ist mir eine Diskussion mit einem marxistischen Philosophen, der sich über den mangelnden Optimismus der DDR-Künstler beklagte. Da würde in Büchern und Filmen immer nur gestorben, sogar Selbstmord begangen, was doch für Sozialisten ganz untypisch sei. Als wir ihm entgegenhielten, dass der Tod nun mal zum Leben gehöre, meinte er, das sei ja nicht falsch. Aber solange die marxistische Philosophie noch keine befriedigende Antwort auf die Frage des Todes gefunden habe, sollten sich auch die Künstler zurückhalten in der Darstellung des ungelösten Sterbeproblems.

Manchmal konnte es aber auch geschehen, dass eine ganz neue Frage – so hieß das – »herangereift« war. Etwa die Frage, ob Franz Josef Strauß, nachdem er der DDR kurz vor Toresschluss jenen Milliardenkredit verschafft hatte, noch als der ↑Klassenfeind, der er bis dato war, zu betrachten sei? Da half nur die Dialektik weiter, die ja schließlich besagte, dass alles zwei Seiten hat. Das galt fortan auch für Franz Josef Strauß und andere ehemalige Nur-Klassenfeinde. Mit dem Kredit hatte er seine gute Seite gezeigt, und Erich ↑Honecker konnte den alten Klassenfeind nun als neuen Freund empfangen. Wie man dann im Westen, wo man bekanntlich mit der dialektischen Methode nicht so vertraut war, erklärt hat, dass der Demokrat Franz Josef Strauß den kommunistischen Diktator Honecker als Staatsgast in München empfing, das ist mir irgendwie entgangen. Aber das war ja schon zu einer Zeit, als der dialektische Materialismus auch bei uns viel von seiner Überzeugungskraft verloren hatte. Denn selbst die schönsten Antworten nützen nichts, wenn keiner mehr nach ihnen fragt.

Nun schlug für uns endgültig die Stunde des »historischen Optimismus«, von dem die Partei immer sprach, wenn es ganz besonders schlimm kam. Je schlechter die Situation im Lande wurde, desto mehr Optimismus wurde jetzt verlangt. Direkt vor dem Abgrund stehend, rief Honecker uns allen noch zu: »Vorwärts immer, rückwärts nimmer!« Unten angekommen, fanden wir uns in einer Welt wieder, die wir uns zwar kaum noch erklären, dafür nun aber besichtigen dürfen. Dass mit unserer im Inland erworbenen Weltanschauung etwas nicht stimmte, hatten wir ja schon lange vermutet. Aber dass sich ausgerechnet der Kapitalismus so genau an Marxens Beschreibung halten würde, das hatten wir denn doch nicht geahnt.

Den ganzen dialektischen Materialismus aber, mit dem wir uns einst alles erklären konnten, verstehen wir heute selbst nicht mehr.

Dienstleistungseinrichtungen → Komplexannahmestellen

Drogen

So etwas gab es in der DDR nicht

Das wird heute gern als Vorteil der geschlossenen DDR-Gesellschaft angesehen. Es stimmt aber leider nur, so lange man im Alkohol keine Droge, sondern ein Grundnahrungsmittel sehen will. Alkohol in der DDR war beides, das Opium fürs Volk und gleichzeitig eines der Grundnahrungsmittel für alle – Volk und Führung. Denn nicht nur das Volk verspürte immer mal wieder den Drang, wenigstens für Stunden seine Führung vergessen zu können. Der Führung ging es gelegentlich mit ihrem Volk nicht anders. Sich an den wirtschaftlichen Erfolgen zu berauschen, fiel beiden schwer, schon weil diese mit der Zeit immer mehr ausblieben.

Westliche Drogen, die zumeist aus Fernost kamen, waren mit der bei uns üblichen Binnenwährung nicht zu bezahlen. Was hätte ein Drogenboss mit Mark der DDR oder Forum-Schecks anfangen sollen? Da aber der Erfindungsgeist in einer Mangelgesellschaft gewöhnlich stärker entwickelt ist als in einer Überflussgesellschaft, wurden in Ostdeutschland seiner Zeit Ersatzdrogen aus heimischen Grundstoffen, meist auf alkoholischer Basis, entwickelt. In Wodka aufgelöste Schlaftabletten mit den schönen Namen Dormutil oder Benedorm gehörten dazu und sollen unter Jugendlichen recht erfolgreich ausprobiert worden sein.

Ich habe keine Ahnung, wie hart diese Droge war, aber weniger gesund als Haschisch war sie bestimmt. Für das Schlafmittel brauchte man zwar ein Rezept, aber dafür war es nicht so teuer, wie die heute üblichen Drogen. Das traf auch zu auf ein berühmtes Beruhigungsmittel namens Faustan, das man gern im Wechsel mit dem Muntermacher Aponeuron einnahm. Weniger anspruchsvolle Süchtige gaben sich mit einfachen Spalttabletten zufrieden, mit denen der Normalbürger nur seine Kopfschmerzen bekämpfte. Und ganz einfache Gemüter begnügten sich mit dem Schnüffeln an einem Fleckentferner namens Nuth. Der war wie Alkohol im Handel frei zugänglich.

Eigener Weg

Den eigenen Weg zum Sozialismus in der DDR – hat es nie gegeben

Die DDR war immer die folgsamste Mitläuferin in der Laufgemeinschaft des sozialistischen Mitläuferbundes mit der schnellen Sowjetunion an der Spitze. Noch im November 1989 hing am Volkspolizeirevier vor meinem Haus ein großes rotes Transparent mit der Aufschrift: »Im ewigen Bruderbund mit der Sowjetunion«. Das erschien mir wie ein Hinweis darauf, dass ausgerechnet die bisher so folgsame Volkspolizei ihrem und meinem obersten Staatschef die Gefolgschaft verweigerte. Sie schien wie wir alle zu rufen: Mit uns nicht! Wir halten zu Gorbi!

Bis zum Auftauchen Gorbatschows hatte es an diesem Bruderbund nie einen Zweifel gegeben. Ulbricht war seinem Vorbild Stalin noch nachgelaufen, als Chruschtschow ihn bereits vom Sockel gestoßen hatte. ↑Honecker lief seinem Breshnew noch gehorsam hinterher, als dieser, wie seine zwei hoch betagten Kurzzeit-Nachfolger, selbst nicht mehr laufen konnte.

Erst dem relativ jungen Gorbatschow konnte oder wollte er nicht mehr folgen. Und so kam es denn dazu, dass er, als altbewährter Stalinist, ein längst beerdigtes Projekt der deutschen Kommunisten noch einmal ausgrub – den »besonderen, deutschen Weg zum Sozialismus«. Den hatte Genosse Anton Ackermann 1948 schon einmal proklamiert. Dafür hat ihn Ulbricht dann – vermutlich im Auftrage Moskaus – später aus der Parteiführung hinausgeworfen. Seitdem hatte keiner mehr etwas von diesem besonderen deutschen Weg wissen wollen und dürfen.

Just in dem Moment, als wir sagten, endlich geht die Sonne wieder im Osten auf, da bestand Honecker plötzlich auf einer besonderen deutschen Sonnenfinsternis. Er nannte das den »Sozialismus in den Farben der DDR«. Wozu er geführt hat, wissen wir inzwischen alle. Ein Sonderweg ist uns Deutschen eben noch nie bekommen.

Eigentum

Privateigentum wurde abgeschafft und Volkseigentum war heilig

Das Privateigentum an Produktionsmitteln war in der DDR aufgehoben. Nachdem schon in der Sowjetischen Besatzungszone die Großindustriellen, die Banken und die Großgrundbesitzer enteignet worden waren, wurden Anfang der neunzehnhundertsiebziger Jahre auch die verbliebenen kleinen oder mittleren Unternehmen, die zunächst halbstaatlich verwaltet wurden, ganz verstaatlicht, also enteignet, und wie es hieß, ins Volkseigentum überführt. Das führte übrigens immer mal wieder zu neuen Engpässen in der Versorgung. Wenn versehentlich dem letzten Zahnbürstenhersteller sein Betrieb aus der Hand genommen wurde, gab es in der DDR zeitweise keine Zahnbürsten mehr zu kaufen. Dann mussten die großen Stahl- oder Schiffsbaukombinate einspringen und nebenbei solche »Waren des täglichen Bedarfs« herstellen. Konsumgüterproduktion hieß das, und kaum ein Großbetrieb blieb davon verschont. Angesichts so haarsträubender Folgen sozialistischer Planwirtschaft staunte der DDR-Bürger, wenn er seit Ende der sechziger Jahre aus dem Westen manche revolutionär klingenden Sprüche hörte. Zum Beispiel: »Privateigentum ist Diebstahl.« Den las ich noch an einer Kreuzberger Hauswand, als die ↑Mauer gefallen war.

Gewiss, theoretisch klingt Gemeineigentum besser als Privateigentum. Aber das, was in der DDR Volkseigentum genannt wurde, funktionierte praktisch so schlecht, dass man sich gelegentlich schon nach den bösen alten Privateigentümern zurücksehnte. Denn dieses Volkseigentum war ja in Wahrheit nur Staatseigentum. Zwischen Staat und Volk aber hatte sich längst eine solche Gleichgültigkeit breit gemacht, dass sich das Volk für das praktisch herrenlose Eigentum immer weniger interessierte. Was allen gehören sollte, gehörte eigentlich keinem, also interessierte es auch kaum einen. Gelegentlich nahm allerdings mancher von uns das »Volkseigentum« beim Wort und mit nach Hause. Wer das tat, wurde dann gewöhnlich für Diebstahl am Volkseigentum bestraft. Vorausgesetzt, er wurde erwischt.

Trotz zum Teil drakonischer Strafen wurde solcher Diebstahl bald zum Volkssport. Besonders beliebtes Diebesgut waren Baumaterialien, die da auf den volkseigenen Großbaustellen nur so herumlagen, in den Baustoffhandlungen aber gar nicht oder nur nach langem Anstehen zu haben waren. Was man nicht oder nur schwer zu kaufen bekam, musste man sich eben »organisieren«. Das war die DDR-übliche Umschreibung für den täglichen Kleindiebstahl, der auch vor größeren Stahlträgern nicht Halt machte. Eine Mangelgesellschaft produziert eben einen Überfluss an kleinkrimineller Fantasie.

Eine besonders lustige Diebesgeschichte erzählte mir einer der am Bau des Palastes der Republik beteiligten Architekten. Diese Baustelle war aus verschiedenen Gründen besonders abgesichert. Da wurde nach Feierabend jede Aktentasche, jeder Rucksack der dort Beschäftigten kontrolliert. Trotzdem war der »Schwund« hier größer als auf normalen DDR-Baustellen. (↑Feierabendbrigaden) Hier wurde ja zum großen Teil besonders wertvolles Material aus dem Westen verbaut. Sogar die begehrten Messingmischbatterien lagen da herum, besonders schöne Fliesen, die man nirgendwo in der DDR zu kaufen bekam. Alle sanitären Anlagen im Palast waren Importwaren und mussten, da sie immer wieder geklaut wurden, mehrmals nachbestellt werden. Aber auch größere Bauteile verschwanden auf scheinbar unerklärlichen Wegen. Die zu Hilfe gerufene Staatssicherheit (↑Stasi) brauchte lange, um herauszufinden, wie das trotz der strengen Taschenkontrollen geschehen konnte. Was man nämlich zu kontrollieren vergessen hatte, das waren die Lastwagen, die voll beladen auf der Baustelle ankamen und manchmal halbvoll von da wieder abfuhren.

Manches Volkseigentum ging so wieder in Privateigentum über. Während jeder, der eine Datsche oder ein Einfamilienhaus besaß, diese mit viel Liebe und Diebesgut in Stand setzte, verkamen die großen Mietshäuser der staatlichen Wohnungsverwaltungen. Die Mieten waren einfach zu niedrig, um hier wenigstens den Bestand zu sichern. Und da diese Häuser ja keinem gehörten, fühlte sich für ihren Zustand auch keiner so recht zuständig. Die Wohnungen in diesen Häusern waren meist tiptop hergerichtet. Im Treppenhaus und an der Fassade bröckelte der volkseigene Putz.

Schon am äußeren Zustand der Häuser konnte man erkennen, ob es sich bei ihnen um Privat- oder Volkseigentum handelte. KWV, also Kommunale Wohnungsverwaltung, das hieß im Volksmund: »Ruinen schaffen ohne Waffen!« Allerdings ist durch den Verfall im armen Ostdeutschland nicht so viel wertvolle Bausubstanz verloren gegangen wie durch den Wiederaufbau im reichen Westen. Das kann man in vielen wieder hergerichteten ostdeutschen und gänzlich neu gebauten westdeutschen Innenstädten besichtigen. Wo man im Westen schnell mal was Altes abgerissen hat, um Platz zu schaffen für neue architektonische Scheußlichkeiten, da ließ man im Osten das Alte langsam verfallen. Dieser Verfall jedenfalls, so traurig er war, war nicht so endgültig wie der Abriss, wie sich inzwischen zeigt.

Die Wiedereinführung des Privateigentums und die damit verbundene Rückkehr vieler Alteigentümer war dann für die Häuser in Stadt und Land ein Segen. Ihre Bewohner allerdings hatten diesen Segen oft teuer zu bezahlen. Dass Volkseigentum keine Lösung ist, musste ihnen keiner erzählen. Aber das freie Spiel der Zahlungskräftigen ist es wohl auch nicht. Das Prinzip »Rückgabe vor Entschädigung« brachte nicht nur Ost gegen West auf. Es machte aus manchem überzeugten Antikommunisten der DDR einen empörten PDS und Linkspartei wählenden Bundesbürger.

Erotikersatz → FKK

Errungenschaften

Die Errungenschaften des Sozialismus waren nichts wert

Je lauter diese »Errungenschaften« propagiert wurden, desto weniger wurden sie geschätzt. Dass es sie überhaupt gegeben hat, entdeckten viele von uns erst, als es die ganze ↑DDR mit all diesen zweifelhaften Errungenschaften nicht mehr gab. Als es das Recht auf Arbeit, die billigen Mieten, die kostenlose Bildung, die ebenfalls kostenlose medizinische Betreuung und den selbstverständlichen Anspruch auf ↑Kindergarten- und Krippenplatz nicht oder nicht mehr in dem Maße wie in der DDR gab, wunderten sich viele. So lange sie uns als Vorzüge des Systems gepriesen worden waren, konnten wir nur müde abwinken. Das waren doch alles Selbstverständlichkeiten, die durch die ewige Propaganda noch zusätzlich entwertet worden waren.

Natürlich gab es bei uns keine Obdachlosigkeit und die Mieten waren kaum der Rede wert. Aber die besseren, viel komfortableren Wohnungen und Häuser wurden doch im Westen gebaut. Bis wir dann die Unbilden des bundesrepublikanischen Bildungswesens kennen lernten, schimpften wir auf die DDR-Volksbildung, in der die Kinder nach dem Willen der unsäglichen Margot Honecker zu Duckmäusern und Mitläufern erzogen werden sollten. (↑Sozialistische Erziehung) Was zählte da der sichere Ausbildungsplatz, zudem die staatliche Berufslenkung viel zu wenig Rücksicht nahm auf individuelle Wünsche und Neigungen? Für Kinder gab es zwar viele annehmbare Ferienlager, in die alle – unabhängig vom Verdienst der Eltern – fahren konnten. Aber im Westen fuhren die Kinder mit ihren Eltern nach Spanien, Frankreich und Italien. Dass jeder Student Anspruch auf Stipendium hatte, dass er natürlich nicht zurückzahlen musste – was war das gegen die Möglichkeit eines Studiums in den USA, Frankreich oder England? Und die kostenlose medizinische Betreuung zählte sowieso nicht angesichts der viel schlechteren Ausstattung unserer Gesundheitseinrichtungen, der langen Wartezeiten in der Poliklinik und der vielen Medikamente, die es nur im Westen gab.

Nein, unsere »Errungenschaften« waren einfach zu alltäglich, zu glanzlos, und sie wurden uns zu oft unter die Nase gerieben, wenn wir über die Misswirtschaft, die ewigen Versorgungslücken, den allgemeinen Schlendrian klagten. Und ist dieser ganze Staatssozialismus nicht gerade an dem zugrunde gegangen, was hier Errungenschaft genannt wurde? Natürlich hatte jeder das Recht auf einen Arbeitsplatz. Aber die Pflicht, dort auch wirklich zu arbeiten, sahen so viele nicht ein und wurden trotzdem mitgeschleppt. Wozu sollte man sich ein Bein ausreißen, wenn der Fleißige nicht mehr verdiente als der Faule? Wozu sollte man überhaupt studieren, wenn man als Fensterputzer nicht schlechter dastand als ein Mediziner?

Diese staatlich organisierte Gleichmacherei sollte eine Errungenschaft sein? Was ist denn Besonderes an Dingen, die allen zustehen? Auch ein relativ gerecht verteilter Mangel bleibt doch ein Mangel. Unsere so genannten sozialen Errungenschaften waren regelrecht dazu angetan, sie gering zu schätzen. Vor allem aber wurden sie entwertet durch das ewige Gerede über sie und das gleichzeitige Verschweigen des vielen Misslungenen. So manches in der DDR war gewiss gut gemeint. Aber gut gemeint ist – nicht nur in der Kunst – oft genug das Gegenteil von gut gemacht.

EXQUISIT → INTERSHOP → NIVEA, SALAMANDER, TRUMPF

FDJ

Das war eine freie deutsche Jugend

Hier liegt der Irrtum – oder besser, die Irreführung – wie bei vielen Parteien oder Massenorganisationen schon im Namen. Diese Jugendorganisation mit ihren ungefähr zwei Millionen Mitgliedern, zu denen ich auch einmal gehört habe, war weder frei, noch jung – die Funktionäre jedenfalls waren es nicht. Egon Krenz war noch im reifen Alter von fünfundvierzig Jahren erster Sekretär des Zentralrates der FDJ, bevor er dann zum Kronprinzen von Erich ↑Honecker aufstieg. Der hatte einst im Auftrage der KPD diese FDJ Anfang 1946 mit begründet. Da war er schon Mitte Dreißig. Ihr oberster Chef blieb er noch, als er die Vierzig weit überschritten hatte.

Dass es sich bei der FDJ um eine deutsche Organisation handelte, trifft insofern zu, weil sie sich durch besondere Bravheit auszeichnete. Das von ihr organisierte frohe Jugendleben entsprach ganz dem Geschmack der alten Herren der SED-Führung, die als gute Vorbilder für die Jüngeren noch mit siebzig oder achtzig Jahren singend von sich behaupteten: »Wir sind die Junge Garde des Proletariats!«

FDJ-Mitglied wurde man fast automatisch mit vierzehn Jahren. Wer sich weigerte, das blaue Hemd zu tragen, musste mit Nachteilen in der Ausbildung rechnen, wurde unter Umständen nicht zum Abitur oder zum Studium zugelassen. Die »Kampfreserve der Partei« marschierte noch am Vorabend des vierzigsten Jahrestages der DDR in einem Fackelzug an Honeckers Tribüne vorbei, jubelte allerdings nicht mehr ihm, sondern dem neben ihm stehenden Gorbatschow zu. Das soll den alten Herrn sehr geärgert haben.

Ob dieselben Jugendlichen später dann auf der Straße des 17. Juni bei der Love-Parade dabei waren, ist nicht nachweisbar, aber keinesfalls auszuschließen. Sicher jedenfalls ist, dass das Blauhemd seitdem aus dem Straßenbild ganz verschwunden ist. Ganz in die Nähe des Hauses des Zentralrates der FDJ in Berlin Unter den Linden zog später das Zweite Deutsche Fernsehen ein, das ein ähnlich jugendliches Programm produziert wie einst die sozialistische Jugendorganisation FDJ.

Feierabendbrigaden

Es gab keine Arbeitsmoral im Land der Arbeiter und Bauern

Immer wieder wurde und wird behauptet, die Arbeitsmoral in der DDR sei miserabel gewesen. Das ist schon insofern ein Irrtum, als die meisten Handwerker nach der normalen Tagesschicht, also nach Feierabend, noch eine Sonderschicht einlegten, bei der sie bewiesen, was in ihnen steckte. Das war natürlich nur möglich, wenn sie sich bei ihrem anstrengenden Acht-Stunden-Tag nicht allzu sehr verausgabt hatten. Die DDR-Wirtschaftsfachleute wussten, nach Feierabend konnten sie sich auf ihre Werktätigen verlassen. Da wurden Werte geschaffen, die allen zugute kamen, die sie bezahlen konnten.

Das, was man heute in der Bundesrepublik Schwarzarbeit nennt, hieß in der DDR Feierabendarbeit. Im Gegensatz zur Schwarzarbeit heute, war die Feierabendarbeit damals nicht nur nicht verboten, sie wurde sogar staatlich gefördert. Was heute der kapitalistischen Wirtschaft und dem Staat so unendlichen Schaden zufügt, hat das Wirtschaftsleben der DDR noch am Leben erhalten, als man meinte, es sei schon alles zusammengebrochen.

Für solche staatlich erwünschte Schwarzarbeit zahlte man auch nicht etwa Dumpinglöhne. Nein, man bezahlte gewöhnlich sogar weit über Tarif. Eine Maurerstunde nach Feierabend kostete im Berliner Maurerjargon »ein Pfund«, was auf Hochdeutsch zwanzig Mark hieß. Für DDR-Verhältnisse ein gewaltiger Stundenlohn. Ich jedenfalls musste die Maurer, die mein altes Haus vor dem

Einsturz bewahrten, so entlohnen. »Die Stunde ein Pfund«, sagten sie, noch bevor wir uns die Hand gegeben hatten.

Dafür arbeiteten die meisten auf meiner Feierabendbaustelle auch wesentlich besser und schneller als auf ihrer staatlichen Tagesbaustelle. Und wenn ich bei der Baustoffversorgung mal wieder keinen Zement bekommen hatte, brachten sie den von dort mit, und ich bezahlte ihn bei meinen freundlichen Maurern genauso teuer oder billig wie bei der Baustoffversorgung, obwohl sie ihn nicht hatten kaufen müssen, und ich ihn nicht transportieren musste.

Ganz besonders gern hatte man Handwerker, die von vornherein sagten, dass sie das Material mitbringen würden. Denn Material war für Leute wie mich viel schwerer zu beschaffen als für das arbeitende Feierabendpersonal. Ich brachte ganze Tage damit zu, nach Mörtel und Ziegelsteinen herumzulaufen, die ich dann mit meinem Trabant-Kombi transportierte. Die Maurer brauchten auf ihrer volkseigenen Tagesbaustelle nur einzupacken, was sie dann abends bei mir privat vermauerten.

Selbstverständlich war es mit dem hohen Stundenlohn allein nicht getan. Die ausreichende Versorgung mit Getränken war eine Grundbedingung, der Kasten Bier eine Selbstverständlichkeit, und eine Flasche »braun oder weiß« – also Weinbrand oder Korn – ging täglich auch mit drauf. Dazu gab es ein kräftiges Abendbrot und am Wochenende selbstverständlich eine warme Mahlzeit. Ja, ich musste viel Zeit in meine Feierabend-Handwerker investieren. Zum Einkauf kam das Kochen, und dann gab es die ausführlichen Gespräche in den vielen Pausen, die zur Feierabendarbeit gehörten, wie das gemütliche Beisammensein zum sozialistischen Wettbewerb. Als guter Bauherr war man einfach verpflichtet, seine Handwerker nicht nur zu verpflegen, sondern auch zu unterhalten.

Die ersten von mir engagierten Schwarzmaurer kamen vom VEB Sonderhochbau. Das war die Baugesellschaft der Staatssicherheit. Als ich sie fragte, warum sie ausgerechnet bei der ↑Stasi arbeiteten, sagten sie nur: »Da gibt's zweihundert Mark mehr im Monat.« Von ihnen hörte ich auch zum ersten Mal den schönen Satz: »Privat geht vor Katastrophe!« Ich habe mich allerdings schon nach wenigen Tagen wieder von ihnen getrennt, nicht weil sie von der Stasi kamen, sondern weil sie gepfuscht haben. Das musste man sich nach Feierabend nicht auch noch gefallen lassen.

Nachdem ich zwei Jahre auf meiner Baustelle für Trinken, Essen und Unterhaltung gesorgt hatte, war ich mit dem einen oder anderen Maurer richtig befreundet. Das zahlte sich aus, denn sie brachten dann auch ihre Kollegen von den anderen Gewerken mit – Dachdecker, Klempner oder Zimmerleute. Um das Material musste ich mich bald gar nicht mehr kümmern. Dass ich selbst in diesen zwei Jahren nicht oder nur ganz wenig zum Arbeiten kam, habe ich dafür klaglos hingenommen.

Außer den Handwerks-Feierabendbrigaden gab es in der DDR auch illegale Schwarzarbeiter, die der Staat DDR genauso vergeblich zu bekämpfen suchte, wie es der Staat Bundesrepublik heute mit aller Schwarzarbeit tut. Das waren die so genannten Schwarztaxi-Fahrer. Man erkannte sie daran, dass sie verhältnismäßig langsam und ziellos immer in der rechten Spur fuhren. Da es viel zu wenig zugelassene Taxis gab, war man auf ihre Dienste angewiesen. Man erkannte sie ziemlich leicht, ohne genau sagen zu können, woran. Man winkte sie zu sich heran, sagte, wohin die Fahrt gehen sollte, und wenn man dann am Ziel fragte, was man denn schuldig sei, hörte man immer wieder den einen Satz: »Geben Sie, was Sie denken.« Und als in der DDR sozialisierter Mitbürger, gab man normalerweise mehr, als ein reguläres Taxi gekostet hätte. Man war hier eben für jede Dienstleistung dankbar. Und die Schwarzfahrer waren ja auch viel freundlicher als normale Taxichauffeure.

Dass in der DDR nach Feierabend grundsätzlich besser gearbeitet wurde als am Tage, das galt auch noch zu Wendezeiten. Die

Montagsdemonstrationen fanden wie alle Protestveranstaltungen jener Wochen und Monate grundsätzlich nach Feierabend statt. Es handelte sich also, wenn man sie denn überhaupt Revolution nennen kann, um eine Nach-Feierabend-Revolution.

Feminismus

Ein Fremdwort und im DDR-Sozialismus nicht vorhanden

Das stimmt nur insoweit, dass das Wort wenig gebräuchlich war, nicht aber die Sache. Im Osten sprach man von Emanzipation und Gleichberechtigung. Der im Westen so erbittert geführte Kampf um die weibliche Endsilbe ist an den DDR-Frauen nahezu spurlos vorbeigegangen. Noch heute kann es passieren, dass eine Leipzigerin oder Rostockerin auf die Frage nach ihrem Beruf antwortet: Arzt. Es ist klar, dass das jede Kölner Ärztin, die seit Jahrzehnten um das »In« an ihrer Berufsbezeichnung gekämpft hat, auf die Palme bringt. Der Streit um das, was der richtige Feminismus ist, wird auch heute noch unter Ost- und Westfrauen hier und da erbittert geführt. Es ist eben nicht so, dass nur Männer und Frauen einander nicht verstehen. Manchmal verstehen auch Frauen Frauen nicht, was unter Männern ja bekanntlich nicht oder nur ganz selten passiert.

Die DDR hat keine Alice Schwarzer hervorgebracht. Die Namen der Vorsitzenden des für die weibliche Emanzipation zuständigen Demokratischen Frauenbundes Deutschlands (DFD) sind längst vergessen, wie der ganze DFD mit seinen betulichen Forderungen nach »Festigung der gesellschaftlichen Stellung der Frau« und »Förderung ihrer Persönlichkeitsentwicklung«. Der DFD war eine der DDR-Massenorganisationen, die keiner so recht ernst nahm, obwohl der sogar eigene Volkskammerabgeordnete stellte. In der DDR fand jeder Kampf, also auch der um die Gleichberechtigung der Frau, »im Einklang mit den Interessen der Werktätigen aus allen Schichten der Bevölkerung« statt. Worin diese Interessen bestanden, das entschied die Partei, und deren Führung war nun mal nicht weiblich.

Am 8. März, dem Internationalen Frauentag, dankten auf einem festlichen Empfang im Staatsratsgebäude Partei- und Staatsführung »unseren Frauen und Müttern für ihren wichtigen Beitrag bei der Erfüllung der Hauptaufgabe«. Das besitzanzeigende Fürwort sagte alles. Das Sagen hatten ganz oben die Männer. Im Politbüro der SED gab es bis zum Schluss nur zwei Kandidatinnen, also nicht ein einziges weibliches Vollmitglied. Im Ministerrat saß sogar nur eine einzige Ministerin, die rein zufällig auch die Frau von Erich ↑Honecker war. Das Gerücht, dass er zu Hause unterm Pantoffel stehe, hat uns alle sehr erheitert.

Frauentagsfeiern fanden in allen Betrieben und in den Wohngebieten jährlich um den 8. März herum statt. Sie begannen gewöhnlich mit einem gemütlichen Kaffeetrinken, bei dem die Männer zu bedienen hatten, und endeten häufig in einem gemeinsamen Tanzabend mit anschließendem Besäufnis. An diesem Tag nahm sich eben auch die Frau mal das heraus, was gewöhnlich nur dem Manne zustand. Von den tüchtigen Frauen dieser Republik pflegte man zu sagen, sie stünden ihren Mann.

Außer diesem Frauentag hatten die Frauen in der DDR Anspruch auf einen monatlichen Haushaltstag, einen Frauenruheraum im Betrieb und ganz allgemein auf Frauenförderung, was immer das heißen mochte. Sie hatten auch Anspruch auf gleichen Lohn für gleiche Arbeit. Aber sie hatten eben oft genug nicht die gleiche Arbeit. Die Gehälter in den typischen Frauenberufen waren nicht unwesentlich niedriger als die in den von Männern beherrschten Berufszweigen. Trotzdem hatten die Frauen in der DDR etwas, ohne das alle Emanzipation nicht funktioniert – die ökonomische Unabhängigkeit. Das allerdings führte unter anderem zu der in der DDR außergewöhnlich hohen Scheidungsrate.

Man kann auch sagen, sie ließen sich nichts mehr gefallen. Die meisten Anträge auf ↑Scheidung kamen von Frauen.

Die Gesetze in der DDR waren auf Seiten der Frauen, aber die männlichen Gewohnheiten waren älter. Der Mann, der zu Hause nichts zu sagen hatte, oder gerade wer unter dem Pantoffel stand, kehrte nach außen gern den Macho heraus. Ich habe zehn Jahre lang Tür an Tür mit einer Familie gewohnt, in der der Mann praktisch für den gesamten Haushalt zuständig war. Nur eines habe ich ihn nie tun sehen – die Treppe fegen und wischen. Das hielt er für unter seiner männlichen Würde. Die Frau nahm das mit Gleichmut hin. Zu mir sagte sie lachend, auf meine Frage, warum das so wäre: »Ach, wissen Sie, so lange er kocht, einkaufen geht, die Wäsche wäscht und bügelt, habe ich kein Problem damit, einmal alle zwei Wochen im Wechsel mit Ihnen die Treppe zu machen.« In der DDR war die tatsächliche Emanzipation der Frau viel weiter, als es den Anschein hatte. In der Bundesrepublik scheint es mir, genau umgekehrt zu sein.

Fernsehen

Das DDR-Fernsehen war nur Agitation und Propaganda

Das Fernsehen der DDR war ein Parteibetrieb. Es unterstand direkt der Abteilung Agitation und Propaganda der ↑SED. Das sah man diesem Fernsehen auch in allen politischen Sendungen, ganz besonders in den dort gezeigten Nachrichtensendungen, an. Da war Nachricht und Kommentar gar nicht zu unterscheiden. Jeder Bericht, jeder Satz wurde hundertmal auf den jeweiligen Klassenstandpunkt abgeklopft, bis er so nichts sagend war, dass man gar nicht mehr zuhörte. Im Wechselbad des Klassenstandpunktes wurde so mancher linientreue Funktionär aufgerieben, denn dieser Klassenstandpunkt konnte heute hier und morgen da liegen.

Ob etwas richtig oder falsch war, hing ja von der jeweiligen politischen Situation ab, war also für die Verantwortlichen oft schwer voraussehbar. Etwas Richtiges im falschen Moment zu senden, konnte sehr gefährlich werden. Lieber sendete man etwas Falsches im richtigen Moment.

So ein richtiger Moment trat erst dann ein, wenn man sicher sein konnte, dass die alten Herren des Politbüros schon im Bett waren. Es war zwar bekannt, dass sie allesamt auch lieber Westfernsehen sahen, aber sicher war man vor ihnen nie. Und vor allem konnte man nie wissen, was sie nun gerade – jeder von ihnen persönlich – richtig oder falsch fanden. Bekannt war auch, dass die »Aktuelle Kamera« sehr wenig gesehen und von den wenigen, die sie sahen, noch weniger geglaubt wurde. Die Einschaltquoten wurden wie ein Staatsgeheimnis behandelt.

Ich gehörte zu den ganz wenigen normalen und parteilosen DDR-Bürgern, die fast täglich die »Aktuelle Kamera« sahen. Meine Familie verließ fluchtartig den Raum, wenn ich Punkt neunzehn Uhr dreißig den Fernsehapparat anschaltete, und der immer optimistisch lächelnde Nachrichtensprecher mit all seinen guten Nachrichten aus der Welt des Sozialismus auf dem Bildschirm erschien. Wenn sich dann sein Blick verfinsterte, war sicher, dass jetzt die Rede vom ↑Klassenfeind war. Ich habe das ausprobiert, indem ich immer mal den Ton wegdrehte und zu erraten versuchte, wovon gerade die Rede war. So weit ich mich erinnere, habe ich mich nur einmal geirrt. Da hatte sich in der DDR ein schreckliches Flugzeugunglück ereignet, und der Sprecher hatte aus diesem Anlass seine finstere Miene aufgesetzt, die er sonst nur dem Klassenfeind zuteil werden ließ.

Was an diesen Nachrichten wirklich interessant war, war immer das, worüber sie nicht berichteten. Oder wer plötzlich nicht mehr vorkam in den Nachrichten. Wenn zum Beispiel ein führender Genosse länger als zwei bis drei Wochen in Wort und Bild nicht mehr erschien, konnte man sicher sein, dass der Betreffende vor dem Abschuss stand. Die Meldung von seinem Rücktritt aus »gesundheitlichen Gründen« erfolgte dann später und ganz beiläufig. Gänzlich unbegreiflich mussten für den, der keine Westnachrichten sah oder hörte, manche Kommentare bleiben, bei denen von Ereignissen gesprochen wurde, von denen in den DDR-Medien gar nicht berichtet worden war. Dieser Parteibetrieb Fernsehen der DDR trug viel dazu bei, dass die Ostdeutschen, sofern sie die Möglichkeit hatten, auf die Westkanäle um- oder – wenn sie in einem ↑Tal der Ahnungslosen wohnten – einfach abschalteten. Der Anteil der Abteilung Agitation und Propaganda der SED am Untergang der ↑DDR beziehungsweise daran, dass immer mehr DDR-Bürger Westfernsehen sahen und sich nach der schönen Warenwelt sehnten, dürfte nicht so sehr viel kleiner sein, als der Anteil der für die DDR-Wirtschaft zuständigen ZK-Abteilung. (Siehe auch ↑Konsumgesellschaft DDR)

Zensur (↑) wurde jedoch nicht nur in den politischen Sendungen geübt, keine Unterhaltungssendung, kein Fernsehspiel, kein Sandmännchen-Abendgruß lief unzensiert über den ostdeutschen Bildschirm. Umso mehr hätte man sich manchmal wundern können über das, was da trotzdem zu sehen war. Aber zu solchem Wundern konnte es bei vielen von uns nicht kommen, weil sie dieses Ostfernsehen gar nicht erst anschalteten. Ich habe einen der besten Fernsehfilme des DDR-Fernsehens zum Beispiel – »Geschlossene Gesellschaft« von Klaus Poche und Frank Beyer – 1978 nur gesehen, weil ich gerade in Dresden zu tun hatte, im Tal der Ahnungslosen.

Mein Dresdner Freund, der notgedrungen über das Adlershofer Programm besser Bescheid wusste als ich, hatte von einem Film gesprochen, der ganz interessant sein könnte. Wir wollten wenigstens »mal reinschauen«. Als dann – »aus aktuellem Anlass«, wie die Ansagerin verkündete – der Sendetermin zuerst nur um eine Stunde, dann aber auf kurz vor Mitternacht verschoben wurde – waren wir hellhörig geworden und blieben dran. Wir ahnten, dass da eine Panne im Zensurbetrieb passiert sein musste, und man nun in letzter Minute versuchen wollte, die Sendung so lange hinauszuschieben, bis die werktätigen Massen im Bett waren. Heutzutage wäre so ein offensichtlicher Zensureingriff im öffentlich-rechtlichen Fernsehen undenkbar. Umstrittenen oder auch nur besonders anspruchsvollen Sendungen bleibt jetzt – schon aus Gründen der Quote – von vornherein die Gespensterstunde vorbehalten.

Derselbe Dresdner Freund hat wenig später selbst einen kritischen Gegenwartsfilm geschrieben, der zuerst verboten werden sollte, aber nach vielen Diskussionen schließlich am Abend des Fußballweltmeisterschaft-Endspiels zeitgleich im Zweiten Programm des DDR-Fernsehens lief. Eine taktische Meisterleistung der sonst ganz und gar nicht meisterlich agierenden DDR-Zensur im Fernsehen.

Dass es in ihrem, damals gemiedenen DDR-Fernsehen trotz aller Zensur durchaus sehenswerte Fernsehfilme, Unterhaltungssendungen und vor allem Kinderprogramme gegeben hatte, erfuhren die staunenden Neubundesbürger in Dresden, Leipzig und Berlin erst vom MDR, RBB oder NDR, die noch heute einen Großteil ihrer Programme mit Sendungen des Parteibetriebes »Fernsehen der DDR« bestücken. Haben die Zensoren damals nicht richtig aufgepasst oder könnte es sein, dass in diesen neuen Sendeanstalten noch alte Seilschaften der SED sitzen?

Fernsehlieblinge → Stars

FKK

FKK war der Erotikersatz

Wer je einen Nacktbadestrand an der Ostsee oder anderswo betreten hat, wird wohl bestätigen, dass es kaum etwas Unerotischeres geben kann, als diese Ansammlung nackter Bäuche, dicker Hintern und hängender Busen. Denn die Schönen sind da genauso selten wie im übrigen Leben. Und das Foto eines schönen Menschen ist allemal vollkommener und erotischer als die meisten von uns in natura. Dass das Nacktbaden in der DDR so üblich wurde, muss andere Ursachen gehabt haben. Es war ja nicht immer so. In den fünfziger, sechziger Jahren war FKK durchaus noch nicht in Einklang zu bringen mit dem, was man damals sozialistische Moral nannte. Vielleicht hat sie sich gerade deshalb so schnell verbreitet, weil die Partei etwas dagegen hatte.

Anfangs waren die FKK-Strände streng abgegrenzt von den Textilstränden, und es waren meist nicht die schönsten Sandstrände, an denen sich die Nackten sonnen durften. Die mussten von ihnen erst in einem Jahrzehnte lang geführten Kampf erobert werden. Inzwischen sind viele dieser Strände wieder – aus Rücksicht auf die Empfindsamkeit westlicher Badegäste – zu Textilstränden geworden. In den achtziger Jahren waren Nackt- und Textilstrände in der DDR längst nicht mehr streng getrennt. Sie gingen fast unmerklich in einander über. Manchmal konnte man kaum noch erkennen, ob man bei den einen oder den anderen war. Denn jeder machte, was er wollte. Nackt ins Wasser gingen ja auch Leute, die sich danach wieder was überzogen.

Ich erinnere mich, 1985 oder 86 mit französischen Freunden an so einem Strand auf dem Darß vorbeigekommen zu sein. Ich hatte gar nicht daran gedacht, dass FKK in Frankreich etwas anderes sein könnte als bei uns. Meine Freunde jedenfalls erschraken zuerst über die vielen Nackten und wunderten sich dann noch mehr darüber, dass hier im Gegensatz zum Rest der DDR, den sie ziemlich gut kannten, gar keine deutsche Ordnung herrschte. Obwohl für den normalen Franzosen »La Baltique«, also die Ostssee, etwas so Ungemütliches ist, wie für uns das Eismeer, schienen sie sich – nach dem ersten Schreck – sehr wohl zu fühlen unter den Ganz-, Halb- oder gar nicht Nackten.

Mit solcher Toleranz zwischen den mehr oder weniger Nackten ist es – wie gesagt – inzwischen in den etwas besseren Badeorten mit ihrer feineren Kundschaft vorbei. Dafür gibt es jetzt überall die anregenden Erotik-Geschäfte, wo man nackte Schönheiten in allen Stellungen betrachten und Porno-Kassetten oder makellose Gummipuppen kaufen kann. Die sind ja auch viel ästhetischer und erotischer als das nackte Fleisch am Sandstrand.

Es würde mich gar nicht wundern, wenn unsere ungeordnete FKK-Vergangenheit irgendwann als Ursache für sexuelles oder allgemein moralisches Fehlverhalten entdeckt würde. Professor Pfeiffer übernehmen Sie!

Fluchthelfer → Republikflucht

Flugwesen

In den Flugzeugwerken Dresden wurden Kochtöpfe produziert

Auch wenn es heute fast ganz vergessen ist, in Dresden wurde das erste deutsche Düsenverkehrsflugzeug entwickelt und gebaut. Bereits Anfang der fünfziger Jahre begannen deutsche Flugzeugingenieure, die zuvor in der Sowjetunion zwangsrekrutiert gewesen waren, mit der Entwicklung eines »Flugzeug 152« genannten Typs. Ihr Fachwissen stammte zum Teil noch aus den Entwicklungsbüros der Junkers-Flugzeugwerke. Davon hatten zuerst die

Russen profitiert, nun sollten sie im Auftrage Ulbrichts die Düsenflugzeug-Produktion in der DDR aufbauen.

Am 30. April 1958 wurde in Anwesenheit des obersten Parteichefs in Dresden-Klotzsche der Weltöffentlichkeit der Prototyp »152« vorgestellt. Die vielen tausend Zuschauer und Journalisten aus aller Welt wussten nicht, was Zeitzeugen heute berichten – das vorgeführte Modell konnte nicht nur nicht fliegen, es konnte nicht einmal mit eigener Kraft aus der Halle rollen. Aber der Termin war lange vorher von der Parteiführung festgelegt, und es galt ja die Losung: »Was die Partei beschloss, wird sein!« Also nannte man den erreichten Entwicklungsstand »hallenfertig«. Nicht nur die DDR-Medien feierten den Triumph der Dresdner Flugzeugbauer, auch die Westpresse sprach von einem »Wirtschaftswunder aus Dresden«.

Im Dezember des gleichen Jahres war es dann so weit – die »152« startete zum ersten Probeflug und landete nach einer guten halben Stunde wieder sicher auf dem Rollfeld. Für Walter Ulbricht war das nicht nur ein Beweis für die Überlegenheit der sozialistischen Produktionsweise über die kapitalistische, sondern auch ein gutes Argument seiner Politik gegenüber dem großen Bruder in Moskau. Ulbricht liebte es ja bis zu seinem Sturz, auch den Sowjets gegenüber eine gewisse Eigenständigkeit, ja sogar Überlegenheit, zu demonstrieren. Diese Neigung nutzte ↑Honecker später, um ihn mit Breshnews Zustimmung endlich stürzen zu dürfen.

Mit gewaltigem Propagandaaufwand war schon vor dem gelungenen Erststart für das »Strahlverkehrsflugzeug« geworben worden. Mit aller Kraft und ohne Rücksicht auf die Kosten, sollte das Projekt weiter entwickelt werden. Ulbricht wollte dem sowjetischen Partei- und Regierungschef Chruschtschow diesen Triumph ostdeutscher Technik bei seinem Besuch auf der Leipziger Messe unbedingt präsentieren. Aber dieselbe Maschine, die den ersten Flug unbeschadet überstanden hatte, stürzte am 4. März 1959 in der Nähe von Ottendorf-Okrilla ab. Die Besatzung fand dabei den

Tod. Offiziell wurde als Absturzursache ein »Bedienungsfehler« genannt. Die Staatssicherheit (↑Stasi) sorgte dafür, dass die wirkliche Ursache – vermutlich ein Fehler in der Treibstoffzufuhr – nicht bekannt wurde.

Noch wollten die Dresdner Flugzeugkonstrukteure nicht aufgeben. Auch die Parteiführung begrub das Projekt endgültig erst, als aus Moskau der Ukas kam, die ungeliebte Konkurrenz aufzugeben. Inzwischen war aber die Serienproduktion schon angelaufen. Sechsundzwanzig Maschinen waren gebaut – da beschloss am 13. Juli 1961 der Ministerrat der DDR die Auflösung der Dresdner Flugzeugwerke und ihren Umbau zu einem Landmaschinenbaukombinat. In Dresden hielt sich lange Zeit das Gerücht, statt der Düsenflugzeuge würden in Klotzsche jetzt Kochtöpfe produziert.

Es war nicht die letzte zentral gelenkte Panne eines Prestigeobjektes in der DDR-Wirtschaft. Was von der Bevölkerung weitgehend hämisch kommentiert wurde, war für die Konstrukteure tragisch, ebenso tragisch wie das Schicksal der Autokonstrukteure in Zwickau und Eisenach, die nur zu gern auch richtige Autos entworfen und gebaut hätten (↑Trabi).

Forumschecks → Intershop

Franz Josef Strauss → Beziehungen → Klassenfeind

Frauentag → Feminismus

Gänsefleisch

An der Grenze standen immer nur Sachsen

»Gänsefleisch den Gofferraum mal offmachen?« Den Witz erzählten fast alle Besucher aus der Bundesrepublik, wenn sie von dem erzählten, was sie mit »unsern« Grenzern bei der Einreisekontrolle gerade wieder erlebt hatten. Und diese Erzählerchen konnten lange dauern, meist länger als die Grenzkontrolle selbst gedauert hatte. Und wir hörten beschämt zu, hatten immer das Gefühl, uns entschuldigen zu müssen für alle Schikanen, die ihnen von diesen Grenzern zugefügt worden waren. Die Annahme, dass da nur Sachsen stehen würden, entlastete uns Nichtsachsen immerhin ein bisschen.

Aus eigener Erfahrung wussten wir zwar, dass das nicht stimmte, aber warum sollte man als Berliner widersprechen? Das bot doch die schöne Gelegenheit, sich mit dem Besuch gemeinsam über die Sachsen, statt über sich selbst und seinesgleichen, lustig zu machen. Darin hatten wir Übung in der DDR. Wenn wir im ↑Kabarett einen Parteisekretär sächsisch sprechen ließen, und im DDR-Kabarett taten wir das mit Vorliebe, dann hatten wir ihn allein damit schon lächerlich gemacht. Selbst in Dresden oder Leipzig lachte man gern über das Funktionärs-Sächsisch. So einfach war das. Denn so wie für den Westdeutschen alle Grenzer Sachsen waren, galten bei uns die Parteisekretäre grundsätzlich als Sachsen.

Dass in der Tat an der deutsch-deutschen Grenze in Thüringen und Sachsen-Anhalt die meisten Grenzer und Zöllner einen Dialekt sprachen, der nicht nur für westdeutsche Ohren sächsisch klang, lag daran, dass sie meist aus der Gegend stammten, in der sie ihren Dienst taten. Wie sollte man einem Rheinländer oder Bayern klar machen, dass Thüringisch und Anhaltinisch etwas anderes als Sächsisch sind? Wir konnten das ja oft selbst nicht so genau unterscheiden. Heute aber dürfen wir den Irrtum aufklären – es gab unter den Grenzern wie unter den Parteisekretären der DDR Frauen und Männer jeglicher ostdeutscher Mundart. Und die Sachsen waren keinesfalls schlimmer als die anderen. Nach meiner Erfahrung waren bei den Zoll- und Grenzkontrollen – Entschuldigung! – die Frauen am penibelsten. Aber das kann selbstverständlich auch ein Irrtum sein.

Gebote der sozialistischen Moral

Die SED hatte eine streng wissenschaftliche Weltanschauung

Darauf, dass ihre Weltanschauung wissenschaftlich sei, beruhte der tiefe Glaube unserer Sektenführer. Wir sollten uns kein eigenes Bild machen von dieser Welt, sondern dem von ihnen ausgemalten blind vertrauen. Denn das allein war objektiv richtig. Die Partei hatte schließlich die objektive Wahrheit mit sowjetischen Löffeln gefressen. Stalin war unser Gott und Ulbricht sein Prophet in der DDR. Auch als der Gott vom Himmel stürzte und ↑Honecker den Ulbricht hier unten vom Sockel stieß, blieb die wissenschaftliche Weltanschauung eine reine Glaubensfrage. Bei uns herrschten die Götter in Rot.

Nachdem man den Pionieren in der Jungkommunistenlehre schon ihre Pionier-Gebote verkündet hatte, in denen zum Beispiel stand, dass sie fröhlich zu sein und ihr Halstuch »mit Stolz zu tragen und in Ehren zu halten« hatten, schenkte der Genosse Walter Ulbricht auch den erwachsenen Bürgern seines Landes 1964 auf dem fünften Parteikirchentag der SED die »Zehn Gebote der sozialistischen Moral«. Alles streng wissenschaftlich. Da hieß es in keinem der Gebote etwa: »Du sollst nicht ...« Nein, jedes der Gebote begann ganz positiv: »Du sollst« – zum Beispiel – »helfen, die Ausbeutung des Menschen durch den Menschen zu beseitigen.« Eine ausgesprochen lebensnahe Aufforderung zu wissenschaftlich und moralisch sauberem Verhalten. Wir wussten ja alle schon, dass im Kapitalismus der Mensch den Menschen ausbeutete. Nun lernten wir auch noch, dass es im Sozialismus genau umgekehrt sei.

Die von Walter Ulbricht ins Leben gerufene »sozialistische Menschengemeinschaft« beruhte, im Gegensatz zu jeder Glaubensgemeinschaft, auf den wissenschaftlichen Erkenntnissen über die Entwicklung vom Niederen zum Höheren. Leider gerieten die Moral-Gebote, wie auch die »sozialistische Menschengemeinschaft« irgendwie in Vergessenheit. An ihre Stelle trat später der Glaube an die »wissenschaftlich-technische Revolution«, die dann aber versehentlich und ganz unwissenschaftlich im kapitalistischen Westen siegte. So musste Erich ↑Honecker eine ganz neue gesetzmäßige Glaubenslehre erfinden, nämlich die von der »Einheit von Wirtschafts- und Sozialpolitik«. Rein wissenschaftlich hat sie gesiegt. Nur in der Praxis nicht.

Dass Wissenschaft nicht immer von Quacksalberei zu unterscheiden ist, beweisen uns auch heute unter anderem die zehn Wirtschaftsweisen mit ihren jährlichen Prognosen für die Entwicklung unserer Volkswirtschaft. Im Gegensatz zu den Gesellschaftswissenschaftlern der DDR sind sie aber bereit, ihre Irrtümer einzugestehen, so bald sie als solche nicht mehr zu leugnen sind. Zwei, drei Jahre nach der Wende erklärte mir ein leitender Herr der Treuhand die Gesetze der Marktwirtschaft und sagte zusammenfassend, dass die wirtschaftlichen Daten im Moment zwar schlecht seien, die Stimmung sei aber so positiv, dass die negativen Fakten kaum ins Gewicht fallen würden. Darauf fragte ich ihn, ob ich recht gehe in der Annahme, dass die ganze Marktwirtschaft eine reine Gefühlssache sei. Nach kurzem Überlegen gab er mir Recht. Ulbricht, Honecker oder Mittag hätten sich das nie getraut.

Gerüchte

Gerüchte wurden immer vom Klassenfeind gestreut

Die DDR war, so lange ich sie erlebte, eine riesige Gerüchteküche. Woher die einzelnen Gerüchte kamen, war schwer zu sagen. Dass sie alle vom ↑Klassenfeind stammten, stimmte jedenfalls nicht. Da die Medien der DDR nicht über das informierten, was im Lande wirklich geschah, war man auf solche Gerüchte angewiesen. Sie verbreiteten sich gewöhnlich mit doppelter Lichtgeschwindigkeit. Ihr Wahrheitsgehalt war selten zu überprüfen, ihre Wahrscheinlichkeit hielten wir für groß und verbreiteten, was wir gehört hatten, bis jeder wusste, warum es zum Beispiel plötzlich kein Speiseöl zu kaufen gab. Wir meinten, weil es in den Westen exportiert würde. In Wahrheit war gerade die einzige Ölmühle der DDR abgebrannt. So eine Hiobsbotschaft passte natürlich nicht in die Welt der guten Nachrichten unserer Medien. Das Gerücht vom Ausverkauf an den Westen dagegen passte in unser Bild vom DDR-Außenhandel, der später sogar die östlichen Pflastersteine an den Westen verscherbelte.

Offiziell wurde immer behauptet, die Westmedien, also der Klassenfeind, streuen Gerüchte aus, um die – eigentlich gut informierte – DDR-Bevölkerung zu verunsichern. Der RIAS galt als führende Gerüchteküche des Klassenfeindes. Erich ↑Honecker hat einmal behauptet, die DDR-Bürger gehörten zu den bestinformierten Menschen auf dieser Welt. Das war vielleicht gar nicht falsch. Verschwiegen hat er allerdings, woher wir uns unsere Informationen holten. Gewiss nicht aus den eigenen Medien. Ob die Westmedien aus Mangel an zuverlässigen Informationen über den Alltag bei uns auch manchmal Gerüchte verbreiteten, ist im Nachhinein schwer festzustellen, dürfte aber zumindest wahrscheinlich sein. Jedenfalls waren wir eher bereit, an eine halbe Wahrheit aus dem RIAS, als an die absolute Wahrheit der Partei zu glauben.

Als sich Ende 1989 so gut wie nichts mehr geheim halten ließ, stellten sich oft solche harmlosen Gerüchte, die alle geglaubt hatten – wie die vom Luxus im Politparadies ↑Wandlitz – als unwahr, zumindest weit übertrieben heraus. Andere, nicht so harmlose, die die meisten von uns nicht hatten glauben wollen, waren plötzlich eine böse Wahrheit. Zum Beispiel die Beteiligung der DDR am illegalen Waffenhandel in der Welt.

Gestattungsproduktion → Intershop → Nivea, Salamander, Trumpf

Gesunde Ernährung

Gesunde Ernährung war kein Thema in der DDR

Uns gesund zu ernähren und »einmal in der Woche Sport« (Ulbricht) zu treiben, wurden wir zu DDR-Zeiten immer wieder aufgefordert. Aber sich wirklich gesund zu ernähren, war im Osten, zumindest über den Winter, nicht ganz leicht, weil es zu wenig Obst und Gemüse zu kaufen gab. Vegetarier, die ihre Art der Ernährung für die einzig gesunde halten, hatten ganz schlechte Karten. Außer Möhren- und Krautsalat gab es in DDR-Restaurants für sie während der Wintermonate kaum etwas Genießbares auf der Speisekarte. Das Angebot in den überflüssigerweise ganzjährig geöffneten Obst- und Gemüsegeschäften war ähnlich beschränkt. Trotzdem gab es auch bei uns vegetarische Restaurants. Ich selbst habe in Leipzig Ende der fünfziger Jahre regelmäßig in so einer Gaststätte gegessen, allerdings nicht, um mich gesund, sondern nur, um mich billig zu ernähren. Ich wechselte von vegetarischer Kost übergangslos zur Pferdeboulette, die in einer entsprechenden Gaststätte ganz in der Nähe ähnlich billig, aber fleischhaltig war.

Dass Butter nicht so gesund sei wie pflanzliches Fett, darauf wiesen uns Partei- und Regierung immer dann besonders energisch hin, wenn sie mal wieder knapp war. Lange nach Abschaffung der Lebensmittelkarten im Juni 1958 wurde Butter in den Sechzigern zwischenzeitlich wieder rationiert. Da hatte man seine Butternummer beim Lebensmittelhändler, und in den Zeitungen stand, dass wir DDR-Bürger einen weitaus höheren Butterverbrauch hätten als die Bundesbürger. Das war, als in der Bundesrepublik längst die fetten Jahre ausgebrochen waren, bei uns aber noch Schmalhans Küchenmeister war und die hier hergestellte Margarine als Buttterersatz fast ungenießbar blieb.

Später, als in der Bundesrepublik die italienische Küche ihren Siegeszug antrat, saßen wir noch beim einheimischen Schweinebraten, bei Kasslerrippchen und Rindergulasch. Im Prinzip blieb das bis zum Schluss so. Wir aßen zu viel, wir aßen zu fett. Als man im Westen bereits die Kalorien zählte und grundsätzlich fettarm zu essen begann, freuten wir uns, wenn es beim Fleischer auch mal Lende gab. Wenn nicht, dann kauften wir eben den Kamm. Den gab es zum Glück immer. Und von der Notwendigkeit des täglichen Blicks in den eigenen Cholesterin-Spiegel ahnten wir nichts. Aber wir sind davon im Schnitt nicht fetter geworden als die kalorienbewussten Bundesbürger. Und dass unsere fette Wurst von damals, der ich gelegentlich nachtrauere, besser schmeckte als alles, was man heute im Supermarkt an gesundheitlich unbedenklichen Wurstsorten kaufen kann, ist eine Tatsache.

Gesunde Ernährung? Einverstanden. Aber ein bisschen schmecken sollte es doch auch. Was soll ich machen, wenn mir der ganze fettarme Quark nicht schmeckt? Darf ich mich nur noch gesundheitskonform ernähren? Die DDR nannte man wohl mit Recht eine Erziehungsdiktatur. Zum Glück haben wir uns da in mancher Hinsicht als Schwererziehbare erwiesen. Allerdings frage ich mich gelegentlich, in was für einer Diktatur bin ich jetzt gelandet, da man mir nicht nur das Rauchen untersagen möchte, sondern auch die Einhaltung von Ernährungsvorschriften verlangt, die mir absolut nicht schmecken? Werden künftig in unseren Restaurants Dicke nicht mehr zugelassen, weil sie mit ihrem Anblick die Dünnen belästigen, wie wir Raucher die Nichtraucher mit unserem Qualm?

Ernährungswissenschaftler und Mediziner sind nicht nur häufig schlechte Köche, sie haben sich auch in ihrer Wissenschaft von dem, was gesund oder ungesund ist, schon oft geirrt. Haben sie nicht einst vor den Schwermetallen in der Muttermilch gewarnt? Und wie viele gesunde Diäten haben wie viele Gesunde schon krank gemacht? Und was haben eigentlich die albernen Todesdrohungen auf den Zigarettenschachteln bisher bewirkt? Wie schädlich rauchen sein kann, weiß vielleicht der eine oder andere Analphabet noch nicht. Aber der kann ja auch die Warnung vor der Schädlichkeit des Nikotins nicht lesen.

In der DDR hing die Antwort auf die Frage, ob etwas gesund sei oder nicht, oft vom Angebot ab. Wenn in den Gemüsegeschäften außer Rot- und Weißkohl nichts zu kaufen war, musste dieser Kohl eben als besonders gesund verkauft werden. Oder es wurden die KIM-Eier aus der industriellen Mast angepriesen, wenn die freilaufenden Hühner nicht genug gelegt hatten. Wissenschaftliche Untersuchungen, die die jeweilige Theorie bewiesen, fanden sich auch in der DDR immer.

Gleichberechtigung → Feminismus

Gojko Mitić

Das war der Winnetou der DDR

So wurde der Schauspieler Gojko Mitić zwar überall genannt, aber den Winnetou hat er in der DDR nie gespielt. Diese Rolle übernahm der höchst populäre Jugoslawe erst 1992 bei den Bad Segeberger Karl-May-Festspielen von Pierre Brice, dem französischen Winnetou der Bundesrepublik. Dann spielte Mitić ihn allerdings in fünfzehn Spielzeiten ganze eintausend und vierundzwanzig Mal. Vorher aber hatte er in den zahlreichen Indianerfilmen der DEFA – »Die Söhne der Großen Bärin«, »Chingachgook, die große Schlange«, »Tecumseh«, »Ulzana« und so weiter – edle Indianerhäuptlinge verkörpert. So brachte es der jugoslawische Berufsindianer im Osten zu ähnlicher Popularität wie sein französischer Kollege im Westen. Wo immer er auftauchte, im Film, im Fernsehen oder im Harzer Bergtheater (dort spielte er zum Beispiel den Spartacus), war ihm die Gunst des Publikums sicher. Er war das, was es angeblich in der DDR gar nicht gab – ein ↑Star, allerdings einer ohne Starallüren. Seine Begabung als Reiter und Athlet, der keinen Stuntman brauchte, trug natürlich wesentlich zu seiner Popularität bei. Obwohl er sehr gut deutsch sprach, wurde er in den DEFA-Filmen synchronisiert. Aber das schien keinem aufzufallen.

Dass er nicht schon vorher, in der DDR, den Indianerhäuptling Winnetou spielen durfte, lag wohl an dem schwierigen Verhältnis der DDR zu Karl May. Der angebliche Lieblingsautor Adolf Hitlers war lange Zeit verpönt, wenn auch nicht verboten, aber – so war es 1958 im »Börsenblatt« zu lesen: »Das Kapitel Karl May ist in der DDR schon vor Jahren endgültig geschlossen worden.« Die »Karl-May-Straße« in Radebeul hatte man in »Hölderlin-Straße« umbenannt. 1960 verkaufte die DDR für ganze fünfzigtausend D-Mark den Karl-May-Verlag, also die Buchrechte, sowie den Nachlass des Schriftstellers und die komplette Einrichtung seiner Villa »Old Shatterhand«.

Zumindest ökonomisch war das ein gewaltiges Verlustgeschäft. Denn Karl May war im Osten nicht weniger beliebt als im Westen. Seine Bücher verkauften sich unverändert gut. Dieses Geschäft mit den Buchrechten hatte man sich aus ideologischen Gründen einfach entgehen lassen. Wir mussten uns unseren Karl May aus dem Westen schicken lassen. Das Radebeuler Museum hieß nicht mehr nach dem Schriftsteller, sondern – wenn ich mich recht erinnere – einfach »Indianermuseum«. Aber als ich mit meiner Schulklasse in den fünfziger Jahren dort in der Villa »Bärenfett« stand, wurden uns ehrfürchtig staunenden Grundschülern die Wunderwaffen des Helden Old Shatterhand – die »Silberbüchse« und der »Bärentöter« – vorgeführt. Wir kannten alle die Geschichten von Old Shatterhand und seinem Blutsbruder Winnetou, obwohl die Bücher bei uns als Schundliteratur galten.

Wie es dann zum Sinneswandel der Partei in ihrem Verhältnis zu Karl May kam, ist nicht mehr nachzuvollziehen. Jedenfalls wurde die Angelegenheit zur Chefsache, und Erich ↑Honecker erlaubte nicht nur, die Westverfilmungen mit Pierre Brice als Winnetou und Lex Barker als Old Shatterhand im DDR-Fernsehen zu zeigen, er ließ 1982/83 auch die dazu gehörigen Bücher in Auflagen von je zweihundertfünfzigtausend Exemplaren drucken, die sofort vergriffen waren. In der Schweriner Volksbuchhandlung – ich kannte da eine Buchhändlerin – kamen die meisten Vorbestellungen übrigens von der dortigen Bezirksleitung der SED. Aus Karl May war jetzt ein Proletariersohn geworden. Das konnte man überall lesen. Und ein »Kämpfer gegen die US-amerikanische Raub- und Ausrottungspolitik« war er nun auch.

Egon Krenz kümmerte sich 1985 im Auftrag von Erich Honecker persönlich um die neue Einrichtung des »Karl-May-Museums« in Radebeul. Die Museumsbibliothek übrigens soll von der ↑Stasi als »konspirative Wohnung« genutzt worden sein. Indianerspiel im Indianermuseum – das passt ja eigentlich auch ganz gut zusammen.

Gojko Mitić, übrigens, geriet nach der Wende – wie andere DDR-Künstler auch – für kurze Zeit ein wenig in Vergessenheit, bis wir zu der Erkenntnis gelangten, dass auch unsere Indianerhäuptlinge nicht schlechter waren als die in der Bundesrepublik.

Grau

Das war die einzige DDR-Farbe

Brecht soll mal gesagt haben, er liebe alle Farben, wenn sie grau sind. In kaum einem Bericht über die DDR, sofern er nicht von der DDR selbst produziert war, fehlte das Wörtchen grau. Grau war der Himmel über uns, grau die Städte und Dörfer. Grau waren bei uns schon die Kinder mit ihren grauen Pionierhalstüchern. Die ganze DDR war ein einziges Grau-in-Grau. Nachdem ich im Frühjahr 1990 mit einem »Die Zeit«-Redakteur bei strahlendem Sonnenschein durch den grünen Park vor meinem Hause spazieren gegangen war, konnte ich dann in seinem Artikel über diesen Spaziergang lesen, wie er mit mir durch das trostlose Grau meiner Umgebung gelaufen sei, dass ihm selbst die Natur hier trostlos erschienen wäre. Er war, das kannten wir von vielen Besuchern aus dem Westen, mit seinem grauen DDR-Bild bei mir angekommen und wieder abgereist. Zum Hingucken fehlte dem »Die Zeit«-Redakteur die Zeit.

Es stimmt ja, so schön bunt wie die Reklamewelt in der Bundesrepublik war bei uns nichts.

Aber die Bäume waren doch nicht weniger grün und nicht mal so viel kranker als die im Westen. Dass die Gesichter der DDR-Bürger im Frühling nicht diese gesunde Solar-Bräunung vieler West-Gesichter hatten, stimmt wiederum. Unsicher ist inzwischen, was gesünder ist – die natürlich Blässe oder die nicht ganz so natürliche Bräunung.

Das Grau der ↑Mauer schien auf alles abzufärben, was es in der DDR so zu sehen gab für einen, der von jenseits dieser Mauer kam. Es gab aber auch West-Bürger, die sich ihr in der DKP geformtes Bild von der Schönheit des sozialistischen Alltags durch persönliche in Augenscheinnahme nicht beschädigen lassen wollten. Wenn wir ihnen von der ↑Stasi hier erzählten, hielten sie mit dem Konsumterror im Westen dagegen. Manche von ihnen erklärten später, als dieser ganze, schön gefärbte Sozialismus zusammengebrochen war, dass sie von uns getäuscht worden seien. Denn wir hätten ihnen nicht alles gezeigt, was sie vorher absolut nicht hatten sehen wollen.

Inzwischen ist, wo einst das DDR-Grau vorherrschte, die bunte Schönheit der Marktwirtschaft eingezogen. Da auch heute noch viele Menschen gern im Grünen wohnen, wurden in meiner einst so grün-grauen Wohngegend viele neue, bunte Häuser gebaut, so dass man das Grün vor lauter bunten Häusern kaum noch sieht. Im einst besonders grauen Berliner Stadtbezirk Prenzlauer Berg strahlen die neuen bunten Fassaden inzwischen so aufdringlich, dass man sich schon beinahe über eine grau gebliebene Häuserwand freut.

Grenzkontrolle → Gänsefleisch

Handwerker → Beziehungen → Feierabendbrigaden → Westzigaretten

Honecker
Erich war an allem Schuld

Davon waren gleich nach seiner Entmachtung am 18. Oktober 1989 alle seine Kampfgefährten im Politbüro und im Zentralkomitee der SED überzeugt. Nachdem sie ihm Jahre lang einmütig zugestimmt hatten, setzten sie ihn jetzt nicht nur ab, sie schlossen ihren obersten Genossen sogar aus seiner Partei aus. Nicht einmal eine Wohnung gaben sie ihm, nachdem er ↑Wandlitz hatte verlassen müssen. Von den Staatsanwälten, die er einst berufen hatte, wurde er angeklagt und vom Krankenbett direkt ins Gefängnis verbracht. Ein mildtätiger Pfarrer in Lobetal erbarmte sich seiner und nahm ihn und seine Frau Margot bei sich auf, bis ihm schließlich die Flucht zum großen Bruder gelang, zuerst zur Roten Armee in Beelitz bei Berlin und von dort nach Moskau.

Aber auch da konnte er nicht bleiben, denn die obersten sowjetischen Kommunisten hatten inzwischen erkannt, dass sie nicht länger Kommunisten bleiben konnten. Sie verboten schließlich selbst ihre eigene Partei und wiesen ihren Klassenbruder aus dem Heimatland aller Werktätigen aus. So blieb dem obersten DDR-Bürger von einst nur übrig, das nachzumachen, was einfache DDR-Bürger ihm einst vorgemacht hatten. Er floh in eine westliche – in seinem Fall die chilenische – Botschaft. Ihm allerdings verhalf diese Flucht nicht mehr in die Freiheit. Schließlich war er – anders als die vorher vor ihm geflohenen DDR-Bürger – nicht vor einer Diktatur davongelaufen, sondern vor dem gesamtdeutschen Rechtsstaat.

Dieser wollte, anders als die ↑Bürgerrechtler zu Revolutionszeiten, nicht Rente für ihn, sondern Rache an ihm, dem Hauptschuldigen. Rache für ein von tiefen Unschuldsgefühlen aufgewühltes Ostvolk, dem der Rechtsstaat nun endlich beweisen wollte, dass er nicht nur mit den kleinen Mauerschützen, sondern auch mit dem großen Staatsratsvorsitzenden fertig würde. Nun sollte er büßen für den Unrechtsstaat, den er zwar geleitet, aber selbst als solchen gar nicht erlebt hatte. Denn wie an anderer Stelle gesagt – er hatte seine ganz eigene DDR. Das, was wir in seinem Staat erlebt hatten, kannte er gar nicht. Das hätten wir sechzehn Millionen Opfer dem einen Täter sogar bestätigen können. Selbst seine engsten Zwangsmitarbeiter im Politbüro hatten ihm ja am Ende bescheinigt, dass er – im Gegensatz zu ihnen – unter totalem Realitätsverlust gelitten habe.

Er hatte sein eigenes Unrechtssystem von der Festung ↑Wandlitz aus gar nicht sehen können. Dieses Wandlitz hatte mit dem Rest der ↑DDR nur eines gemeinsam, die beide Einrichtungen umgebende Mauer. So wie uns diese ↑Mauer den Blick in den Westen versperrt hatte, so versperrte die Wandlitzer Mauer ihm den Blick in den Osten. Wenn er sich in dringenden Regierungsangelegenheiten in die Niederungen unseres Alltags begab, wurde ihm ausschließlich sein Bild von der DDR gezeigt. Das hatte mit unserem Bild gar nichts zu tun. Wir erlebten hier fast nur meckernde, ewig unzufriedene Leute, er dagegen sah in uns ausschließlich jubelnde, ihm zujubelnde Werktätige. Unsere Straßen waren voller Schlaglöcher, seine Wege wurden in Ordnung gebracht, bevor er sie betrat. Musste er bei den vielen Spalier bildenden Menschen am Straßenrand nicht glauben, dass ihn sein Staatsvolk liebte, dass es sich bei den paar tausend Widerspenstigen, von denen ihm die Staatssicherheit (↑Stasi) berichtete, nur um eine verschwindende Minderheit handelte? Sein Glaube an unsere Zuneigung war wohl von ähnlicher Qualität wie unser Glaube an seine Alleinschuld.

Dass er dann doch nicht mehr verurteilt worden ist, sondern aus Alters- und Krankheitsgründen zu Frau und Tochter nach Chile ausreisen durfte, hat – außer die Medien – kaum noch einen interessiert. Jetzt hatten wir ostdeutschen Bundesbürger ganz andere Sorgen als damals in der Diktatur.

INTERSHOP

Im Intershop war alles aus dem Westen

Lange Zeit meinten wir, dass das, was im Intershop angeboten wurde, alles aus dem Westen stammte, allenfalls noch »Gestattungsproduktion« war, also im Osten für den Westen produzierte Waren. Dann entdeckten wir in diesen Devisenläden immer mehr reine DDR-Produkte, die aus dem normalen Handel praktisch verschwunden waren. Manche Intershop-Ware unterschied sich auch nur durch die bessere Verpackung von dem, was es in normalen Läden zu kaufen gab. Um an Devisen zu kommen, war der Staat DDR schließlich zu fast allem bereit. Dass es damit praktisch zwei Währungen im Lande gab, nahm man in Kauf. Auch dass es nun in unserer »klassenlosen« Gesellschaft wieder zumindest zwei Klassen gab – die mit und die ohne Westgeld – trug viel zur »guten Laune« derer bei, die keine Verwandten oder Freunde beim ↑Klassenfeind hatten, also allein auf HO und KONSUM angewiesen waren.

Die »Delikat« und »Exquisit« genannten Geschäfte, in denen man zu überhöhten Preisen »höherwertige« Produkte für ↑Ostgeld kaufen konnte, waren nur ein schwacher Trost. Diese Geschäfte dienten ja hauptsächlich dazu, die überschüssige Kaufkraft abzuschöpfen. Das kann man sich heute kaum noch vorstellen, aber als DDR-Bürger standen wir oft mit vollem Portemonnaie vor leeren Ladenregalen.

Als wir ↑Honecker 1977 im Fernsehen sagen hörten, dass »Intershop-Läden selbstverständlich keine ständigen Begleiter des Sozialismus« seien, haben wir alle nur gelacht. Denn die Zahl dieser Läden stieg im Laufe der Jahre immer weiter. Waren oder Dienstleistungen, die man nur noch für Devisen bekam, wurden immer zahlreicher. Trabant und Wartburg, auf die man normalerweise zehn bis fünfzehn Jahre warten musste, wurden über Genex, eine Art Ableger des Devisengeschäfts, sofort geliefert. Die Zahl der Intershop- und Genex-Witze wurde immer größer. Einer davon lautete: Was ist die höchste Form von Snobismus in der DDR? Wenn man sich das »Neue Deutschland« über Genex bestellt.

In den unzähligen Intershops der DDR roch es das ganze Jahr über fast so schön wie zu Weihnachten in den Paketausgabestellen der ostdeutschen Postämter – eben nach Westen. Auch wer nicht im Besitz der dort akzeptierten Zahlungsmittel war, ging manchmal in den Intershop, um wenigstens zu riechen, was er nicht kaufen konnte. Dieser unverwechselbare Duft nach Jakobs Krönung, Sarotti, Westseife und Kaugummi, das war jener Hauch der freien Welt, der uns betörte und zugleich wütend machte auf den eigenen Staat, der seine Bürger im eigenen Land wie Bürger zweiter Klasse behandeln ließ. Schon der abschätzende Blick des dort angestellten Verkaufspersonals sagte einem, dass man hier eigentlich nicht hergehörte. Die Verkäuferinnen schienen den Ostler zu riechen. Sie selbst wurden, um mal etwas von dem kaufen zu können, was sie da zu verkaufen hatten, schließlich mit einem kleineren Anteil in Westgeld bezahlt.

Bis 1974 war dem DDR-Bürger sogar der Besitz von Valuta, also Westgeld, verboten. Da musste man seinen Onkel Kurt aus Düsseldorf in den Intershop schicken, damit er die geschenkten fünfzig D-Mark für einen auch gleich ausgab. Die Transit-Intershops an den Autobahnraststätten blieben bis zum Schluss für DDR-Bürger exterritoriales Gebiet und nur für Westler mit gültigem Pass zugänglich. Die ↑Stasi hielt Wacht. Sie passte sogar auf, dass hier nicht fotografiert wurde und hatte immer ihre freien Mitarbeiter unter dem fest angestellten Intershop-Personal. Denn was sich im staatlichen Einzelhandel sonst kaum lohnte, hier lohnte es sich sogar einzubrechen.

Immerhin gab es 1974 bereits zweihunderteinundsiebzig Intershops, in denen man mit »Valuta«, also von Verwandten oder Freunden geschenktem Westgeld, bezahlen durfte. Ab 1979 musste man diese Valuta dann bei der Staatsbank erst in so genannte Forumschecks, eine Art Spielgeld, eintauschen, bevor man sie im Intershop ausgeben durfte. »Forum geht's?« fragten manche Handwerker, ehe sie einem das Auto oder die Wasserleitung reparierten. Auch »Honi« nannte man diese neue Währung und sagte: Lieber rückwärts in den Intershop als vorwärts zum Parteitag (↑Parteitage der SED). Wie gesagt – bei uns konnte alles irgendwann knapp werden – Witze und Schnaps gab es immer. Der Schnaps war nicht immer gut, und die Witze waren nicht immer lustig.

Jugend

Der Jugend in der DDR gehörte die Zukunft

Diese biologische Binsenweisheit gehörte zu den ideologischen Weisheiten, die immer und überall wieder verkündet wurden. Wie aber die Gegenwart dieser Jugend aussehen sollte, das wollten die in ihren Ämtern ergrauten Funktionäre bestimmen. Als sie selbst jung waren, sah die Welt anders aus. Viele dieser Funktionäre waren noch geprägt von Emigration oder Gefangenschaft, vom Kampf gegen den Nationalsozialismus oder von eigenen Verstrickungen in dieses System. Ihre Ideale waren natürlich andere als die der jungen Leute, die keinen Krieg und keine Not mehr kannten, die kaum noch lernten mit wirklichen Konflikten umzugehen, weil ihnen immer wieder gesagt wurde, was richtig und was falsch sei. Das Motto »Nie wieder Krieg, nie wieder Faschismus« – für jene, die beides erlebt hatten, ein Schlüsselsatz ihres Lebens – verlor in den langen Friedenszeiten seine Bedeutung.

Der Arbeitsplatz als Kampfplatz der Jugend war nichts als eine leere Formel. Auch die Kampflieder eines Ernst Busch ließen die jungen Leute kalt. Der ganze FDJ-Liederschatz wurde verlacht. »Weil wir jung sind, ist die Welt so schön«, das sangen höchstens noch Veteranenchöre. Ausgerechnet solche Veteranen wollten den Jungen vorschreiben, was Jungsein bedeutete. Zu den ersten Auseinandersetzungen kam es schon wenige Jahre nach dem Krieg um die Haartracht. Der Igelschnitt galt damals, wie der Jazz, als amerikanische Unkultur. Man zog diese Auseinandersetzungen buchstäblich immer wieder an den Haaren herbei. Später waren es die langen Haare, gegen die Partei (↑SED) und ↑FDJ so vergeblich wetterten wie gegen die Musik eines Elvis Presley oder später der Beatles. Alle Versuche eine DDR-eigene Musikkultur zu etablieren scheiterten (siehe ↑Lipsi).

In der DDR entstanden Rockbands nach westlichem Vorbild. Ihnen wollte man vorschreiben, wenigstens deutsch zu singen. Englisch galt als beinahe feindliche Sprache. Wenn dann aber in den deutschen Texten kritische Töne auftauchten, war es auch nicht recht. Die meisten jungen Leute bevorzugten sowieso die westlichen Originale.

Biermanns berühmte Liedzeile »Was verboten ist, das macht uns grade scharf« galt von den frühen fünfziger Jahren bis in die späten achtziger. Die östliche Jugendmode verlor den Kampf gegen die westlichen Jeans wie letztlich die FDJ-Singebewegung (↑Oktoberklub) den gegen Pink Floyd oder »Satisfaction«. Die reale Jugendkultur hatte mit dem »frohen Jugendleben« der FDJ fast nichts zu tun. Aller Zwang, den man auszuüben versuchte, bewirkte das Gegenteil. Je älter die Funktionäre wurden, die nicht aufhörten sich als »Freunde der Jugend« zu bezeichnen, desto mehr entfernten sie sich von den realen Bedürfnissen ihrer »Staatsjugend«. Die »Junge Garde des Proletariats« saß zum Schluss – Lichtjahre entfernt von dieser Jugend – im Politbüro und hatte längst das Rentenalter erreicht.

Die ganze Erziehungsdiktatur hatte versagt, angesichts der Gleichgültigkeit einer Jugend, die erkannt hatte, dass offener ↑Widerstand zwecklos war. Sie ignorierte, was sie nicht ändern konnte. Lange bevor die ↑DDR unterging, war ihr die Jugend davon gelaufen. Die Sehnsucht nach einer freien Jugendkultur, die man im Westen vermutet hatte, gab immerhin eine gewisse Orientierung. Dann aber, angekommen in dieser freien Gesellschaft, die in der Freiheit nicht immer von Gleichgültigkeit zu unterscheiden ist, fiel diese Orientierung schnell weg. Was früher verboten oder wenigstens verteufelt worden war, konnte man jetzt an jeder Straßenecke kaufen, und keiner regte sich über irgendeine Haartracht auf. So mancher heute Vierzigjährige erinnert sich jetzt an die gute alte Zeit, als er wenigstens noch wusste, wogegen er war.

Kabarett

Im Sozialismus standen Kabarettisten immer mit einem Bein im Gefängnis

Der große Kabarettist Werner Finck soll mal gesagt haben, Kabarett könne ohne Zensur gar nicht funktionieren. Insofern funktionierte das DDR-Kabarett hervorragend. Die Zahl der Zensoren überstieg die Zahl der Kabarettisten um ein Vielfaches. Eine Pointe, die derselbe Werner Finck zu Nazizeiten auf der Bühne seiner »Katakombe« sprach, galt auch für die Kabaretts in Ostberlin, Dresden oder Leipzig. Sie lautete: »Gestern waren wir zu. Heute sind wir offen. Wenn wir heute zu offen sind, sind wir morgen wieder zu.« Einzelne Kabarett-Nummern, auch ganze Programme wurden immer wieder verboten. Aber dass man die Kabarettisten einsperrte, das gab es meines Wissens nur einmal – 1961 in Leipzig beim Studentenkabarett »Rat der Spötter«. Zehn Monate saßen Peter Sodann, der als Schauspieler im Nachwendedeutschland als

»Tatort«-Kommissar agierte, und ein paar seiner damaligen Mittäter in Untersuchungshaft und wurden zu Bewährungsstrafen verurteilt.

Die Berufskabaretts der DDR – zum Schluss waren es ganze dreizehn – ähnelten in ihrer Struktur kleinen Stadttheatern. Jedes hatte seine Verwaltung, seine Dramaturgie, eine Gewerkschafts- und eine Parteigruppe. Auch wenn im ganzen Ensemble nur zwei oder drei Genossen waren, bildeten sie eine solche Gruppe und hatten einen von ihnen zum Parteisekretär zu wählen, der dann automatisch zur Leitung gehörte. Mochten Bühne und Zuschauerraum noch so klein sein, die Verwaltung war es nicht. Die Kabarettisten waren meist gelernte Schauspieler. Sie hatten, wie ihre Kollegen an den Theatern, meist unbegrenzte Arbeitsverträge und waren praktisch nicht kündbar. Wer einmal engagiert war und sich nichts Gravierendes zuschulden kommen ließ, konnte Satirebeamter auf Lebenszeit werden. Und selbst, wenn die Programme verboten wurden, die Gage lief weiter.

Außer den professionellen Kabaretts gab es in Betrieben, Schulen und Universitäten eine Unzahl von Amateurkabaretts. Sie konnten nicht ganz so streng und systematisch überwacht werden, weil sie einfach zu viele waren. In verschiedenen, offiziellen Publikationen wurde ihre Zahl mit fünfhundert bis sechshundert angegeben. Als ich einmal eine der zuständigen Damen im Kulturministerium fragte, wer diese Kabaretts denn gezählt habe, sagte sie: »Niemand. Aber ich habe das mal in eine Vorlage für den Minister geschrieben, weil er unbedingt eine Zahl wissen wollte.« Ähnlich zuverlässige Angaben dürften heute noch abgeschrieben und geglaubt werden. Ich bin mir sicher, auch die neueren Ministervorlagen strotzen von solcher Zuverlässigkeit.

Die Berufskabaretts waren allesamt subventioniert. Der Staat bezahlte sozusagen seine fest angestellten Kritiker und übte dafür die Kontrolle darüber aus, wie weit die Kritik getrieben werden durfte. Es gab keine zentrale Zensurbehörde. Die ↑Zensur wurde von den örtlichen Parteibehörden und den staatlichen Kulturverwaltungen ausgeübt. Das führte dazu, dass die Empfindlichkeit oder Wachsamkeit der Zensoren territorial sehr unterschiedlich sein konnte. Was in ↑Berlin schon als reine Konterrevolution betrachtet wurde, konnte in Dresden oder Leipzig durchaus noch gestattet werden.

Die Autoren waren normalerweise nicht fest angestellt. Sie waren aber – wenn sie denn gut waren – sehr begehrt und schlecht bezahlt. Häufig schrieben sie für mehrere Kabaretts gleichzeitig. Die fest angestellten Dramaturgen vergaben an sie normalerweise Textaufträge mit Themenvorschlägen, aus denen sie dann ihre Programme zusammenstellten. Vorher hatten die Dramaturgen eine Konzeption zu schreiben, die den anleitenden Behörden, also den Zensoren, zur Genehmigung vorzulegen war. Der Inhalt dieser Konzeptionen hatte selten etwas mit dem zu tun, was dann in den fertigen Programmen geschrieben stand. Konzeptionen waren in erster Linie dazu da, den Genossen zu versichern, dass alle Kritik mit den besten Absichten geübt würde und kein feindlicher Rundumschlag zu befürchten sei. Die meisten Zensoren wussten von dem falschen Spiel, mussten es aber mitspielen. Denn Kabarett – so es denn den Namen verdiente – war äußerst beliebt beim Publikum. Und da die materielle Versorgung der Bevölkerung immer zu wünschen ließ, wollte man sie wenigstens kulturell etwas besser versorgen.

Die geschriebenen Texte wurden normalerweise eingereicht, und dann begann das schöne Katz-und-Maus-Spiel zwischen dem Kabarett und den Funktionären. Man könnte das auch Kuhhandel nennen. Lässt du mir die eine Pointe, verzichte ich freiwillig auf die andere. Manche Texte kamen über diese erste Hürde gar nicht hinweg. Manche Szene, von der man ahnte, dass sie sofort verboten würde, reichte man deshalb vorsichtshalber erst mal nicht ein und behauptete später, sie sei erst in letzter Minute entstanden und könne deshalb erst auf der Abnahme-Probe gezeigt werden.

Diese Abnahmen hatten ihren ganz besonderen Charme. Da saßen unten im Zuschauerraum verbissen lauschende Kulturfunktionäre, die Angst hatten, einen feindlichen Satz zu überhören. Und auf der Bühne standen verunsicherte Kabarettisten, die besonders brisante Textstellen wegzunuscheln versuchten oder – wenn es sich um eine musikalische Nummer handelte – den einen oder anderen Tanzschritt einlegten, um vom bösen Text abzulenken.

Anschließend traf man sich dann zum Abnahmegespräch, und der Kuhhandel wiederholte sich. Der Ehrlichkeit halber muss man sagen, dass die Zensoren gefährlicher lebten als alle Kabarettisten zusammen. Denn sie riskierten, ihre Posten zu verlieren, wenn sie das falsche Programm zum falschen Zeitpunkt erlaubt hatten. Entscheidend war immer »die augenblickliche politische Situation«, die sich von einem Tag zum anderen schlagartig ändern konnte. Heute saß in Peking der Klassenbruder, morgen war es der Todfeind. Eben noch war Franz Josef Strauß der übelste Antikommunist, im nächsten Augenblick hatte er der DDR einen Milliardenkredit verschafft, also war er auch satirisch zu schonen. Nein, es war nicht einfach, den richtigen Kurs, die klare Linie der Partei vorauszusehen. Ein gezeichneter Witz zeigte den geraden Weg des Abweichlers und die kurvenreiche »Linie der Partei«.

Ende des Jahres 1976 inszenierte ich an der Dresdner »Herkuleskeule« ein Programm mit dem Titel »Ein kleines bisschen Stück«. Mein Freund und Kollege Wolfgang Schaller hatte diese »My fair Lady«-Parodie gemeinsam mit dem wunderbaren Kabarettisten Hans Glauche geschrieben. Anstelle des Professors Higgins stand da ein Professor der Gesellschaftswissenschaften auf der Bühne und unterrichtete ein einfaches DDR-Mädchen in der Sprache der Partei, lehrte also das Parteichinesisch zu sprechen, mit dem man alle Probleme aus der Welt zu reden vermochte.

Es war die Zeit der Biermann-Ausweisung und »die augenblickliche politische Situation« war wieder mal ganz besonders.

Biermann war zwar zu jener Zeit in Dresden – und nicht nur dort im ↑Tal der Ahnungslosen – eher unbekannt. Doch die Dresdner Funktionäre hatten sich – wohl auf Weisung aus Berlin – kundig gemacht. Sicher kannten sie Biermanns Lieder nicht, aber was die Partei ihm vorwarf, wussten sie umso genauer. Mit diesem neuen Wissen untersuchten sie vorsichtshalber unser Textbuch noch mal und entdeckten ganz neue feindliche Untiefen. Wir versuchten, Zeit zu gewinnen, sagten, der vorliegende Text sei ohnehin nicht mehr gültig, was ja auch stimmte. Wie das im Kabarett üblich ist, änderten wir auf jeder Probe. Also erschien die beunruhigte Kommission auf einer dieser Proben und stellte mit Entsetzen fest, dass auf der Bühne alles noch viel bösartiger wirkte, als es im Textbuch geschrieben stand. Besonders die Darstellung der heldenhaften Bauarbeiter der DDR als Trinker und Bummelanten widersprach allem, was man einst in vollem Ernst das »sozialistische Menschenbild« nannte. Die beunruhigten Funktionäre warnten uns – wenn das die Dresdner Bauarbeiter sähen, dann würden sie uns von der Bühne jagen.

Wir meinten, das könne man ja mal ausprobieren. Die »Herkuleskeule« hatte seinerzeit gute Beziehungen zu einer Patenbrigade im Dresdner Wohnungsbaukombinat. Die luden wir ein, sich die Sache gemeinsam mit den besorgten Parteigenossen anzusehen. Die Bauarbeiter hatten keine Ahnung von ihrem Menschenbild. Sie lachten sehr auf der Probe und bescheinigten uns im Gespräch danach, dass wir noch untertrieben hätten. Die Wirklichkeit auf den Dresdner Baustellen sähe viel schlimmer aus. Da dies unbestreitbar die Stimme der Arbeiterklasse war, widersprachen die Genossen in diesem Punkt nicht weiter.

Am Tag der Premiere wurde hoher Besuch angekündigt. Der erste Sekretär der SED-Bezirksleitung Dresden, Hans Modrow, wollte kommen. Mit ihm kam eine ganze Schar von Genossen der Bezirksleitung, die – das verlangte das Protokoll – in den ersten Reihen des kleinen Saales saßen. Viele von ihnen schienen zum ersten Mal im Kabarett zu sein. Man spürte förmlich, wie sie bei jedem zweiten Satz zusammenzuckten und ängstlich auf ihren Chef, den ersten Sekretär starrten. Modrow schien keine Miene zu verziehen. Also wagte ebenfalls keiner, der mit ihm gekommen war, zu lachen. Nach kurzer Zeit machte sich dafür in den hinteren Reihen ein hämisches Lachen breit, das weniger dem Geschehen auf der Bühne als den Bonzen in den vorderen Reihen galt. Wir nahmen an, dass Modrow mit seiner Begleitung in der Pause gehen würde. Aber er blieb bis zum Schlussapplaus, der länger als üblich war und sich wieder gegen die da vorn zu richten schien.

Die Premierenfeier war entsprechend fröhlich. Der Direktor verteilte sogar Erfolgsprämien, denn während der Voraufführungen hatte ja alles nach einem großen Erfolg ausgesehen. Der würde sich in den Vorstellungen mit normalem Publikum wieder einstellen, sagten wir uns und gingen ruhig schlafen. Am nächsten Morgen allerdings meldete sich die SED-Bezirksleitung, um kurz mitzuteilen, dass das Programm abzusetzen und gründlich zu überarbeiten sei. Wir waren ratlos und diskutierten lange, was wir machen sollten. Schließlich einigten wir uns darauf, als Zeichen unserer Kompromissbereitschaft ein Wort, nämlich »Sekretär« durch das nicht minder schöne Wort »Funktionär« zu ersetzen. Es war ja möglich, dass sich Modrow als erster Sekretär der Bezirksleitung persönlich angegriffen gefühlt hatte.

Als die Abnahmekommission zur Probe erschien, um die Bearbeitung zu begutachten, rechneten wir fest mit einem Eklat. Denn außer dem einen Wort hatten wir nichts verändert. Aber kaum war der letzte Satz auf der Bühne gesprochen, da sprang der verantwortlichste von allen verantwortlichen Genossen auf und sprach den denkwürdigen Satz: »Jetzt wird nach vorne gelacht!« Damit war das Stück wieder zugelassen und blieb sehr lange im Spielplan ohne jede weitere Beanstandung.

Ich habe oft darüber nachgedacht, wie man »nach vorne« lacht und kam schließlich zu dem Ergebnis: Nach vorne lacht man über das, was hinter einem liegt. Eine der offiziellen Definitionen von Satire im Sozialismus lautete ja wirklich, sie solle lachend Abschied nehmen von den Fehlern der Vergangenheit.

In den letzten DDR-Jahren wurden alle unsere Dresdner Programme an anderen Kabaretts nachgespielt. Die politischen Verhältnisse hatten immer mehr den Anschein von Ewigkeit angenommen, so dass viele unserer Texte von ebenso ewiger Aktualität zu sein schienen. Mit Wolfgang Schaller hatte ich in diesen letzten zehn Jahren mehrere thematisch geschlossene Programme geschrieben. Im deutschsprachigen Kabarett der zwanziger Jahre war das Gang und Gäbe gewesen, was jetzt als ganz große Erneuerung galt. Die Stücke wurden nicht nur an den Kabaretts, sondern auch an vielen Theatern nachgespielt. Dafür musste man nur winzige Einzelheiten aktualisieren, beziehungsweise den örtlichen Verhältnissen anpassen.

Unsere Kabarett-Stücke ersetzten an den Theatern die ungeliebte Gegenwartsdramatik und wurden allgemein zu Publikumsrennern. Da die Zensur in Dresden jetzt weniger ängstlich war als anderswo, konnten sich die Kabarett- und Theaterleiter bei ihren örtlichen Behörden immer darauf berufen, dass die Texte dort ja schon mal abgenommen worden seien. Trotzdem kam es immer wieder zu Verboten. Noch Ende 1988 wurde ein ganzes Distel-Programm verboten, das den zutreffenden Titel trug »Keine Mündigkeit vorschützen«. Zensur konnte in der DDR jeder besorgte Genosse und natürlich jeder Funktionär ausüben, egal ob er hauptberuflich mit Kultur oder Landwirtschaft befasst war. Man nannte das »revolutionäre Wachsamkeit«.

Im Kampf mit der Zensur verfielen wir immer wieder auf unseren alten Trick, von den sozialistischen Idealen auszugehen, um daran die so gar nicht sozialistische und erst recht nicht ideale Wirklichkeit zu messen. Wir nannten zwar nicht die Namen der handelnden Politiker, wohl aber die Probleme, die sie zu verantworten hatten. Das führte häufig zu tieferer Systemkritik, als sie heute irgendwo auf deutschen Kabarettbühnen geübt wird, wo man sich mehr mit dem Äußeren einer Kanzlerin beschäftigt als mit ihrer Politik.

Dank jahrzehntelanger Erfahrung mit der Zensur wurden wir zu wahren Meistern des Verschlüsselns. Und unser auf feinste Andeutungen und Zwischentöne trainiertes Publikum gab uns mit seinem einhelligen Beifall allzu oft das Gefühl, Volkes Stimme zu sein. Dass das ein Irrtum war, mussten wir Kabarettisten gleich nach der Wende zur Kenntnis nehmen. Wir waren uns mit dem Publikum zwar einig, wogegen wir waren – gegen diesen sich real nennenden Sozialismus. Was an seine Stelle treten sollte, wussten wir aber alle nicht. Außer denen natürlich, die sofort nach Helmut Kohl riefen. Als der eben noch allmächtige SED-Staat zusammengebrochen war, stellte sich sehr schnell heraus, wie verschieden unsere Vorstellungen von dem waren, was jetzt kommen sollte.

Auch heute kommt das Publikum meist ins Kabarett, um dort die eigene Meinung bestätigt zu bekommen. (↑Meinungsfreiheit) Aber das einst so geheime Spiel zwischen Bühne und Zuschauerraum gibt es nicht mehr. Der Reiz der Geheimbündelei, des heimlichen Einverständnisses gegen ein System und seine Zensur ist verschwunden. Wer ist schon noch begierig auf Zwischentöne? Wer versteht überhaupt noch einigermaßen intelligente Anspielungen? Die Erfahrung, dass Freiheit die Menschen nicht klüger macht, gehört zu den weniger schönen Wendeerfahrungen. Wo wir früher mit dem Florett fochten, wird heute oft genug mit der Keule zugeschlagen. Das Überangebot an Comedy, der fröhlichen, meist dummen Belanglosigkeit, trägt ein Übriges bei zu einer allgemeinen, flachen Anspruchslosigkeit. Aus der politischen Zensur wurde sehr schnell die Macht der Abendkasse. Die Funktionäre konnte man betrügen, bei der Abendkasse klappt das nicht.

Dass mit dem Verschwinden der Zensur die ganze Art Kabarett verschwinden würde, die gewohnt war, sich an der Zensur zu reiben, ist allerdings ein Irrtum. Noch existieren fast alle einstigen Staats- und Stadtkabaretts der DDR. Jetzt freilich als GmbHs oder unter anderer privater Rechtsform.

Walter Ulbricht, als besonders großer Satirefreund bekannt, hatte einst die Grundsatzfrage gestellt, nämlich, ob dieses kleine Land DDR überhaupt Kabarett brauche, wo es doch in der großen Sowjetunion auch keines gäbe. Das wurde dann von der Partei lange und ernsthaft diskutiert. In den neunzehnhundertneunziger Jahren fragten ganz andere Leute, ob das ganze Ensemblekabarett, wie es in der DDR gepflegt worden war, überhaupt noch eine Daseinsberechtigung habe. Das Publikum hat in beiden Fällen entschieden – und zwar für das Kabarett.

Kampfreserve der Partei → FDJ

Karl May → Gojko Mitić

Kindergarten

Das war die kleinste Zelle im DDR-Gefängnis

Die im Folgenden aufgezählten Irrtümer klingen ein wenig wie schlechtes Kabarett, scheinen sich aber – besonders seit in der Bundesrepublik mal wieder intensiv über frühkindliche Entwicklung und Erziehung diskutiert wird – zäh zu halten. Allein die Tatsache, dass es in der DDR ausreichend Kinderkrippen und Kindergärten gab, ist ein schlagendes Argument für ihre Schädlichkeit.

Zu den ungezählten Folterhöllen, die es nach westlicher Überzeugung in der DDR gegeben hat, gehörten fraglos die sozialistischen Kinderkrippen und die vormilitärisch ausgerichteten Kindergärten, in denen ausschließlich mit Kriegsspielzeug hantiert werden durfte. Hier wurden die Babys, bevor sie sitzen konnten, im Kollektiv zwangsgetöpft. Das führte dazu, dass sie in ständiger Angst aufwuchsen, als Einzelne noch in die Hose zu machen, während das Kollektiv schon sauber war. DDR-Babys lernten vom ersten Zwangstopf an: »Du allein auf dem Topf bist nichts, das pinkelnde Kollektiv ist alles.«

Das Klo als unmoralische Anstalt machte aus Zweijährigen schon kleine Rohlinge, deren spätere Entwicklung folgerichtig nur zu Ausländerfeindlichkeit und Gewaltbereitschaft führen konnte. Sollten solche Jugendlichen erst nach 1990 geboren worden sein, so haben sie diese Neigung von ihren in der DDR asozialisierten Eltern vermittelt bekommen, so dass man auch hier mit gutem Recht vom schädlichen Erbe des Sozialismus sprechen muss.

In den staatlichen Kinderaufbewahranstalten der DDR wurden die Babys von klein auf sorgsam überwacht. In jeder Krabbelgruppe krabbelte mindestens ein IM mit. Die Erzieherinnen ließen sich beim Decknamen »Tante« nennen, das sollte ihren wirklichen Dienstgrad bei der Staatssicherheit verschleiern. Denn auch die Erziehung geschah, wie alles in der DDR, unter Aufsicht der Staatssicherheit. Da musste von früh an sozialistisches Kampfliedgut gepflegt werden. Auch Babys lernten auf diese Weise, ausschließlich im Viervierteltakt zu klatschen und im Gleichschritt zu krabbeln.

Die ostdeutsche Rabenmutter übergab ihr Kind bedenkenlos dieser staatlichen Zwangsaufzucht, um die eigene Karriere nicht zu gefährden. Müttern, die sich weigerten, ihr Kind rechtzeitig, also sofort nach dem Schwangerschaftstest, im sozialistischen Kindergarten anzumelden, wurde die Abtreibung nahe gelegt. Frauen, die zum Geburtstermin etwas anderes vorhatten, etwa eine lang geplante Urlaubsreise, ließen schon von sich aus die Schwangerschaft abbrechen. Zu Hause aufwachsende Kinder galten Partei und Staat grundsätzlich als potentielle Staatsfeinde. Die allgemeine Verwahrlosung der ostdeutschen Gesellschaft führte später zur ostdeutschen Neigung, Kinder zu töten oder verwahrlosen zu lassen.

Das alles ist zwar purer Unsinn, wird aber – mit Vorliebe von Akademikern – immer mal wieder ins Feld geführt. Die Worte sind ein bisschen anders, der Sinn ist es nicht. Neulich sagte mir eine junge Mutter, sie habe bei jedem neuen Fall von Kindesvernachlässigung zuerst Angst, dass er im Osten geschehen sein könnte. Denn hier ist jede Art von Verwahrlosung eine Folge des längst untergegangenen Systems, im Westen sind das traurige Einzelfälle.

Kirche

Im Sozialismus war Kirche eine Unmöglichkeit

Christ zu sein war in der DDR nicht immer leicht. Der atheistische Staat DDR kämpfte auch um die Seelen seiner Bürger. Wer sich zu seinem Glauben bekannte, konnte zwar nicht bestraft, aber benachteiligt werden. Trotzdem spielte vor allem die evangelische Kirche in der DDR eine wichtige Rolle. Dass die Wende so friedlich verlief, ist – obwohl es nur noch wenig bekennende Christen in Ostdeutschland gab – nicht unwesentlich ihr zu verdanken. Bis 1968 gehörten zum Ärger der DDR-Regierung auch die östlichen Landeskirchen zur EKD, also zum Bund Evangelischer Christen in Deutschland. Ihre Arbeit wurde, wo es nur ging, von staatlichen Stellen behindert. In den fünfziger Jahren spielte sich ein regelrechter Kirchenkampf ab.

Die Junge Gemeinde, als Konkurrent der staatlichen Jugendorganisation ↑FDJ, galt als besonders gefährlicher Hort des ↑Klassenfeindes. Da die ↑SED immer wieder betonte, »der ↑Jugend gehört die Zukunft«, sollte diese Jugend in der DDR auch sozialistisch erzogen werden. Gerade das gelang immer weniger. Wie zu anderen kirchlichen Gruppen stießen zur Jungen Gemeinde immer mehr Nichtchristen, die hier Räume und Gesprächspartner fanden, um sich über ihre wirklichen Probleme austauschen zu können. (↑Sozialistische Erziehung)

1968 gab sich die DDR eine neue Verfassung, die alle Institutionen für illegal erklärte, die über die Grenzen der DDR hinausgingen. Die acht ostdeutschen Landeskirchen mussten sich zum Bund der Evangelischen Kirchen der DDR umformieren. Erst danach war der Staat überhaupt bereit, sie als Verhandlungspartner zu akzeptieren. In diesen Verhandlungen wurde dann die Kompromissformel von der »Kirche im Sozialismus« gefunden, sozusagen eine friedliche Koexistenz vereinbart. Die Verbindung zu den Westkirchen brach aber nie ab. Patenschaften zwischen Ost- und Westgemeinden waren eine Selbstverständlichkeit. Ohne die Geld- und Sachleistungen der Westkirchen hätten die Ostgemeinden nur schwer überleben können.

Die Pfarrergehälter – zwischen sechs- und siebenhundert Mark der DDR – waren so niedrig, dass die Seelsorger davon allein kaum leben konnten. Ich hatte einen guten Freund, der Pfarrer in Mecklenburg war. Mit seiner kinderreichen Familie hatte er zwar Schwierigkeiten, den alltäglichen Lebensunterhalt zu bestreiten, dafür gab es bei ihm aber immer Westkaffee und gute Weine aus dem ↑Intershop zu trinken. In seiner Kirche hatte ich meine erste öffentliche Lesung von Kabaretttexten. Es genügte ein handgeschriebener kleiner Hinweis im Schaukasten, und die Kirche war an einem heißen Sommertag so voll wie sonst normalerweise nur zum Heiligabend.

Ich habe mit vielen Pastoren darüber gestritten, ob dieser Kompromiss von der Kirche im Sozialismus zu verantworten sei. Im Laufe der achtziger Jahre wurde er immer kritischer gesehen. Besonders der Konsistorialpräsident Manfred Stolpe geriet in die

Kritik. Er hatte den Kompromiss wesentlich mit ausgehandelt. Ohne ihn wäre das, was die Kirche mit ihren Friedensgebeten, den unzähligen kulturellen Veranstaltungen bis zur Wende geleistet hat, kaum möglich gewesen. Ohne das Dach der Kirche hätte sich die Friedensbewegung in der DDR nie so ausbreiten können, wie sie das tat.

Ich hatte – obwohl ich Atheist bin – viele Verbindungen zur Kirche, habe oft in Kirchen, Gemeindehäusern oder Hauskreisen gelesen und diskutiert. Viele meiner Kollegen hätten kaum Auftrittsmöglichkeiten außerhalb der Kirchen gefunden. Dass die Amtskirche nicht immer sehr glücklich war mit den politischen Aktivitäten der einzelnen Pfarrer und Kirchgemeinden, versteht sich von selbst. Sie musste das dann alles vor Staat, ↑Stasi und Partei verantworten. Dass es auch unter Pastoren Stasi-Spitzel gab, beweist zum einen, dass auch Christen nicht die besseren Menschen sein müssen, zum anderen, für wie gefährlich der Staat gerade die kirchliche Arbeit hielt.

Von dem, was Stolpe in Brandenburg an kirchlichen Freiräumen aushandelte, profitierten auch die Gemeinden in Mecklenburg, Thüringen und Sachsen. Dass nicht immer alle mit allem einverstanden waren, was der eine oder andere Bischof sagte und dachte, versteht sich von selbst. Aber zu meinen, dass Stolpe oder die anderen Kirchenvertreter sich ihre Verhandlungspartner hätten aussuchen können, ist illusorisch. Mit der Stasi verhandeln, hieß nicht mit ihr zu kooperieren, auch wenn manchmal die Interessen beider Seiten gar nicht so unterschiedlich waren. In beider Interesse lag zum Beispiel, nicht allzu viel mediales Aufsehen zu erregen. Für die Kirchenvertreter, weil sie die weitere Gemeindearbeit nicht gefährden wollten. Für die Stasi war nur wichtig, dass Ruhe herrschte im Lande.

Als ich meinen mecklenburgischen Pfarrersfreund, der sich viel um Ausreisewillige und Dissidenten gekümmert hatte, nach der Wende fragte, um wen er sich jetzt vorrangig zu kümmern hätte, antwortete er: »Um die, die mich früher häufig unangemeldet besucht oder zu sich zum Verhör bestellt haben.« Als ich etwas irritiert guckte, sagte er nur: »Die Kirche hat immer für die Mühseligen und Beladenen da zu sein.« Das hat mir imponiert. Vergeben ist nun mal seliger denn Vernehmen.

Klassenfeind

Der Klassenfeind schläft nicht

Zur sozialistischen Wachsamkeit in der DDR gehörte es, immer auf der Hut zu sein vor dem Klassenfeind. Denn – so hieß es immer und immer wieder bei uns – der Klassenfeind schläft nicht. Dass das ein folgenschwerer Irrtum war, stellte sich spätestens Ende 1989 heraus. Bis dahin hatte er ganz offensichtlich so tief geschlafen, dass er um ein Haar nun auch noch seinen Sieg verschlafen hätte. Wir DDR-Bürger mussten erst zu Hunderttausenden auf die Straße gehen und nach ihm rufen. Auch da kam er nicht etwa »mit klingendem Spiel durchs Brandenburger Tor gezogen«, wie Franz Josef Strauß in frühen Jahren einmal prophezeit hatte. Nein, dieser Klassenfeind hat in Gestalt von Helmut Kohl erst noch mit Egon Krenz telefoniert und ihm alles Gute gewünscht für sein neues Amt als Staatsratsvorsitzender der DDR und Generalsekretär der SED. Und dann ist er auch noch auf Staatsbesuch nach Warschau gefahren. Günter Schabowski hat vermutlich aus reiner Verzweiflung am 9. November 1989 die Grenzen öffnen lassen, damit der Klassenfeind endlich merkt, was Sache ist und hier einrückt. Aber er kam selbst nach Schabowskis Hilferuf nicht.

Als wir dann stattdessen zu Tausenden auf dem Kudamm standen, haben uns die dort ansässigen Klassenfeinde in ihrer Verwirrung zwar erstmal umarmt und Sekt zu trinken gegeben, aber spätestens am dritten Tag hätten sie uns am liebsten ganz schnell wieder in unsere »angestammte Heimat« (Originalton Helmut Kohl) geschickt. Was sollten sie auch mit uns anfangen? Keiner hatte dem Klassenfeind im Westen gesagt, was da im Osten passiert war. Zwar hatte er vierzig Jahre lang feierlich seinen Willen zur Wiedervereinigung beschworen. Aber das war doch längst nicht mehr ernst gemeint. Das war allenfalls noch ein frommer Wunsch, ein Ritual wie das »Vater unser« in der Kirche. Oder wie die obligatorische Privateinladung zum Gegenbesuch, wenn Westonkel und -tante aus Leipzig wieder ins heimische Düsseldorf aufbrachen. Sie konnten solche frommen Wünsche ja gefahrlos äußern, weil sie wussten, dass wir nicht kommen konnten. Das gab der Familie damals einen grenzüberschreitenden Zusammenhalt.

Nun aber hatten nicht mal BND, Verfassungsschutz oder Militärischer Abschirmdienst vor uns gewarnt. Dass wir im November 1989 gänzlich unangemeldet vor der Tür standen, war der schwerste Schlag für den Klassenfeind seit dem Mauerbau 1961. Er traf ihn gänzlich unvorbereitet. Aber nun blieb ihm nichts anderes übrig, er musste diesen herben Sieg einstecken und in den sauren Apfel Ostverwandtschaft beißen. Dass er das so zögernd, manchmal geradezu angewidert tat, war für uns wiederum eine herbe Enttäuschung.

Wie heiß hatten wir diesen Klassenfeind doch geliebt, wenn er als Freund oder Verwandter zu Mauerzeiten auf Besuch kam, die erniedrigenden Grenzkontrollen (↑Gänsefleisch) nicht scheute und uns von seinem Reichtum mitbrachte, was er entbehren konnte – die gebrauchten Jeans, den Kaffee von Aldi und die Seife von Lux. Wie einig waren wir uns mit ihm, wenn wir bei dem von ihm mitgebrachten Hennessy oder Campari auf die Kommunisten schimpften, auf die ganze Unterdrückung hier im Osten, diese furchtbare ↑Mauer und die schlechte Versorgungslage. Jetzt hatten wir manchmal das Gefühl, dass ausgerechnet der Klassenfeind das alles gerne wieder hätte, nur um Ruhe vor uns zu haben. Nein, der Klassenfeind war jetzt auch nicht mehr das, was er mal gewesen war. Der schöne Kalte Krieg war vorbei und mit ihm der Familienfrieden.

Die Medien des Klassenfeindes, denen wir bis dahin alles geglaubt hatten, selbst den Wetterbericht, erschienen uns nun plötzlich unglaubwürdig. Nicht einmal der »BILD«-Zeitung, die wir früher so andächtig verschlungen hatten, nachdem Oma sie über die Grenze geschmuggelt hatte, glauben wir jedes ihrer kostbaren Worte. Hätten ↑Mielke und ↑Honecker uns vorher den Kontakt zum Klassenfeind nicht so erschwert, wir hätten ihn wohl nicht so bedingungslos über die Schwelle gelassen.

Eines allerdings ist beruhigend: Seit die Kommunisten nicht mehr an der Macht sind, hat er – dieser Klassenfeind – endlich aufgehört zu schlafen. Unser aller Innenminister ist von einer geradezu revolutionären Wachsamkeit gegenüber jedem, der unsere freiheitlich-demokratische Grundordnung bedrohen könnte. Wir können ruhig schlafen. Denn die Mittel, die ihm zur Überwachung gegeben sind, sind schon technisch unvergleichlich viel ausgereifter als alles, was dem Überwachungsstaat DDR einst zur Verfügung gestanden hatte. Dass wir dafür die eine oder andere kleine Freiheit wieder herzugeben haben, die uns 1990 ja sowieso vom Klassenfeind nur geliehen wurde, dürfte eine demokratische Selbstverständlichkeit sein.

Klassenstandpunkt → Fernsehen

Komplexannahmestellen

Solche sollten das Selbstbewusstsein des DDR-Bürgers stärken

Hätte es so etwas gegeben, also eine Stelle, an der einem die Komplexe abgenommen werden, wir Ostdeutschen wären wohl nicht so mit Komplexen beladen in die deutsche Einheit gekommen. Leider handelte es sich hier aber nur um eine der zahlreichen sprachlichen Irreführungen, die uns so einzig machten in der unübersichtlichen Welt der Wörter. Eine Komplexannahmestelle war eine der viel zu wenigen Dienstleistungseinrichtungen der DDR. Da konnte man seinen kaputten Regenschirm oder Toaströster zur Reparatur oder seinen Wintermantel zur Reinigung bringen, Damenstrümpfe repassieren oder Schuhe besohlen lassen. So was gab und gibt es ja auf der ganzen Welt. Nur bei uns gab es eben diese einzigartig schöne Bezeichnung. Wir brauchten damals, anders als heute, keine Anleihen bei der englischen Sprache aufzunehmen, um uns unverständlich auszudrücken.

Ein Getränkestützpunkt zum Beispiel diente nicht der Truppenbetreuung unserer Nationalen Volksarmee, sondern war ein ganz normaler Laden, in dem man Saft, Brause, Bier und Selters kaufen konnte. Manchmal dienten solche Wortschöpfungen auch einfach der Verschleierung so trauriger Tatsachen wie der, dass es selbst im Sozialismus noch Asoziale gab. Die wurden im offiziellen Sprachgebrauch zu harmloser klingenden »Problembürgern«. Bürger, die noch nicht direkt asozial waren, aber gewisse Neigungen in dieser Richtung erkennen ließen, wurden mit dem schönen Titel »Vorfeldbürger« versehen.

So manches Problem, das man nicht lösen konnte, wurde sprachlich unschädlich gemacht. Wenn ein Plan nicht erfüllt worden war, sprach man von notwendigen Plankorrekturen, und jeder wusste, wovon die Rede war, aber man musste es nicht aussprechen. So wie wir heute statt von Stagnation gern von Nullwachstum sprechen oder vom Rückbau, wenn es sich um Abriss handelt. Mit sprachlichen Mitteln kann man vieles schöner machen als es »noch« ist. In der DDR sagte man bei allen negativen Erscheinungen, wenn man sie denn überhaupt benannte, dass es sie »noch« gäbe, also immer voraussetzend, dass man damit in absehbarer Zeit fertig werden würde. Unsere Probleme galten bis zum Schluss grundsätzlich als lösbar, denn unsere Widersprüche waren nicht antagonistisch wie die im Kapitalismus. Man könnte sagen, ein nicht antagonistischer Widerspruch ist so etwas wie eine Frau, die nur ein bisschen schwanger ist.

Manche Sprachregelungen bei uns dienten nur der sinnfreien Belustigung unserer Gäste. In diese Kategorie gehörte das vor allem im Westen so gern belachte Wort »Sättigungsbeilage«. Diese Beilage bestand gewöhnlich wie anderswo aus Kartoffeln, Reis oder Nudeln. Einzig die Bezeichnung machte sie so außergewöhnlich komisch.

Besonders beliebt war erzgebirgisches Holzschnitzwerk, das sich auch als Geschenk für die Westverwandtschaft eignete. Es gab ja bei uns nicht viel zu kaufen, was es im Westen nicht sowieso und in besserer Qualität gab. Also schickte man nach Köln oder Düsseldorf den hölzernen Weihnachtsmann und den dazu gehörigen Weihnachtsengel. Aus diesen traditionellen Figuren machte ein besonders klassenbewusster Propagandist – oder war es ein Spaßvogel? – die weniger christlichen »Jahresendfiguren m. F. (mit Flügeln) und o. F. (ohne Flügel)«.

Zur selben Zeit sollten die in allen Betrieben und Verwaltungen üblichen Weihnachtsfeiern in Jahresendfeiern umbenannt werden. Auf diesen Feiern, ob nun Jahresend- oder Weihnachtsfeier genannt, sang manch guter Genosse, wenn er dann in Stimmung gekommen war und genug getrunken hatte, von der »Stillen, hochheiligen Nacht«, während ihm die Tränen der Jahresendrührung in die Augen traten.

Diese unchristliche Umbenennung konnte sich nicht durchsetzen. Aus den Jahresendfeiern wurden schließlich wieder Weihnachtsfeiern und aus den »Jahresendfiguren m. F. und o. F.« erneut Weihnachtsmann und Weihnachtsengel, die man, ohne sich zu genieren, in den Westen schicken konnte.

Konfliktkommissionen

Konfliktkommissionen waren der verlängerte Arm des Staates

Nicht alles im »Unrechtsstaat« DDR war Unrecht, nicht mal in der Rechtssprechung. Konfliktkommissionen waren gesellschaftliche Gerichte ohne Juristen. Die Mitglieder dieser Schiedskommissionen wurden nicht von Staat oder Partei bestimmt, sondern von den Betriebsangehörigen gewählt. Sie konnten jederzeit wieder abgewählt werden. In den meisten Betrieben oder staatlichen Einrichtungen wie Krankenhäusern, Schulen und gesellschaftlichen Organisationen mit mehr als fünfzig Beschäftigten gab es solche Gremien, die hauptsächlich innerbetriebliche Konflikte schlichten sollten. Da ging es oft um arbeitsrechtliche Fragen, aber auch um kriminelle Bagatellfälle wie Ladendiebstahl oder andere Rechtsverletzungen, die man nicht unbedingt als Straftaten ansehen musste.

Vor allem ging es um den Betriebsfrieden. Auch das, was man heute Mobbing nennt, wurde da verhandelt. Das Recht, sich über empfundenes Unrecht bei der Konfliktkommission seines Betriebes zu beschweren, hatten gleichermaßen Leiter wie Angeleitete. Man konnte sich über ungerechte Beurteilungen beschweren, über einen nicht gewährten Urlaubsplatz oder unzumutbare Arbeitsbedingungen. Aber die Kommission konnte auch Eltern vorladen, die ihrer Aufsichtspflicht nicht genügten, deren Kinder zum Beispiel die Schule schwänzten. Da blieb es nicht immer nur bei Ermahnungen. Da wurde das Arbeitskollektiv beauftragt, sich um diese Eltern zu kümmern. Zu solchen Verhandlungen wurden grundsätzlich die engsten Arbeitskollegen eingeladen, die als Zeugen für oder gegen den Beklagten auftreten konnten. Manchmal lud man auch die Ehepartner dazu ein.

Sogar zivilrechtliche Streitigkeiten konnten vor diesen Kommissionen ausgetragen werden, allerdings nur bis zu einem Streitwert von fünfhundert Mark. Die Laienrichter hatten das Recht, Rügen auszusprechen und geringe Geldstrafen – bis zu fünfzig Mark und bei Eigentumsdelikten bis zu hundertfünfzig Mark – zu verhängen. Die Beschlüsse der Konfliktkommissionen konnten innerhalb von zwei Wochen beim Kreisgericht angefochten werden. Der Vorteil der von den juristischen Laien gesprochenen Urteile war, dass sie keinesfalls als Vorstrafen galten und nicht mal in den Personalakten auftauchen durften.

Einen Satz konnte man damals oft hören: »Das lasse ich mir nicht gefallen – damit gehe ich zur Konfliktkommission!«

Konsumgesellschaft der DDR

»Alles zur Befriedigung der ständig wachsenden Bedürfnisse der DDR-Bevölkerung«

So lautete eine der unzähligen Losungen, die die Werktätigen auf Transparenten unter der einmütigen Zustimmung von Partei und Regierung am ersten Mai vor sich hertrugen. Ja, die DDR-Wirtschaft war fest entschlossen, alles, was sie konnte, für die Befriedigung unserer Bedürfnisse zu tun. Aber sie konnte eben dummerweise nicht alles. Manches konnte sie gar nicht, zum Beispiel auf neue Bedürfnisse reagieren.

Theoretisch war ja wohl selbst in der Staatlichen Plankommission bekannt, was schon Wilhelm Busch, der kein Wirtschaftsfachmann war, gesagt hatte: »Ein Wunsch, wenn er erfüllt, kriegt augenblicklich Junge.« Waren wir heute noch froh, überhaupt ein

Fernsehgerät zu bekommen, wollten wir morgen schon ein Farbfernsehgerät und übermorgen dazu noch einen Videorecorder. Eigentlich war es für unsere Ökonomen gar nicht so schwer, in Erfahrung zu bringen, worin unsere nächsten Bedürfnisse bestehen würden. Sie brauchten heute ja nur in den Westen zu sehen, um zu erfahren, was wir morgen gern zu kaufen bekämen. Da waren wir doch ganz und gar berechenbar. Was wir heute im Werbefernsehen des Westens sahen, das wollten wir morgen auch bei uns kaufen können. Es kam dabei nicht unbedingt auf den Gebrauchswert an. Im Westen wurde so vieles produziert, von dem wir gar nicht ahnten, wozu man es brauchen könnte. Aber haben wollten wir es erstmal. Wegwerfen konnte man es ja immer noch.

Als eingefleischter Konsummuffel dachte ich manchmal anders. Eine Fernbedienung für Radio oder Fernsehen zum Beispiel fand ich lange Zeit überflüssig. Sie war es ja auch, so lange man sich nicht durch tausend Kanäle zappen musste, nur um festzustellen, dass man gleich hätte ausschalten können. Ich hatte einfach nicht geahnt, wie viel Handarbeit einmal nötig sein würde, um das festzustellen. Die Produzenten dieser – das weiß ich heute – unbestreitbar praktischen Fernbedienungen waren ihrer Zeit einfach voraus. Sie haben rechtzeitig geahnt, dass das Privatfernsehen ihre mir überflüssig erscheinenden Produkte einmal zu nützlichen, ja unverzichtbaren Gebrauchsgegenständen machen würde. Auch wenn die meisten dieser Programme durchaus verzichtbar sind, die Fernbedienung ist es nicht mehr.

Wo die sozialistische Produktion den wachsenden Bedürfnissen der Kunden hinterher gelaufen ist, da liefen die kapitalistischen Produzenten ihren Konsumenten weit voraus, indem sie immer mehr Dinge produzierten, von denen man gestern noch nicht ahnen konnte, dass man sie heute brauchen würde. Ja, ich bin sicher, dass sie auch bei mir spätestens morgen Bedürfnisse befriedigen werden, von denen ich heute noch gar nicht ahne, dass ich sie mal haben werde.

↑Honecker gab in seiner Hilflosigkeit angesichts unserer ins Unermessliche wachsenden Bedürfnisse die gar nicht unvernünftig klingende Parole aus: »Wir können nur verbrauchen, was wir vorher produziert haben.« Das sahen wir theoretisch ein, wollten aber praktisch alles haben, was bei uns gar nicht oder viel zu wenig produziert worden war. Deshalb hat er sich dann doch eines anderen besonnen und, um uns, sein Volk, bei Laune zu halten, so viel im Westen eingekauft, dass ihn kein Milliardenkredit mehr vor der Pleite bewahren konnte. Schuld daran waren wir mit unseren ständig wachsenden Bedürfnissen. Er hätte sich, wie Brecht es seinem Vorgänger Ulbricht einst geraten hatte, ein anderes Volk wählen sollen.

Konsumgüterproduktion → Eigentum

Korruption

Korruption im Sozialismus lohnte sich einfach nicht

Nein, wirkliche Korruption, die über das allgemein übliche Nutzen von Beziehungen hinausging, hatten wir nicht bei uns vermutet. Und wer seine Beziehungen in der DDR nicht nutzte, war einfach nur dumm. Aber lohnte es sich denn, sich mit unserm Papiergeld wirklich bestechen zu lassen? (↑Ostgeld) Sonst trauten wir der Partei viel Schlechtes zu, der ↑Stasi alles, dieses Land war heruntergekommen, verlogen, alles das, aber korrupt bis in die Spitze? War Korruption der sozialistischen Moral nicht doch irgendwie wesensfremd? Wie empörten wir uns dann, als in unserem Fernsehen gleich nach der Wende von Regierungskriminalität in großem Stil berichtet wurde.

Da hatte sich ausgerechnet ein Gewerkschaftsfunktionär sein Haus mit Gewerkschaftsgeldern bauen lassen, wurde berichtet. Na gut, es waren dann nur zwanzigtausend Mark, die er irgendwo abgezweigt hatte – heute würde man sagen, er handelte etwas am Rande der Legalität. Für jetzige Verhältnisse war das höchstens Kleinkriminalität. Das genaue Recherchieren hatten unsere Journalisten ja nicht direkt gelernt. Aber nach so vielen Jahren der ↑Zensur wollten sie endlich auch mal das Maul so richtig aufreißen wie die Kollegen von »Monitor« oder »Panorama«.

Uns in Empörung zu versetzen, dafür genügte es in diesen Zeiten, den Wandlitzer Krämerladen des Politbüros zu filmen. (↑Wandlitz) Wir waren bereit, jetzt alles Schlechte zu glauben. Nichts sollte mehr unter den Teppich gekehrt werden. Jeden Tag berichteten unsere Medien – von der Lokalzeitung bis zur »Aktuellen Kamera« – von neuen Skandalen. Die Aufregung war immer groß, auch wenn der Anlass manchmal eher bescheiden war.

Als dann der bis dahin völlig unbekannte Name Schalck-Golodkowski und seine KoKo (Bezeichnung für Kommerzielle Koordinierung) ins Visier der Öffentlichkeit gerieten, war es ganz aus. Von jetzt an glaubten wir alles, was über ihn und seine »Sondergeschäfte« berichtet wurde. Er hatte als »OibE« (Offizier im besonderen Einsatz) für Erich ↑Mielke spioniert und für Günter Mittag Handel mit allem getrieben, was Devisen brachte – Menschen, Waffen, Antiquitäten. Als er sich im Dezember 1989 nach Westberlin absetzte, brach der Sturm der Empörung erst richtig los. Er wurde für uns zum größten aller Bösewichte, zum Strippenzieher der Korruption in Partei und Regierung.

Ganz offensichtlich sah man das im Westen etwas anders. Auf jeden Fall hatte er dort entweder nur mächtige Gönner und Freunde, die ihn aus reiner Menschenfreundlichkeit vor weiterer Strafverfolgung schützen wollten. Oder er wusste zu viel über diese Leute und ihre Geschäfte, bei denen er ihnen ja gelegentlich behilflich gewesen war. Sollte der Westen mit dem Osten genauso illegale Geschäfte gemacht haben wie der Osten mit dem Westen? Oder fiel sein Geschäftsgebaren im marktwirtschaftlichen Verständnis noch nicht unter den strengen Begriff der Korruption?

Dem Schalck-Golodkowski jedenfalls trauten wir jetzt alles zu und mit ihm der ganzen Führungsriege der ↑SED. Wie staunten wir, dass ausgerechnet in der Bundesrepublik, wo doch jeder Skandal irgendwann aufflog, diesmal so gut wie nichts herauskam. Er war Freund und Geschäftspartner von ↑Mielke und Strauß, von Mittag und dem bayerischen Fleischhändler März gewesen. Und in Schäubles Büro war ein Brief verloren gegangen, den Schalck ihm nach seiner Flucht geschrieben hatte. Dass sich an den Inhalt des Schreibens keiner mehr erinnern konnte, liegt auf der Hand.

Mit Schalck-Golodkowski jedenfalls hat die ↑DDR wenigstens einen mehr als nur tüchtigen Geschäftsmann hervorgebracht. Ob seine kriminelle Energie allerdings an die mancher Manager von Siemens, VW und anderer Großkonzerne heranreichte, wage ich zu bezweifeln. Sicher scheint mir, dass die DDR auch auf dem Gebiet der Korruption eher ein Entwicklungsland war. Nur da konnte es so ein höchstens mittleres Talent, denn mehr scheint Schalck-Golodkowski nicht gewesen zu sein, zu solcher Berühmtheit bringen.

Als ich vor einiger Zeit in Rottach-Egern am Tegernsee war und nach dem Haus der verstorbenen Witwe von Kurt Tucholsky fragte, konnte mir keiner sagen, wo es zu finden wäre. Der Name Tucholsky sagte ihnen nichts. Dafür boten mir die Leute aber sofort an, mich zum Wohnhaus von Schalck-Golodkowski zu führen, obwohl ich nach dem gar nicht gefragt hatte.

Kunst als Waffe

Die Kunst ist eine Waffe im Klassenkampf

Der Kunst wurde in der DDR vieles nachgesagt. Der Arbeiterdichter Hans Marchwitza soll den schönen Satz geprägt haben, dass Kunst und Kultur jeder zweite Herzschlag unseres Lebens sei. Die Wahrheit war aber wohl eher, dass die Partei- und Staatsführung bei jedem zweiten kritischen Kunstwerk einem Herzschlag nahe zu kommen schien. Jedenfalls erregte sie sich immer wieder, wenn da ein falsches Wort gedichtet, ein falscher Ton gesungen, ein falscher Schritt getanzt oder ein falsches Bild gemalt worden war. Denn, dass Kunst Waffe sei, gehört zu den ganz alten proletarischen Irrtümern. Deshalb fühlten sich unsere Politiker wohl so leicht verletzt von ganz und gar harmlosen Gedichten, Musikstücken oder Wandbildern. Friedrich Wolf soll 1928 im »Bund proletarischer Schriftsteller« zum ersten Mal davon gesprochen haben. Er konnte nicht ahnen, welche Folgen der Satz, das Kunst eine Waffe im Klassenkampf sei, viel später für die Kulturpolitik der ↑DDR haben würde.

Die führenden Genossen waren lange Zeit fest überzeugt, dass man den geführten Menschen nur das Richtige sagen müsste, damit sie das Richtige täten. Klar war natürlich, dass nur die Partei, wissen konnte, was das Richtige war. Denn die richtigste aller richtigen Wahrheiten hieß doch: Die Partei hat immer Recht. Brecht hatte in einem nicht sehr schönen, aber parteilich einwandfreien Gedicht noch gefragt: Wer aber ist die Partei? Da hatte Ulbricht die Frage schon entschieden: Ich. Damit stand ein für allemal fest, wo der oberste Sachverständige und Kunstrichter saß – auf dem Stuhl des Generalsekretärs der SED.

Der schlichte, aber nicht größenwahnsinnige erste Präsident der DDR, Wilhelm Pieck, hatte nach einer Diskussion mit Brecht und Dessau über ihre Oper »Lukullus« seine Genossen noch unsicher gefragt: »Und was ist, wenn wir uns irren?« Solche Gedanken lagen Ulbricht fern. Von ihm wusste man immerhin noch, dass er sich für Kunst interessierte, Bücher las, Musik hörte, sogar selbst ins Theater ging. Diese Gewohnheit hatten die Alten aus den zwanziger Jahren mitgebracht, als man in proletarischen Kreisen noch das Bildungsprivileg des Bürgertums brechen wollte und meinte, sich dafür selbst bilden zu müssen. So lückenhaft diese Bildung bei Walter Ulbricht auch gewesen sein mag, das Interesse an Kunst und Kultur konnte man ihm nicht absprechen.

Bei seinem Nachfolger kam zur lückenhaften Bildung noch das fehlende Interesse hinzu. Er verbrachte seine Freizeit lieber auf der Jagd in der Schorfheide als hinter Büchern oder im Theater. Aber das Amt des obersten Kunsthüters hatte er ja mit dem Amt des Generalsekretärs der SED und Vorsitzenden des Staatsrates der DDR genauso wie das Amt des Vorsitzenden des Nationalen Verteidigungsrates als kleinen Nebenjob mit übernommen. Man nannte solche Ämterhäufung demokratischen Zentralismus – der oberste Parteiführer war das Zentrum aller praktizierten ↑Demokratie.

Bereits 1965 hatte ↑Honecker auf jenem berüchtigten 13. Plenum der Partei – damals noch im Auftrage Ulbrichts – den DDR-Künstlern gezeigt, wo der Holzhammer hängt. Da ließ er Filme, die er vermutlich nie gesehen, und Bücher, die er nie gelesen hatte, verbieten. Die Folgen dieses Kahlschlags im kulturellen Leben der DDR waren verheerend. Das muss auch Honecker irgendwann gespürt haben. So gab er dann, nachdem er Ulbricht aus dem Amt geputscht hatte, auf einem anderen Plenum bekannt, dass es für Literatur und Kunst in der DDR künftig keine Tabus mehr gäbe – dieser erste Halbsatz ließ unsern Atem stocken. Aber dann lasen wir weiter, »sofern sie vom sozialistischen Standpunkt ausgehen«. Oder so ähnlich. Dass damit der erste Halbsatz bedeutungslos war, wollten wir nicht wahrhaben. Während die Genossen Kulturpolitiker sich die Sache mit dem sozialistischen Standpunkt zueigen machten, beriefen sich die Künstler darauf, dass es fortan keine Tabus mehr geben sollte.

So wie der sozialistische Standpunkt mal hier und mal da zu stehen kam, lag auch die Tabuschwelle heute hier und morgen da. In tausend »fruchtbaren« Diskussionen redeten Künstler und Kulturpolitiker hartnäckig aneinander vorbei, indem sie immer wieder betonten, am selben Strang zu ziehen. Das führte hier und da zu ganz erstaunlichen Ergebnissen. Es gab plötzlich Filme, Theaterstücke und Bücher, die die ↑Zensur fast unbeanstandet passierten, obwohl in ihnen von einem sozialistischen Standpunkt gar keine Rede mehr sein konnte. Dann wieder bissen sich die Genossen an einem Nebensatz fest und sprachen die lächerlichsten Verbote aus. Bald war nicht mehr zu erkennen, wer hier wen mehr fürchtete – die Künstler die Zensur oder umgekehrt.

Den Künstlern ging es schließlich wie jenen ersten Protestierern, die mit brennenden Haushaltskerzen auf die Straße gingen oder mit handgemalten Transparenten, auf denen nur stand: »Keine Gewalt!« Und die waffenstarrende Staatsgewalt wich vor ihnen zurück. Ja, für eine ganz kurze Zeit waren Kunst und Haushaltskerzen Waffen geworden. Inzwischen ist aber alles wieder normal. In unserer Demokratie ist die Kunst – wie die Haushaltskerze ja auch – nur eine Ware.

Leistungssport

Alle Spitzensportler waren gedopt

Das ist heute allgemeine Überzeugung im vereinigten Deutschland. Und in vielen Fällen stimmte es vermutlich auch. Im Kampf um internationale Anerkennung waren der DDR-Führung fast alle Mittel recht. Nachdem sich schnell herausgestellt hatte, dass hier mit wirtschaftlichen Erfolgen kaum zu punkten war, entdeckte man den sportlichen Erfolg als probates Mittel zum Zwecke dieser Anerkennung. ↑Honecker, ↑Mielke und Mittag ahnten vielleicht wirklich nicht, wie solche Erfolge im Einzelnen zustande kamen. Aber da sie sich damit abfinden mussten, dass aus ihrem Herrschaftsbereich kaum die schnelleren Autos kommen würden, trösteten sie sich damit, die schnelleren Läufer und Schwimmer ihr eigen nennen zu können. Dass es nicht auch die besten Fußballer waren, das muss besonders Erich Mielke gewurmt haben. Wie stolz wäre er wohl gewesen, einen Michael Ballack in seinem BFC Dynamo gehabt zu haben.

Ich habe nie recht begriffen, warum ich stolz darauf sein sollte, dass aus »meinem« Staat ausgerechnet gute Leistungssportler kamen. Auch ohne alles Doping erschien und erscheint mir Leistungssport alles andere als gesund. Aber mit dieser Meinung gehöre ich wohl nicht nur in Deutschland zu einer Minderheit. Ordentlichen Sportunterricht in den Schulen halte ich dagegen für tausendmal wichtiger als jede Weltmeisterschaft in welcher Sportart auch immer.

Aus diesen wenigen Bemerkungen geht wohl schon hervor, dass ich zum selbst gewählten Thema wenig zu sagen habe. Nur eine Vermutung zum Schluss: Im Gegensatz zu Jan Ullrich und den anderen Radweltmeistern glaube ich nicht, dass Täve Schur jemals etwas mit Doping zu tun hatte. Oder sollte ich mich da wieder mal geirrt haben? Schließlich ist der Mann doch – wenn ich nicht irre – in der Linkspartei. Und da versammeln sich doch alle Altlasten.

Leseland DDR

Wir haben damals mehr gelesen

Das halte ich für einen Irrtum. Wir haben in der DDR anderes gelesen als heute, weniger Schwachsinn. Nicht dass es weniger gedruckten Schwachsinn gegeben hätte. Der Schwachsinn damals hatte nur den Nachteil (oder war es ein Vorteil?), auf andere Art schlecht geschrieben, aber viel langweiliger zu sein als die Bücher von Dieter Bohlen oder Charlotte Roche heute. Die Materialien der Partei wurden in vergleichbar hohen Auflagen gedruckt, aber nicht gelesen. Sie wurden allenfalls – so nannten wir das – »studiert«, also gebündelt und zum Altstoffhandel gebracht. Damals bekam man für ein Kilo Papier ja noch ganze acht Pfennige. Heute muss ich für meine Papiertonne bezahlen, und die Tages- und Wochenzeitungen von heute sind – schon wegen der vielen Reklame – viel schwerwiegender als unsere dünnen Blättchen von damals.

Die unzähligen Zeitungen und Zeitschriften, die es in der DDR ja auch gab, hatte man schnell durchgeblättert. Was da drin stand, konnte man meist schon singen. Wozu sollte man es noch lesen? Insofern haben das »Neue Deutschland« und die von ihm abschreibenden »Bezirksorgane« der Partei weniger Schaden angerichtet, als die Boulevardblätter von heute. Auf das, was im ND stand, fiel man nicht so schnell herein.

Die so gewonnene Zeit nutzten viele von uns, um Bücher zu lesen. Selbst Lyrikbände erreichten damals Auflagen von vielen tausend Exemplaren, die nicht nur gekauft, sondern auch gelesen wurden. Die Gedichtbände von Volker Braun oder der mit ihm nicht zu vergleichenden Eva Strittmatter waren das, was man heute Bestseller nennt. Wer solchen Erfolg haben wollte, musste nicht unbedingt auf literarischen Anspruch verzichten. Gute Literatur und Verkaufserfolg schlossen einander nicht aus. Aber den größten Erfolg hatten immer die Bücher und Schriftsteller, die sich kritisch mit der DDR auseinandersetzten. Wir suchten in der Literatur, was wir in der Presse nicht fanden.

In dem Punkt waren wir nicht wählerisch. Manche langweiligen oder schlecht geschriebenen Bücher kauften und lasen wir nur, weil darin kritische »Stellen« waren, manchmal nur zwei, drei Sätze, die an der ↑Zensur vorbei geschmuggelt waren. Auf die wiesen wir uns gegenseitig hin und kauften wegen dieser Stellen auch dicke Bücher sofort, denn es bestand immer die Gefahr, dass sie schnell vergriffen waren. Bei den niedrigen Verkaufspreisen von guten oder schlechten Büchern war es ja nicht so schlimm, wenn man sich mal vergriff. Wenn ich heute in solche Bücher gucke, um die Stellen noch mal zu lesen, um derentwillen ich sie einst gekauft habe, wundere ich mich oft. Da stehen meist simple Allerweltsweisheiten, deren ganzer Wert darin besteht, dass man sie bei uns nicht aussprechen durfte. Also, es war nicht alles gut an unseren Büchern von damals. Aber es war eben auch nicht alles so schlecht wie das, was heute auf den Bestsellerlisten steht.

Die Tatsache, dass auch Bücher früher zur ↑Bückware gehörten, trug zu ihrer Verbreitung bei. Und natürlich der subventionierte Buchpreis. Das Überangebot von heute schreckt eher ab. Der Buchmarkt ist so unübersichtlich geworden, dass man sich kaum noch zu Recht findet. Früher – im Buchleseland DDR – lasen wir, um etwas zu erfahren über die uns umgebende Wirklichkeit. Heute lesen wir eher, um uns etwas von dieser Wirklichkeit abzulenken. Und das geht allemal leichter mit den bunten Blättern des Boulevards als mit anspruchsvoller Literatur.

LINKSPARTEI → EIGENTUM → LEISTUNGSSPORT

LIPSI

Der Lipsi war die DDR-Antwort auf westliche Unkultur

Als solche war diese Erfindung des Leipziger Komponisten René Dubianski und des Tanzlehrerpaares Christa und Helmut Seifert gedacht. Die Anregung dazu kam Ende der fünfziger Jahre von höchster Stelle – von Walter Ulbricht persönlich. Er hatte programmatisch erklärt: »Es genügt nicht, die kapitalistische Dekadenz in Worten zu verurteilen, gegen die Hotmusik und die ekstatischen Gesänge eines Presley zu sprechen. Wir müssen etwas Besseres bieten.« Deutlicher konnte der Auftrag nicht ausgesprochen werden. Wie die Literatur und die Kunst, sollte nun auch der Schlagertanz in den Dienst des sozialistischen Fortschritts gestellt werden.

Heraus kam ein konventioneller Paartanz im Sechs-Viertel-Takt, der zuerst 1959 in Lauchhammer auf einer »Tanzmusikkonferenz« vorgestellt und sofort über alle Sender des demokratischen Rundfunks und Fernsehens als fortschrittliche Tanzmusik propagiert wurde. Die Schlagersängerin Helga Brauer sang dazu, sozusagen im Parteiauftrag, solche Lipsischlager wie: »Heute tanzen alle jungen Leute nur noch im Lipsi-Schritt« und »Hör mein Herz, es schlägt für dich allahein«. Aber das Herz der DDR-Jugend schlug ganz unbeeindruckt weiter für Twist und Rock'n'Roll. Trotz allen propagandistischen Aufwands, die sozialistische Antwort auf die kapitalistische Unkultur war bald nur noch Gegenstand der ungebrochenen DDR-Witzkultur. Das künstlich erzeugte Lipsi-Fieber kam über ein staatlich erzeugtes Strohfeuer nicht hinaus.

Malimo

In der DDR gab es nur Imitate oder »Ersatz«

»Jeder Meter Malimo – mollig, modisch, farbenfroh!« Kann man so für ein Weltmarktprodukt werben? Über diesen Werbespruch – den man sächsisch aussprechen muss, um ihn in seiner ganzen Komik genießen zu können – haben wir zu DDR-Zeiten jedenfalls sehr gelacht. Dass diese Erfindung aus der DDR kam, wussten wir. Dass sie auf dem Weltmarkt so ein Renner wäre, wie es in unseren Zeitungen stand, konnten wir uns gar nicht vorstellen.

Ich jedenfalls hielt Malimo für so eine typische DDR-Erfindung, die nur auf dem Boden unserer Republik weltberühmt war.

Schon der Name – zusammengesetzt aus den Anfangsbuchstaben des Erfinders *Ma*uersberger und seines Wohnortes *Lim*bach-Oberfrohna – klang eindeutig nach DDR-Provinz. Wie konnte etwas, dass aus einem sächsischen Nest bei Karl-Marx-Stadt kam, Weltniveau verkörpern? Dass die Malimo-Maschinen in so viele Länder der Welt exportiert wurden, darunter in die USA, nach Japan und Australien, hielt ich lange Zeit für ein Gerücht. Übrigens – und das macht einem die Sache heute viel glaubhafter als damals – hat der Erfinder sein neuartiges Nähwirkverfahren in seiner Garage entwickelt. War dieser Erfinder Heinrich Mauersberger der vorweggenommene Bill Gates der DDR? Er machte zwar keine Milliarden damit, aber immerhin wurde er »Held der Arbeit« (1963) und Nationalpreisträger der DDR, allerdings nur dritter Klasse (1954). Seit 1963 war er auch Ehrenbürger von Limbach-Oberfrohna, wo heute noch eine Straße seinen Namen trägt.

Was in der DDR hergestellt wurde, galt bei uns immer nur als zweite Wahl oder Imitat eines besseren Westproduktes. Im Westen gab es Perlon, bei uns nur Dederon, diese DDR-Kunstfaser, aus der nicht nur die berüchtigten Kittelschürzen und die unverwechselbaren Einkaufsbeutel gemacht waren, sondern auch Damenstrümpfe oder Herrenoberhemden. Als DDR-Bürger tat man immer gut daran, so einen Dederon-Beutel bei sich zu haben. Es konnte ja irgendwann plötzlich irgendwas zu kaufen geben, was es nicht alle Tage gab. Die Beutel waren klein und leicht. Man konnte sie problemlos in der Mantel- oder Hosentasche mit sich führen.

An diesen Beuteln erkannte man uns noch lange nach dem Fall der Mauer. »Beuteldeutsche« nannte man uns deshalb auch. Die schicken, bunt bedruckten Plastiktüten, die unsere Verwandten aus dem Westen mitgebracht hatten, haben wir zu DDR-Zeiten sorgfältig aufgehoben und so lange wie möglich fast wie modischen Schmuck mit uns herumgetragen. Das waren Schätze. Wer damit im HO oder KONSUM einkaufen ging, war nicht irgendwer, sondern einer mit Westkontakten. Für die einen beneidenswert, für die anderen immer etwas verdächtig. Als nun aber jeder damit herumlief, hat sich mancher von uns wieder auf seinen alten Dederon-Beutel besonnen und ihn mit sich getragen, bis er zerfallen ist.

Worin bestand der Unterschied zwischen Perlon und Dederon? Natürlich in der Qualität, meinten wir. Dass die im Westen immer besser war, stand außer Frage. Wie stolz waren wir auf unsere West-Nylon-Hemden oder die berühmt-berüchtigte Natoplane. So nannten wir die leichten, meist dunkelblauen oder -braunen Mäntelchen aus reinem Kunststoff, die zeitweise genauso begehrt waren wie die echten Bluejeans. Und wie staunten wir, dass sich diese Qualitätsprodukte als genauso wenig »atmungsaktiv« herausstellten wie unsere Dederon-Kleidungsstücke. So etwas mussten wir uns aber meist erst von unseren Westverwandten erzählen lassen. Dass im Westen genauso ein Mist produziert werden konnte wie bei uns, das wollten wir so lange nicht glauben, wie wir den Mist bei uns nicht zu kaufen bekamen. (↑Mode)

Je weiter man nach Osten kam, desto länger hielt sich der Ruhm aller Westprodukte. Ich habe polnischen und bulgarischen Freunden noch Ende der sechziger Jahre mit meinen abgelegten Nylonhemden große Freude machen können. Da hatten wir mit westlicher Hilfe bereits erkannt, dass Chemie eben nicht unbedingt Wohlstand und Schönheit verkörpert. In Polen und Bulgarien galten zu jener Zeit bügelfreie Hemden, selbst wenn sie nur aus Dederon waren, noch als gute, teure Westware. Westen kann eben auch eine sehr subjektive Himmelsrichtung sein.

Zum zwanzigsten Jahrestag der DDR – 1969 – machte uns unsere Regierung ein besonderes Geschenk – sie warf ein neues, pflegeleichtes und strapazierfähiges Gewebe auf den Markt mit dem seltsamen Namen »Präsent 20«. Das war – wer von uns konnte es ahnen – vom Produkt her genau das Gleiche wie der westdeutsche Polyesterstoff mit dem viel schöneren Namen »Trevira«. Als dieses Trevira im Westen als nicht mehr zeitgemäß galt und eher verpönt war, liefen wir zum Gespött unserer weit fortgeschrittenen Brüder und Schwestern noch im »Präsent 20« herum oder ließen uns – noch lieber – ihre abgelegten Trevira-Anzüge schenken.

Malimo jedenfalls war wirklich ein reines DDR-Produkt und trotzdem ein Welterfolg. Die mit diesem speziellen Nähwirkverfahren hergestellten Stoffe waren strapazierfähig, eigneten sich also besonders für Arbeitskleidung. Aber wer braucht noch Arbeitskleidung, wenn er keinen Arbeitsplatz hat? Dafür gibt es heute nicht mal Ersatz.

Mangelwirtschaft → Beziehungen → Bückware → Errungenschaften → Werbung

Marxistische Bildung

Eine Selbstverständlichkeit für jeden war eine marxistische Bildung

Damit, dass man Marx und Engels zu Klassikern erklärte, hatte man sie in der DDR weitgehend unschädlich gemacht. Ihre Werke wurden in hohen Auflagen gedruckt und waren praktisch immer im Angebot des Buchhandels. Sie standen auch in vielen ostdeutschen Bücherschränken, meist hinter Glas, aber auf den ersten Blick gut sichtbar für die Gäste. Als guter Genosse hatte man seinen Marx immer griffbereit, ohne sich unbedingt an ihm zu vergreifen. Was im »Kommunistischen Manifest« stand, wusste man ungefähr aus den verschiedenen Schulungen, aus FDJ- und ↑Parteilehrjahr. Auf jeden Fall kannte man den ersten Satz: »Ein Gespenst geht um in Europa ...« Den Rest konnte man sich ja denken.

Was man wissen musste, um in der DDR als marxistisch gebildeter Staatsbürger zu gelten, bekam man durch Tagespresse, Rundfunk und ↑Fernsehen in der DDR-üblichen Klippschulfassung mitgeteilt. Das zitierte man dann im Bedarfsfall, und alle nickten, weil wir alle die gleichen Zitate kannten. Es waren ein paar Leitsätze, die nicht immer dem entsprachen, was Marx oder Engels wirklich geschrieben hatten, aber die Gefahr, dass man deshalb korrigiert wurde, war gering. Die Partei hatte ihre Klassiker auf ein solches Vorschulniveau gestutzt, dass kaum einer ahnte, was sich hinter den langweiligen, blauen Buchdeckeln an Brisanz verbarg. So selbstverständlich, wie man vom notwendigen Studium der Klassiker sprach, so selbstverständlich ließ man ihre Bücher verstauben.

Die von der Partei angestellten marxistischen Philosophen hatten, um auch der Parteiführung die komplizierte Lektüre ihrer Klassiker zu ersparen, zur jeweiligen politischen Situation passende Zitate herauszufiltern, mit denen dann die aktuellen Beschlüsse der Partei philosophisch untermauert wurden. Dass dabei Sätze aus Zusammenhängen gerissen wurden, die einen ganz anderen Sinn ergeben hätten, zählte nicht. Hauptsache, das Zitat passte zum Zweck. Das Mittel heiligte den Zweck. Marxens Definition von Freiheit zum Beispiel wurde auf diesem Weg in sein Gegenteil verkehrt. Geschrieben hatte er, dass die Voraussetzung der Freiheit aller die Freiheit des Einzelnen sei. Bei uns galt Jahrzehnte lang, dass die Freiheit aller die Voraussetzung für die Freiheit des Einzelnen sei. Eine immerhin bemerkenswerte Verkehrung! Eine besonders schöne Losung hieß: »Die Ideen von Marx und Engels werden siegen, weil sie wahr sind.«

Im ↑Kabarett verfuhren wir allerdings in umgekehrter Absicht – nicht viel anders als die Partei. Wir suchten uns Sätze heraus, die zu unserer Pointe passten oder erfanden solche Zitate, die die real-sozialistische Wirklichkeit konterkarierten. Je genauer die Quellenangabe, desto geringer war die Gefahr, dass einer nachschlug. Meine Kenntnis der marxistischen Klassiker beschränkte sich auf zwei Arbeiten von Friedrich Engels über den »Bauernkrieg« und »Die Entstehung von Staat und Familie« sowie auf einen Band »Ausgewählter Schriften« von Marx und Engels. Damit dürfte ich im DDR-Durchschnitt in Sachen marxistischer Bildung weit oben gestanden haben.

Immer wieder erstaunt war ich, wenn meine linken Freunde aus der Bundesrepublik nichts Besseres wussten, als ihren Zwangsumtausch in den Kauf der Werke von Marx, Engels und Lenin zu investieren. Solche Bücher kaufte man sich bei uns nicht, die bekam man als Auszeichnung geschenkt. Unter der S-Bahnbrücke an der Friedrichstraße in Berlin gab es eine Buchhandlung, deren Kunden hauptsächlich Studenten aus dem Westen waren. Ich weiß nicht, ob es in der ganzen DDR eine zweite Buchhandlung gab, in der so viele Bücher von Marx und Engels über den Ladentisch gingen.

Den Diskussionen über Marxismus mit solchen Westlinken ging ich möglichst aus dem Weg. Sie schienen vieles von dem, was sie bei uns im Osten gekauft hatten, auch wirklich gelesen zu haben. Manchmal allerdings hatte ich den Eindruck, dass sie nicht anders damit umgingen als unsere Parteiführung und wir vom Kabarett. Sie schienen sich ebenfalls nur das herauszupicken, was ihnen ins Weltbild passte. Aber eine höhere marxistische Bildung als der normale DDR-Bürger besaßen sie allemal.

Mauer

Die Mauer war ein antifaschistischer Schutzwall

Dass die Mauer ein Schutzwall gegen einen äußeren Feind sein sollte, glaubten nicht mal die, die ihren Bau befohlen hatten. Kurz bevor sie am 13. August 1961 errichtet wurde, nannte Walter Ulbricht sie noch beim Namen: »Niemand hat die Absicht, in Berlin eine Mauer zu errichten.« Als sie dann – nur ein paar Wochen später – wirklich stand, wurde sie umgehend umbenannt in jenen »antifaschistischen Schutzwall«, eine Bezeichnung, die fortan zum reichen Schatz des Parteichinesischen gehörte, das im Alltag nicht gesprochen wurde. Für normale Menschen in Ost und West blieb sie vom ersten bis zum letzten Tag nur »Die Mauer« und erlangte unter diesem Namen einen – wenn auch traurigen – Weltruhm.

Ulbricht nannte sie zwischenzeitlich mal einen »Kordon sanitär«, also eine Art Präservativ. Darüber haben wir damals sehr gelacht, obwohl diese Bezeichnung immerhin schon etwas zutreffender war. Die Mauer hatte ja nur den einen Zweck, nichts und niemanden herauszulassen. Irgendwer muss dann dem Genossen Ulbricht die Funktion des Kondoms erklärt haben. Jedenfalls hat er den Begriff nicht weiter verwendet. Oberster Bauleiter war übrigens Erich ↑Honecker, der hier nach seiner lange Zeit zuvor abgebrochenen Dachdeckerlehre seine Meisterprüfung im Mauerbau ablegte.

Wir erzählten uns damals, in Berlin stünde jetzt die Rostocker Autobahn hochkant. Denn es ging das Gerücht um, dass die Baukapazität und das für den Mauerbau verwendete Material eigentlich für den Bau dieser lange geplanten Autobahn vorgesehen waren. Die Entfernung Berlin–Rostock entsprach schließlich in etwa der Länge dieser Mauer, dreiundvierzig Kilometer durch Berlin und hundertzwölf Kilometer im städtischen Umland. Viel weiter war es ja nicht von Berlin nach Rostock. Bis zum Bau dieser Autobahn vergingen dann in der Tat noch viele Jahre.

Dass es überhaupt möglich wäre, eine Stadt wie Berlin durch so eine unüberwindliche Mauer in zwei Hälften zu teilen, hielt man für wenig wahrscheinlich, bis sie tatsächlich stand. Schon ein paar Jahre später konnte man sich kaum noch vorstellen, wie die Stadt vor dem Mauerbau ausgesehen hatte. Als sie dann endlich – nach achtundzwanzig Jahren – gefallen war, hatte eine übergroße Mehrheit der Berliner nur den einen Wunsch, sie nicht mehr ansehen zu müssen. Sie sollte, wie alles, was irgendwie an die DDR erinnerte, ganz schnell verschwinden.

Mauerspechte aus aller Welt reisten an, um sich rasch noch ihr Stückchen Beton aus der auf der Westseite bunt bemalten Mauer zu klopfen. Fliegende Händler verkauften damals an allen Straßenecken Mauerstückchen in kleinen Zellophantüten. Heute noch kann man solche Reste des Schandmals in Berliner Souvenir-Geschäften käuflich erwerben. Ob sie aber wirklich alle von der Berliner Mauer stammen, ist trotz der mitgelieferten Echtheitszertifikate nicht ganz sicher.

Der offizielle Mauerabriss begann im Januar 1990 und war Ende November desselben Jahres bereits abgeschlossen. Einzelteile der Mauer wurden in alle Welt verkauft. Man kann sie jetzt in Tokio, New York und anderswo besichtigen. Die wenigen Mauerreste, die in Berlin blieben, lassen kaum noch etwas ahnen von dem Schrecken dieser Grenzanlagen mit ihren Wachtürmen, dem Stacheldraht und dem Todesstreifen. Selbst alte Berliner sind nicht mehr ganz sicher, wo die Mauer stand. Touristen suchen sie vergebens. Sie stehen meist ratlos vor den wenigen, eher niedlich anmutenden Mauerresten. Da helfen auch keine Mauergedenkstätten, die an das zu erinnern versuchen, was es hier mal an Schrecken gab.

Gebaut wurde sie einst, um die Massenflucht der Ostdeutschen zu stoppen. Vielen Zweigen der DDR-Wirtschaft drohte der Kollaps, weil die Fachleute abwanderten. Das Gesundheitswesen drohte zusammenzubrechen, weil die Ärzte zu Tausenden flohen.

In den Frühlings- und Sommermonaten des Jahres 1961 war unter den DDR-Bürgern eine regelrechte Rette-sich-wer-kann-Bewegung ausgebrochen.

Da holte sich Ulbricht von Chruschtschow die Genehmigung, die offene Grenze in Berlin zu schließen. Es wurde auch ein Kräftespiel zwischen den Sowjets und den Westmächten. Als Höhepunkt in diesem Kalten Krieg fuhren ein paar amerikanische Panzer am Check Point Charly auf. Der amerikanische Präsident Kennedy kam nach Berlin und verkündete symbolisch: »Ich bin ein Börliner!« Das bedeutete zumindest, dass die USA nicht bereit waren, Westberlin aufzugeben. Mit dem Mauerbau wurde das letzte Loch im Eisernen Vorhang geschlossen. Wie viele Flüchtlinge dann an dieser innerdeutschen Mauer starben, wird noch immer erforscht. Bekannt sind hundertdreiunddreißig Getötete. Der letzte Flüchtling jedenfalls wurde noch im März 1989 an der Berliner Mauer erschossen.

Medien → Beziehungen → Bückware → Korruption → Leseland DDR → Marxistische Bildung

Meinungsfreiheit

Meinungsfreiheit gab es nicht

Das kam immer darauf an, wem und wo man seine Meinung sagte. Und darauf kommt es ja auch heute an. Seinem Chef eine abweichende Meinung ins Gesicht zu sagen, kann einem viel Ärger, unter Umständen den Verlust des Arbeitsplatzes einbringen. Über unsere Politiker kann ich sagen, was ich will. Sie müssen das ertragen. Mein Arbeitgeber muss das nicht. In der DDR der fünfziger und beginnenden sechziger Jahre genügte es, dem Falschen einen politischen Witz zu erzählen, um ins Gefängnis zu kommen. Damals wurde gewöhnlich jeder Widerspruch mit einer alles begründenden Frage aus der Welt geschafft. Die Frage lautete schlicht und einfach: »Bist du für den Frieden?« Da man diese Frage schlecht verneinen konnte, hatte man alles, was die Partei verlangte, umgehend einzusehen.

Vor seinem Chef am Arbeitsplatz allerdings kuschte man schon damals viel weniger, als es heute ratsam ist. Die Macht der Arbeiterklasse war – zumindest am Arbeitsplatz – kein leerer Wahn. Politische Tabus, die öffentlich nicht benannt werden durften, gab es allerdings bis zum Schluss. Aber gerade diese Tabus wurden nicht nur an den Stammtischen der späteren DDR immer lauter diskutiert. Die Angst, ein falsches Wort zu sagen, hatte man in den achtziger Jahren nicht einmal mehr auf Parteiversammlungen.

Die veröffentlichte Meinung, die bis 1989 in allen Medien zu lesen und zu hören war, hatte mit dem alltäglichen Meinungsaustausch in den siebziger und achtziger Jahren kaum noch etwas zu tun. Die üblichen Sprachregelungen, die in den frühen Jahren fast überall peinlich genau zu beachten waren, wurden später höchstens noch ironisch gebraucht. Aus der Tatsache, dass »Volkes Meinung« in der DDR nicht veröffentlicht wurde, schloss man im Westen bis zum Schluss, wir konnten es gar nicht wagen, unsere Meinung zu sagen. Vor allem die Angst vor der allgegenwärtigen ↑Stasi hätte uns den Mund verschlossen.

Dass diese Stasi stets mit am Tisch sitzen konnte, dessen waren wir uns wohl bewusst, ohne deshalb unbedingt Angst zu haben. Es konnte vorkommen, dass da einer neben einem saß, von dem man annahm, dass er bei der »Firma« war, und man sprach ihn direkt an mit der Aufforderung: »Das solltest du deinen Genossen unbedingt weitersagen.« Wenn es im Telefonhörer knackte, ging wohl jeder sofort davon aus, dass da mitgehört wurde. Üblich war es dann zu fragen, ob man noch mal wiederholen solle, damit sie mitschreiben könnten. Oder man sprach in die Leitung: »Genossen, haltet die Drähte besser zusammen!«

Aus der Tatsache, dass wir fast alle der veröffentlichten Meinung nicht trauten und diese DDR, wie sie sich selbst darstellte, zutiefst ablehnten, schlossen wir irrtümlicherweise, dass wir in fast allem einer Meinung seien. Es genügte ja, nur einen Freund oder einen gänzlich fremden Taxifahrer zu fragen, ob er heute die Zeitung gelesen habe, und man bekam zu hören: »Die müssen einen doch für blöde halten!« Nein, wir ließen uns das Maul schon lange nicht mehr verbieten. Wir schimpften schließlich genauso ungeniert, wie wir das heute tun. Und wir fühlten uns dabei so machtlos wie heute, wenn nicht nur die »BILD«-Zeitung Volkes Stammtischmeinung in dicken Schlagzeilen druckt.

Das Gefühl der Ohnmacht kehrte sehr schnell zurück nach jenem Freiheitstaumel 1989/90, in dem so mancher auch die Straßenverkehrsordnung für eine Einschränkung seiner Meinungsfreiheit hielt. Wollten uns die DDR-Herrscher die abweichende Meinung verbieten, so war es nun die – nicht nur gefühlte – Gleichgültigkeit der Regierenden, die bei vielen Ostdeutschen zur Enttäuschung über eine Demokratie führte, von der man sich Wunder versprochen hatte. »Die machen ja doch, was sie wollen«, hieß es bald wieder – ein Satz, den wir in der DDR gelernt hatten. Und der Eindruck, dass das auch heute bei mancher Entscheidung unserer demokratisch gewählten Politiker so ist, ist wohl nicht von der Hand zu weisen.

Damals meinten wir noch, die Wahrheit, beziehungsweise das, was wir dafür hielten, könnte den Mächtigen gefährlich werden. Heute wissen wir, dass das ein Irrtum war. Ein Irrtum, den wir mit den DDR-Mächtigen einst teilten. Sie fürchteten sich vor unserer Meinung zum Schluss allerdings mehr, als wir uns vor ihnen fürchteten. Es ist ein alter DDR-Witz, der allerdings inzwischen viel genauer zutrifft, als er das zu Diktaturzeiten tat: Was ist ein Meinungsaustausch? Wenn ich mit meiner Meinung zum Chef gehe und mit seiner wieder heraus komme.

Mielke

Erich Mielke liebte uns alle

Das hat er uns aber erst gesagt, als selbst seine eigenen Genossen und Blockfreunde in der Volkskammer darüber laut zu lachen wagten. Auch seine Bemerkung, wie gut er »unsere Menschen« in der DDR kenne, löste jetzt nur noch Heiterkeit aus, obwohl ihm da kaum zu widersprechen war. Er war ein guter Menschenkenner, wusste er doch von sich selbst auch, dass er – wie alle Menschen – Dreck am Stecken hatte. Bei ihm waren es neben allem, was ihm erstaunlicherweise vor Gericht nicht nachzuweisen war, immerhin zwei Polizistenmorde, die er am 9. August 1931 begangen hatte. Dafür wurde er im Jahre 1993 zu sechs Jahren Freiheitsentzug verurteilt. Er selber hatte dafür gesorgt, dass die Unterlagen nicht wegkamen. So war er eben – alles wollte er wissen, sammeln und aufheben!

Wie wenig er neben sich selbst den besten Freunden und Genossen in der Führung traute, bewies jener legendäre rote Koffer, den er in einem Panzerschrank hinter seinem Schreibtisch in der Lichtenberger Stasizentrale aufbewahrt hatte. Darin war Material, das er im Notfall gegen seinen Genossen und Generalsekretär Erich ↑Honecker hätte verwenden können. Statt seiner hat es dann der bundesdeutschen Justiz im Prozess gegen ihn selbst als Beweismittel gedient. Inzwischen liegt der Koffer im Bundesarchiv für die Stasi-Unterlagen. Da findet man noch viele andere Papiere, die von der freundschaftlichen Art des innerparteilichen Umgangs unter den führenden Genossen zeugen.

Unter der kommunistischen Führungselite war es immer etwas brutaler zugegangen, als das bei einfachen Menschen Sitte ist. Als bester Freund der Sowjetunion hatte Erich Mielke noch von Väterchen Stalin persönlich lernen können, wie man mit seinen Genossen und Kampfgefährten umzugehen hat, wenn sie im Wege sind oder wenn das Parteileben mal wieder etwas frischen Wind braucht. In der kleinen, überschaubaren DDR konnte man einander zwar nicht mehr so einfach umbringen. Man hat in den ersten Jahren nur den einen oder anderen ↑Klassenfeind oder Kampfgenossen – dazwischen hat man nicht immer genau unterschieden – noch nach Moskau ausgeliefert, damit er dort liquidiert werden konnte. Zu Hause hatte man offensichtlich schon Skrupel.

In der kleinen DDR war es ja auch schwieriger mit der Geheimhaltung einer solchen innerparteilichen Säuberung. Hier bestand immer die Gefahr, dass der Klassenfeind mithörte und -schrieb. Und es sollte zunächst immer alles demokratisch aussehen. Hatten nicht die Genossen, die in den vierzig Jahren DDR aus der eigenen Partei verstoßen wurden, Glück, dass sie nicht wie Honecker, Mielke und die anderen in die Hand des Klassenfeindes gefallen waren? Nun gut, dieser Rechtsstaat hat sich als ziemlich ungeschickt mit seinen Politbüro-Prozessen erwiesen. So schnelle Urteile und hohe Strafen wie zu DDR-Zeiten üblich, traute sich die bürgerliche Rechtssprechung nicht zu. Aber war die Schande nicht sowieso größer, in die Hände des Klassenfeindes und seiner Justiz gefallen zu sein, als die, von den eigenen Genossen verurteilt zu werden?

Diese eigenen Genossen hatte Mielke persönlich am wenigsten gefürchtet. Hatte er doch alles Material, auch das gegen sich selbst, in der Hand. Ohne dieses Material hätte ihn der Klassenfeind vielleicht für gar nichts mehr verurteilen können. Und wäre er nicht so uralt geworden, ihm wäre ein Staatsbegräbnis mit allen militärischen Ehren, die er so liebte, sicher gewesen. So aber gab es für ihn zum Schluss an seiner letzten Ruhestätte nur ein Treffen der oberen Schlapphüte in schlichtem Rentnerzivil. Nicht mal die Höchsten, seine ehemaligen Stellvertreter Markus Wolf und Werner Großmann, waren da erschienen. Dafür hätte auf seinem Staatsgrab zu DDR-Zeiten bestimmt kein so treffender letzter Gruß Platz gefunden. Der stammte von seiner Familie, die er gewiss nicht weniger geliebt hatte als uns alle und lautete: »Meinem lieben Mann, unserem guten Vater und Opa einen letzten Gruß.«

Mitläufer

Das sind immer nur die anderen

In der Tat, es gab in der DDR sehr viele Mitläufer, die ich lange Zeit sehr verachtet habe, bis ich an mir selbst ein gewisses Mitläuferverhalten nicht mehr leugnen konnte. So lange hier noch DDR war, habe ich mir viel zugute gehalten auf mein großes Maul, auf meine Unangepasstheit. Ich habe es gewagt, Dinge öffentlich und im Angesicht der manchmal empörten Funktionäre zu sagen, die andere zwar auch dachten, aber höchstens im Familien- oder Freundeskreis äußerten. Wie oft habe ich mir auf dem Männerklo auf die Schulter klopfen lassen von Leuten, die mir versicherten, dass sie das auch gern gesagt hätten, was ich eben öffentlich gesagt hatte. Aber in ihrer Position könnten sie es sich nicht leisten, und ich hätte so was wie Narrenfreiheit, weil mir ja nie etwas passiert sei.

Diese mir nachgesagte Narrenfreiheit – so weit sie nicht den Kopf kosten konnte – meinte ich zu nutzen und weiß doch im Nachhinein, dass ich so vieles widerspruchslos habe mit mir und anderen machen lassen. Ich hatte nur den Vorteil, manchen Zwängen nicht zu unterliegen als parteiloser, freischaffender Kabarett- und Kindertheaterautor (↑Kabarett). Diese dämlichen und frustrierenden Partei- oder Gewerkschaftsversammlungen musste ich nicht über mich ergehen lassen. Ich habe oft widersprochen.

Aber ich war wie die meisten nicht im ↑Widerstand. Auch die wenigsten von denen, die das jetzt von sich behaupten, waren es wirklich. Wir waren und sind ein Volk von Mitläufern. Das ist allerdings etwas, was man auch von anderen Völkern sagen kann.

Dass andere nicht besser sind, ist keine Entschuldigung, ich weiß. Aber in einer ↑Demokratie mitzulaufen, ist nicht mutiger, als in der Diktatur keinen Widerstand geleistet zu haben. Dass ich jetzt, wie die übergroße Mehrheit der Deutschen in Ost und West, schon wieder mitlaufe, kann ich nicht leugnen. Dabei kann ich mir – wieder wie früher – mehr Widerspruch leisten als jeder abhängig Beschäftigte. Zu DDR-Zeiten hielt ich diesen Widerspruch zeitweise für Widerstand. In der Diktatur kann man sich noch solche Illusionen machen. In der Freiheit ist so etwas nur noch lächerlich. Damals hieß eine Losung im Osten: »Unser Weg ist richtig!« Und keiner durfte das öffentlich in Frage stellen. In der Bundesrepublik ahnen wir inzwischen immerhin, dass unser Weg heute auch nicht richtig ist. Das können wir so laut sagen, wie wir wollen. Aber wir gehen ihn weiter, den falschen Weg. Der ganze Unterschied besteht darin, dass wir es diesmal sogar absolut freiwillig tun.

Mode

Mode war ein westliches Fremdwort im Sozialismus

Westliche »Mode-Erscheinungen« waren offiziell lange Zeit verpönt. Egal, ob es sich dabei um Musik-, Haar- oder Kleidermoden handelte, die aus dem Westen zu uns eingeschleppt wurden. Zu dem Bild, das sich die Partei von der werktätigen Frau gemacht hatte, passten kein Minirock und keine Hotpans. Ihr Ehrenkleid war der blaue Arbeitsanzug, und für den Rest des Tages sollte die zeitlos praktische Freizeitkleidung vom »VEB Fortschritt« genügen. So hieß das größte Textilkombinat der DDR. Leider scherte sich diese werktätige Frau immer weniger um das Bild, das die Partei von ihr entworfen hatte und griff zur Selbsthilfe.

Da es im staatlichen Handel wenig wirklich Modisches zu kaufen gab, ließ sie sich Schnittmuster aus westlichen Mode- und Frauen-Zeitschriften schicken und schneiderte selbst, was die ostdeutsche Textilindustrie nicht herstellte. Mit viel Fantasie und handwerklichem Geschick wurde nach Feierabend genäht, gebatikt, gefärbt und gestrickt, was die Westfrau fertig im Laden zu kaufen bekam. Zu wahrer Meisterschaft brachten es die DDR-Frauen in der Verarbeitung von einfachen Baumwollwindeln. Daraus nähten sie luftige Sommerkleider, Blusen und Röcke in allen Farben. So kam es, dass in dieser kinderfreundlichen Republik auch solche Windeln schließlich zur Mangelware (↑Beziehungen) wurden.

Es gab in der DDR nicht nur ein Modeinstitut, das durchaus auf der Höhe der Zeit war, doch was nutzte das, wenn keiner die entworfenen Modelle produzierte? Es gab auch eine wunderbare Modezeitschrift »Sybille«, in der jeder auf wunderschönen Fotos eine ebenso schöne Mode betrachten konnte, die es nirgends zu kaufen gab. Die Textilkombinate hatten staatliche Pläne zu erfüllen, die auf modische Extrawünsche keine Rücksicht nehmen konnten. Die Zahl der produzierten Kleidungsstücke war entscheidend für die Planerfüllung. Tonnenideologie nannte man das, kritisierte es Jahrzehnte lang und stellte immer wieder die gleichen Pläne auf.

Ein Problem, das die Männer betraf, war die Hosenproduktion beim »VEB Fortschritt«. Bis zum Schluss schien in der DDR kein Textilbetrieb in der Lage zu sein, passende Hosen herzustellen. Sie sahen immer so aus, wie sie heutzutage bevorzugt von jungen Leuten getragen werden. Manchmal frage ich mich schon, ob unsere Textilindustrie ihrer Zeit vielleicht einfach zu weit voraus war mit der Produktion dieser ewig hängenden Hosenböden.

Nationalstolz

DDR-Bürger waren natürlich stolz auf ihre Nation

Die Neigung, stolz zu sein auf etwas, wofür man nichts kann, ist nicht nur unter Deutschen verbreitet. Nach dem, was der Nationalsozialismus in der Welt angerichtet hatte, war in beiden Teilen Deutschlands zunächst jede Art von Nationalismus verpönt. Worauf sollte ein Deutscher nach dem Zweiten Weltkrieg noch stolz sein? Da aber Scham allein ein Volk auf Dauer nicht zusammenhält, suchte man auf beiden Seiten nach einem neuen, erträglichen Selbstverständnis. Das fand man schließlich in der stolzen Erkenntnis, nach dem schrecklichen Irrweg des Nationalsozialismus endlich auf die richtige Seite gefunden zu haben. Für die einen lag diese richtige Seite beim großen Brudervolk im Osten, für die anderen beim mächtigen Atlantischen Verbündeten. So wurden schließlich beide deutsche Staaten zu Musterschülern ihrer jeweiligen Siegermacht.

So schnell wie Adenauer seine westdeutschen Mitbürger zu lupenreinen Demokraten reifen ließ, so schnell machte Ulbricht die Ostdeutschen zu geborenen Sozialisten. Das Tempo war auf beiden Seiten beeindruckend. Der Unterschied allerdings war, dass sich im Westen die Demokraten auch sofort für solche hielten, egal, was sie bis eben noch geglaubt hatten, während man sich im Osten nur sehr widerwillig die rote Jacke anzog. Stolze Bundesbürger gab es Dank des Wirtschaftswunders bald sehr viele, ohne dass sie das Wort Nationalstolz in den Mund genommen hätten. Wozu auch? Sie hatten das bessere Geld, die besseren Autos, die größere Reise- und Meinungsfreiheit. Da half es uns im Osten wenig, diesem Westen um eine ganze Gesellschaftsepoche voraus zu sein, wie uns unsere Partei- und Staatsführung so anhaltend wie vergeblich einzureden versuchte. Die stolzen DDR-Bürger blieben bis zum Schluss eine wenig stolze Minderheit. Das Wort Nationalismus blieb auf beiden Seiten verpönt. Die Gebildeten unter den stolzen Westdeutschen gaben sich den unverfänglichen Namen Verfassungspatrioten. Das Wort »national« blieb negativ besetzt. In der DDR dagegen konnte es verbal gar nicht national genug zugehen. Bereits 1949 wurde die Nationale Front als Dachverband für alle Parteien und Massenorganisationen der DDR gegründet. Die DDR-Armee nannte sich Nationale Volksarmee, es gab die Nationalen Mahn- und Gedenkstätten, den Nationalen Verteidigungsrat der DDR, den Nationalen Rat der DDR zur Pflege und Verbreitung des deutschen Kulturerbes, eine National-Demokratische Partei mit einer National-Zeitung als Zentralorgan, das Nationale Aufbauwerk und den Nationalpreis.

Schon während des Zweiten Weltkrieges hatten deutsche Kommunisten in der Sowjetunion das Nationalkomitee »Freies Deutschland« gegründet, um Soldaten und Offiziere der Wehrmacht zur späteren Mitarbeit am Neuaufbau des befreiten Deutschlands zu gewinnen. Bei allem propagierten Internationalismus berief man sich immer wieder auf nationale Traditionen, die es zu pflegen galt. Das alles verhalf uns DDR-Bürgern aber nicht zu dem selbstverständlichen Stolz, mit dem sich die Westdeutschen als Allein-Deutsche verstanden und ganz selbstverständlich Deutschland sagten, wenn sie die Bundesrepublik meinten und den einst Bonner Alleinvertretungsanspruch noch in der Berliner Republik im Wesentlichen beibehielten.

↑Honecker nannte uns gern das Staatsvolk der DDR. Den Staat, den wir einst bevölkerten, gibt es nicht mehr. Und das ist auch gut so, wie ein Berliner Bürgermeister in ganz anderem Zusammenhang sagte. In jener Nacht nach der ersten freien Wahl, im März 1990, erklärte ein stolzer Oberst der Luftstreitkräfte der Nationalen Volksarmee der DDR in einem Fernsehinterview: »Ich fliege unter jeder Regierung gegen jedes Ziel.« Nein, es gibt wirklich wenig Grund, auf etwas stolz zu sein, wofür man nichts kann.

Nivea, Salamander, Trumpf

Das sind alles Waren aus dem Westen

Das glaubten wir nur, so lange das Wort Gestattungsproduktion bei uns nicht bekannt war. In meinem DDR-Lexikon jedenfalls kommt es nicht vor. Auch in Meyers großem Taschenlexikon gibt es das Wort nicht. Es muss wohl mit der DDR untergegangen sein. Und wir haben ja zuerst auch nur gerüchteweise davon gehört. Jedenfalls gab es in den achtziger Jahren in unseren Delikat- und Exquisit-Geschäften plötzlich viele »echte« Westwaren für unser unechtes ↑Ostgeld. ↑Westzigaretten gab es schon lange. Aber Salamander-Schuhe, Triumph-Büstenhalter und Autoradios von Blaupunkt? Wo kamen die plötzlich her? Dann sprach sich langsam herum, was es damit auf sich hatte. Selbst im offiziellen Sprachgebrauch tauchte jetzt das Wort Gestattungsproduktion auf.

Unsere Salamander-Schuhe – hörten wir – wurden in Weißenfels und Meißen produziert. Das machte uns sofort misstrauisch. War das wirklich echtes Salamander-Schuhwerk? Und Nivea – war das nicht vielleicht nur Ost-Florena in West-Verpackung? Woher hatten unsere Betriebe plötzlich das Know-how, so etwas herzustellen?

Ganz hat sich das Misstrauen nie gelegt. Westwaren aus ostdeutscher Produktion, das konnte doch nur zweite Wahl sein. (Siehe auch ↑Schlager-Süßtafel, Kaffee-Mix) Denn sonst – davon waren wir überzeugt – wären sie sofort in den Export gegangen. Wenn unsere Betriebe genauso gute Qualität liefern konnten wie die im Westen, warum lieferten sie dann so viel minderwertiges Zeug für den normalen Inlandsbedarf? Ein bisschen blieb die ganze

Gestattungsproduktion im Halbdunkel zwischen Gerücht und Halbwissen. Dass unsere Staatsführung die DDR auf diesem Umweg zum Billiglohnland machte, wunderte uns weniger. Schließlich hat sie ja nicht nur Pflastersteine an den Westen verkauft, es ging das Gerücht, dass sie auch Bauarbeiter – die in der DDR dringend gebraucht wurden – zeitweilig nach Westberlin vermietete.

Trotz allem Misstrauen, die Westwaren aus der Ostproduktion wurden gekauft. Denn alles, was es da an Triumph-Miederwaren made in GDR gab, war tausendmal besser als das, was sonst aus unseren Textilkombinaten für uns auf den Ladentisch kam. Und das Kakaopulver von Trumpf schmeckte viel mehr nach Kakao als das, was man vorher bei uns als Kakao verkauft hatte. Dem Geschmack der Bärenmarke merkte man auch nicht an, dass sie nur aus dem Milchkombinat Schwerin kam, also nicht von jenen glücklichen Kühen stammte, die wir aus dem Fernsehen kannten. Auch die westdeutschen Endverbraucher schienen keinen Unterschied zwischen Ost- und West-Salamander-Schuhen bemerkt zu haben. Insgesamt sollen es ungefähr hundertzwanzig Westartikel gewesen sein, die bis zum Ende der DDR im Osten hergestellt und zum Teil dort verkauft wurden.

Dass sich die ganze Gestattungsproduktion für die Westkonzerne lohnte, liegt auf der Hand. So billige Arbeitskräfte und dabei so kurze Transportwege – das musste ein gutes Geschäft sein. Ob es den Untergang der DDR ein wenig aufgehalten oder sogar beschleunigt hat, wage ich nicht zu beurteilen. Heute jedenfalls sind selbst in Ostdeutschland die niedrigeren Löhne noch zu hoch für die cleveren westeuropäischen Konzernbosse. Die Gestattungsproduktion hat jetzt im Zuge der Globalisierung ganz andere Ausmaße angenommen. Sie muss sich nun bei sehr weiten Transportwegen noch bezahlt machen. Würde die Firma Nokia sonst den Rumänen gestatten, ihre Handys zu bauen?

Notgemeinschaft

DDR-Bürger hielten aus purer Not stets zusammen

Das würde ja erstmal voraussetzen, dass wir vierzig Jahre Not gelitten hätten. In der Nachkriegszeit gab es diese Not im Westen wie im Osten. Im Osten hat sie länger angehalten, weil unser mächtiger Verbündeter selbst nichts zu essen hatte, als im Westen schon die ersten Care-Pakete aus den USA ankamen. Während die Amerikaner Aufbauhilfe leisteten im zerstörten Westdeutschland, demontierten die Russen im Osten noch die wenigen erhalten gebliebenen Industrieanlagen und Maschinen. Aber spätestens seit Ende der fünfziger Jahre konnte man auch in Ostdeutschland nicht mehr von materieller Not sprechen. Wir waren nur weniger reich als die Westdeutschen.

Unser Wirtschaftswunder – und gemessen an den Voraussetzungen, war es wirklich eines – fiel zwar bescheidener aus als in der Bundesrepublik, aber verglichen mit unseren östlichen Nachbarn, ging es uns doch ziemlich gut. Allerdings verglichen wir uns nur ungern mit den ärmeren Ostblockstaaten. Wir guckten lieber neidisch zum reicheren ↑Klassenfeind und hielten dabei gern das Werbefernsehen für westliche Lebenswirklichkeit. Dass es den siegreichen Russen bald viel schlechter ging als uns Kriegsverlierern, nahmen wir mit Erstaunen, aber ohne großes Mitleid zur Kenntnis. Die Russen kannten eben keinen deutschen Fleiß, und was polnische Wirtschaft bedeutete, das wussten doch schon unsere Eltern und Großeltern.

Wir litten längst keine Not mehr. Was uns fehlte, war der westliche Luxus, den wir auch beim arbeitslosen Bundesbürger vermuteten. Große soziale Unterschiede, wie sie im Westen selbstverständlich waren, gab es bei uns nicht. So wie es keine großen Reichtümer zu erwerben gab, gab es keine Angst vor sozialem Abstieg. Die Mängel, die es in der Versorgung immer wieder gab, hatten wir gemeinsam zu tragen und – das Wichtigste – auf dem Arbeitsmarkt waren wir keine Konkurrenten. Das allerdings empfanden wir nicht als Vorteil, sondern als schlichte Selbstverständlichkeit.

Was uns verband, war die allgemeine Unzufriedenheit mit einem System der Gleichmacherei, in dem es sich der Einzelne allerdings auch ganz bequem machen konnte. Das gemeinsame Meckern über uns alle betreffende Missstände, über den allgemeinen Schlendrian verband uns mehr, als dass es uns trennte. Die Überzeugung, dass an allem, was nicht klappte, das System, also »die da oben« schuld wären, ließ uns zusammen halten – leben und leben lassen, helfen und helfen lassen. Man wusste ja, dass man den Nachbarn, dem man heute beim Renovieren half, auch mal brauchen würde.

Wer heute die fehlende Wärme im zwischenmenschlichen Umgang beklagt, hat allerdings vergessen, wie viel Unfreundlichkeit es auch in der DDR gab, wie viel schlechte Laune da im Alltag geherrscht hat. Natürlich ist die allgemein übliche Freundlichkeit in Handel und Gastronomie nicht unbedingt von Herzen kommend, sondern meist der Geschäftskasse geschuldet. So viele schöne Tage, wie man sie von morgens bis abends gewünscht bekommt, braucht man wahrlich nicht. Und das ewig gleiche Lächeln der Dienstleistenden, verbunden mit der stereotypen Frage »Was kann ich für Sie tun?«, kann einem auch auf die Nerven gehen. Schließlich weiß man doch, dass dahinter meist ein genau rechnender Arbeitgeber steht, der seine Angestellten ganz unfreundlich vor die Tür setzt, wenn der Umsatz sinkt, weil nicht genug gelächelt wird in seinem Laden.

Selbst wenn ich mir den harschen Umgangston der DDR-Dienstleister beileibe nicht zurückwünsche, ein bisschen von dem Selbstbewusstsein der DDR-Werktätigen wünschte ich den Arbeitnehmern von heute schon. Effektivität kann nicht der höchste Wert einer Gesellschaft sein, auch wenn die DDR unter anderem an einem Mangel an Effektivität untergegangen ist. Was die Atmosphäre in der DDR im Arbeitsalltag entspannter gemacht hat, war die Abwesenheit von existenzieller Konkurrenz. Soziale Sicherheit ist ein nicht geringerer Wert als persönliche Freiheit, zumal die mehr und mehr zu einer Frage des Geldbeutels wird. Dem, der genug Geld hat, mag der ganze Kapitalismus als reine ↑Demokratie erscheinen. Für den ohne Geld aber ist die ganze Demokratie hinter dem Kapitalismus kaum noch zu erkennen. Eine Notgemeinschaft erwächst daraus allerdings auch nicht.

NSW → Reisekader

Oktoberklub

Der Oktoberklub war die junge Singegarde des Politbüros

Sie haben im Laufe ihres Abstiegs in den parteinahen Ruhm auch für das Politbüro gesungen. Aber angefangen haben sie als fröhliche Schüler und Mitsänger des kanadischen Folksängers Perry Friedman. Er brachte seine Hootenanny genannte Musik in die DDR – Folk- und Protestsongs aus aller Welt, die zum Mitsingen einluden. 1966 gründete er mit einer Schar junger Leute im Berliner Klub »International« den »Hootenanny-Klub«. Diese Art des gemeinsamen Singens und Musizierens wurde schnell populär, und sie klang auch optimistisch genug, um das Interesse der ↑FDJ-Funktionäre zu finden, die so oft und vergeblich versucht hatten, die Jugend für etwas zu begeistern, das auch »politisch vertretbar« erschien.

Dazu musste natürlich erstmal der anglo-amerikanische Name des Klubs ersetzt werden. Den Anlass dazu fand man im Jahr 1967 – zum fünfzigsten Jahrestag der Oktoberrevolution. Dass auch die DDR an einem Oktobertag gegründet worden war, traf sich gut. Fortan hieß die Singegruppe »Oktoberklub« und löste mit ihren – nun von der FDJ organisierten – Auftritten eine republikweite Singebewegung aus. Schallplatten erschienen, Fernsehauftritte folgten. Außer Wolf Biermann hatten wohl alle späteren Liedermacher der DDR irgendeine Berührung mit diesem Klub. Zu seinem Repertoire gehörten, neben internationaler Folklore, Kampf-, Protest- und Scherzliedern aus aller Welt bald auch viele selbst geschriebene Lieder.

Das berühmteste »Sag mir, wo du stehst« stammte aus der Feder eines aufmüpfigen und schlanken jungen Mannes, der später hoher FDJ-Funktionär, dick und schließlich stellvertretender Kulturminister der DDR wurde. Also den Marsch durch die Institutionen gab es auch im Osten, und er endete nicht unbedingt anders als im Westen. Ein anderes Lied – »Wir sind überall, überall auf der Erde« – nannten wir damals die »Stasihymne«. Jeder kannte diese Lieder – sie wurden über Rundfunk, Fernsehen und in allen Sälen, selbst im großen Saal des Palastes der Republik, gesungen. Die Partei- und Staatsführung schunkelte dazu, klatschte im Takt und sang zuweilen auch mit.

Seit 1970 fand jedes Jahr ein »Festival des politischen Liedes« mit Gästen aus aller fortschrittlichen Welt statt. Der Oktoberklub wirkte hier federführend mit. Nicht alles, was der Klub im Laufe seiner langen Geschichte sang, fand den ungeteilten Beifall der Funktionäre. Und nicht alles, was gesungen wurde, sang man, wenn die Funktionäre zuhörten. Auch satirische Töne wurden hier und da angestimmt. Aber die FDJ sorgte dafür, dass nichts aus dem Ruder geriet. Allerdings wurde aus manchem, mehr oder weniger braven, Klubmitglied später ein aufmüpfiger Dissident. Schlager- oder Rocksänger und Sängerinnen, Liedermacher, Komponisten und Textdichter gingen aus dem Klub hervor. Ja, man kann sogar vom Oktoberklub sagen: Es war nicht alles schlecht.

Orden und Auszeichnungen

Ehrungen haben die Werktätigen zu höheren Leistungen beflügelt

Sie sollten uns jedenfalls beflügeln. In der Praxis haben viele solcher Auszeichnungen aber eher für böses Blut im Arbeitskollektiv gesorgt. Immer wieder fragte man sich, wieso gerade der oder die Aktivist wurde und nicht ich? Die einfachste Antwort lautete: Der oder die ist dran. Aktivist wurde fast jeder mindestens einmal in der DDR. Wichtig war nicht der Titel oder die Aktivistennadel, es ging um die dreihundert Mark, die damit verbunden waren.

Die Zahl der möglichen Auszeichnungen der Werktätigen stand in diametralem Gegensatz zur Höhe der Arbeitsproduktivität in der DDR. Irgendeine Auszeichnung konnte einfach jeden mal ereilen. Den einen, der gut arbeitete, als Anerkennung für seine Arbeit und den anderen, der nicht so gut arbeitete, als Ansporn, künftig besser zu arbeiten. Manche Auszeichnung aber wurde nur verliehen, weil der 1. Mai oder der 7. Oktober bevorstand. Jeder Betrieb, jede Verwaltung hatte zu bestimmten Anlässen, ein bestimmtes Kontingent an Abzeichen und Ehrenzeichen an die Frau oder den Mann zu bringen. Da man die materiellen Bedürfnisse immer weniger befriedigen konnte, erfand man immer mehr immaterielle Ehrungen und Auszeichnungen. Das fing in der Vorschule an mit dem »Bienchen« für fleißiges Zähneputzen oder Händewaschen. Dann gab es das »Abzeichen für gutes Lernen« in der Schule. Für FDJler (↑FDJ) gab es das »Abzeichen für gutes Wissen« in Bronze, Silber und Gold, die »Arthur-Becker-Medaille« und viele andere Ehrennadeln, Wanderfahnen und Urkunden. Neben den unzähligen Aktivisten in Produktion und Verwaltung gab es auch noch die nicht ganz so zahlreichen »Verdienten Aktivisten« und die »Helden der Arbeit«. Es gab das »Banner der Arbeit«, den »Vaterländischen Verdienstorden«, den »Karl-Marx-Oden«, den »Großen Stern der Völkerfreundschaft«, den »Nationalpreis« und schließlich den Titel »Held der DDR«. Dieser hohe

Titel wurde erst 1975 von ↑Honecker geschaffen. Einer der ersten »Helden der DDR« war Erich ↑Mielke.

Fast jede Berufsgruppe hatte ihre spezielle Auszeichnung. Als Lehrer konnte man »Verdienter Lehrer des Volkes« werden, als Lokomotivführer oder Zugschaffner »Verdienter Eisenbahner des Volkes«. An Stelle »des Volkes« trat später die Bezeichnung »der DDR«. Man konnte »Meister« und »Verdienter Meister des Sports« werden oder »Verdienter Mitarbeiter der Staatssicherheit«. Es gab den Titel »Verdienter Volkskontrolleur der DDR« und »Verdienter Werktätiger des Bereiches der haus- und kommunalwirtschaftlichen Dienstleistungen der DDR«. Achtunddreißig solcher Verdienstmedaillen sind in meinem DDR-Universallexikon des VEB Bibliographischen Instituts Leipzig aufgezählt. Hinzu kamen die ungezählten Medaillen und Urkunden der so genannten Massenorganisationen, Blockparteien und Kleingarten-Vereine.

Manche Auszeichnungen, sagten wir früher, würden gleich straßenweise verliehen. Für Arbeitskollektive gab es das »Kollektiv der sozialistischen Arbeit«, für Hausgemeinschaften die »Goldene Hausnummer«. Es gab die »Medaille für Ausgezeichnete Leistungen«, die »DDR-Verdienstmedaille«. Auch für Künstler gab es Preise und Auszeichnungen. Die wurden in den letzten DDR-Jahren bevorzugt den Aufmüpfigen unter ihnen verliehen, um sie ruhig zu stellen oder zum Beweis, wie tolerant und weltoffen man geworden war. Man konnte »Verdienter Volkskünstler« werden oder »Kunstpreisträger des FDGB«. Das wurde ich selbst einmal. Außerdem erhielt ich den »Lessingpreis« und den »Nationalpreis«. Aber auch das hatte nicht viel zu sagen. Der Sänger und Schauspieler Ernst Busch – oder war es Bertolt Brecht? – soll in einen Fragebogen, in dem nach der Mitgliedschaft in Massenorganisationen gefragt wurde, »Nationalpreisträger« geschrieben haben. Und eine Massenorganisation wurden wir wirklich, wir Nationalpreisträger.

Ostgeld

Ostgeld war nichts wert

Dass die Ostmark nichts wert war, erfuhr der DDR-Bürger spätestens, wenn er über die Grenze kam. Nicht mal im Osten, also in Polen, Ungarn, Bulgarien oder in der Tschechoslowakei konnte man mit ihr etwas anfangen. Bis zum Mauerbau konnte man sie wenigstens in den Westberliner Wechselstuben noch gegen die harte Westmark tauschen. Die war – im Gegensatz zur Ostmark – überall auf der Welt begehrt, deshalb musste man sie auch so teuer bezahlen. Der Wechselkurs schwankte in den insgesamt mehr als vierzig Jahren zwischen eins zu drei und – in den ersten Wochen nach dem Mauerfall – eins zu zehn.

Die Währungsunion bescherte uns dann zu unserer freudigen Überraschung einen Kurs von eins zu zwei. Bestimmte Beträge auf unseren Sparkonten wurden sogar eins zu eins umgerechnet. Wir hielten das zuerst für großzügig, bis uns – viel zu spät – klar wurde, dass dieses Wahlgeschenk von Bundeskanzler Helmut Kohl die auf dem Weltmarkt nicht konkurrenzfähige DDR-Wirtschaft gänzlich in den Ruin trieb. Nun hatten wir alle die harte Währung, aber viele hatten dafür wenig später keinen Arbeitsplatz mehr.

Eingeführt worden war die Ostmark im Juli 1948, nachdem im Westen die D-Mark ihren Siegeszug angetreten hatte. Ohne dadurch an Wert oder Ansehen zu gewinnen, wurde die DDR-Mark immer mal umbenannt. Aus der einfachen, bis dahin auch im Osten noch deutsch genannten, Mark wurde 1964 im Zuge eines Geldumtausches die »Mark der deutschen Notenbank« (MDN). Da das Wort deutsch den Genossen im Laufe der Jahre zu gesamtdeutsch klang, ersetzten sie es, wo irgend möglich, durch das Kürzel DDR. So wurde 1967 aus der Deutschen Notenbank die Staatsbank der DDR und aus der Mark der deutschen Notenbank die Mark der DDR. Für uns blieb sie aber bis zum bitteren Ende nur die Ostmark, im Volksmund auch »Spielgeld« genannt. Unser so genanntes Hartgeld nannten wir Alu-Chips. Schon daran kann man erkennen, wie wir unser eigenes Geld verachteten.

Zu Unrecht verachteten! Das allerdings merkten wir wie gesagt erst, als es diese verspottete »Mark der DDR« nicht mehr gab. Wer hatte denn damit gerechnet, dass er so vieles, was er in der DDR billig und mit Ostgeld bezahlen konnte, nun viel teurer und mit Westgeld bezahlen musste? Von der Konsumschrippe bis zur Straßenbahnfahrt, von der Miete bis zur Theaterkarte. (Siehe auch ↑Stabile Preise) Nein, seit es die Ostmark nicht mehr gibt, ist die Westmark auch nichts Besonderes mehr. Das ist wie mit den Westverwandten, seit sie uns diese Westmark nicht mehr voraushaben, sind sie – auch wenn sie das noch nicht alle gemerkt haben sollten – nichts Besonderes mehr. Bei ebay sehen wir nun, was die Ostmark wert ist.

Die Westmark hat man uns geschenkt, aber die Ostmark hat man uns dafür genommen. Wir hätten sie gern als Zweitwährung für das behalten, was im Osten einst so billig war. Aber die D-Mark blieb eben hart und duldete, bis dann der Euro kam, kein zweites Zahlungsmittel neben sich.

Um unser »Spielgeld« auf Nimmerwiedersehen verschwinden zu lassen, waren logistische Meisterleistungen erforderlich. Wir hatten zwar immer geahnt, dass es bei uns mehr Geld als Waren gab. Aber so viel über Nacht wertlos gewordenes Papier hatten wir in unserer Staatsbank doch nicht vermutet.

Ganze dreihundert Güterwaggons waren nötig, um allein das Papiergeld, also die sechshundertzwanzig Millionen Geldscheine zu transportieren. Welch ein plötzlich entwerteter Reichtum wurde da in jenem Sandsteinstollen bei Halberstadt begraben! Hinter zwei Meter dicken Betonmauern und schweren Stahltüren sollte das angeblich so wertlose Ostgeld, vor Diebstahl gesichert, in der Feuchtigkeit verrotten. Aber immer wieder gab es Menschen, die sich nach dem Ende der DDR mit dem Ende der Mark der DDR nicht abfinden wollten. Mehrfach drangen solche kriminellen Nostalgiker in den Stollen ein und entwendeten beträchtliche Summen. Denn das sozialistische Papiergeld widerstand dem kapitalistischen Zersetzungsversuch im Halberstädter Sandstollen.

So musste man es schließlich wieder aus der Erde holen, in das westlich gelegene Schöningen bei Helmstedt transportieren und dort in der »Thermischen Restabfall-Vorbehandlungsanlage« am Braunkohlekraftwerk Buschhaus verbrennen. Am 25. Juni 2002, also fünf Tage vor dem zwölften Jahrestag der Währungsunion, wurde das letzte Ostgeld verbrannt. Friede seiner Asche. Wir werden es nicht so schnell vergessen!

Parteilehrjahr

Im Parteilehrjahr war alles gelogen

Zu den Nachteilen, die man als Genosse im Alltag hatte, gehörte – ganz abgesehen vom Parteibeitrag – neben den unzähligen Sitzungen und Versammlungen, an denen man teilnehmen musste, auch das monatliche Parteilehrjahr. Eingeführt hatte man es schon 1950. Seitdem mussten sich alle Genossen in Zirkeln, Seminaren und Vortragszyklen einer regelmäßigen »Rotlichtbestrahlung« unterziehen.

Da lernten sie, wie schön und gesetzmäßig der Fortschritt im Sozialismus voranschreite und wie grausam es in der Ausbeutergesellschaft des Monopolkapitals zugehe. Dieser ganze brutale Kapitalismus war, daran ließ das Parteilehrjahr keinen Zweifel, zum Untergang verurteilt.

Wir Nichtgenossen waren fein raus und konnten uns, während die zum Schluss zwei Komma drei Millionen ↑SED-Genossen solchen Unsinn lernten, im bunten Werbefernsehen des Westens darüber informieren, was es in dieser untergehenden Gesellschaftsordnung alles zu kaufen gab. Wir sagten uns: »So schön wie die da drüben möchten wir auch mal untergehen.« Unter Genossen wurde das, was man im Parteilehrjahr lehrte, nicht vorbehaltlos geglaubt. Da selbst die Hartgläubigsten unter ihnen auf Dauer nicht an den alltäglichen Schwierigkeiten im realsozialistischen Wirtschaftswunderland vorbei leben konnten, mussten sie irgendwann an der Wahrheit der reinen Parteilehre zu zweifeln beginnen. Genossen waren ja in der Regel nicht dümmer als Nichtgenossen. So wuchs langsam, aber sicher bei fast allen DDR-Bürgern die Erkenntnis, dass alles, was im Parteilehrjahr gelehrt wurde, erlogen und erstunken sei. Und das war ein folgenschwerer Irrtum. Nur weil wir aus täglicher Erfahrung wussten, dass nichts stimmte von dem, was da über den blühenden Sozialismus im Osten gesagt wurde, schlossen wir, dass das, was von den unerbittlichen Gesetzen der kapitalistischen Marktwirtschaft gelehrt wurde, falsch sei. Wie erstaunt waren wir, nach einem kurzen Rausch im Konsumparadies, auf einem Arbeitsmarkt zu erwachen, der so viele von uns gar nicht mehr brauchte.

Dass der Kapitalismus im Gegensatz zum erlebten Sozialismus wirklich einer war, verblüffte Genossen wie Nichtgenossen gleichermaßen. Jetzt stellte sich heraus – wer im Parteilehrjahr nicht geschlafen hatte, war klar im Vorteil. Denn er hatte ja gelernt, welche Gesetze in dieser gar nicht so sozialen Marktwirtschaft herrschen. Mit diesem Wissen wurde so mancher gute Parteigenosse zum knallharten Unternehmer, während wir ungläubigen Nichtgenossen uns noch die Augen rieben und nicht glauben wollten, dass die Partei auch mal Recht gehabt hatte.

Parteitage der SED

Solche Parteitage waren große gesellschaftliche Ereignisse

Zum Peinlichsten, was es in der DDR neben den Aufmärschen zum 1. Mai oder 7. Oktober gab, gehörten die Parteitage der ↑SED. Schon Monate vorher begann der Rummel in allen Medien. Was immer jetzt geschah – es geschah in Vorbereitung auf den Parteitag beziehungsweise zu Ehren dieses Parteitages. Überall wurden Selbstverpflichtungen abgegeben. Man versprach, besser zu arbeiten, besser zu lernen, alle möglichen Pläne überzuerfüllen, höhere Wachsamkeit zu üben, mehr Kartoffeln zu ernten oder Konsumgüter herzustellen. Überall hingen Transparente mit solchen Verpflichtungen. Die Hauptstadt – die SED-Parteitage fanden im Gegensatz zu denen der Blockparteien alle in Berlin statt – ertrank in einem Fahnenmeer. Mit jedem Parteitag schien eine neue Epoche anzubrechen, obwohl danach meist alles beim Alten blieb.

Begonnen hatte der ganze Zauber im April 1946 mit dem so genannten Vereinigungsparteitag. Da reichten sich der Kommunist Wilhelm Pieck und der Sozialdemokrat Otto Grotewohl auf der Bühne des Admiralspalastes in Berlin die Hand. Dieser Handschlag wurde zum Symbol der Sozialistischen Einheitspartei Deutschlands. Die nächsten Parteitage fanden in ziemlich rascher Reihenfolge, zunächst in der Staatsoper Unter den Linden, dann in der Werner-Seelenbinder-Halle und später in immer größeren Abständen im neu erbauten Palast der Republik statt. Alle Zeitungen berichteten in großer Aufmachung über die wegweisenden Referate der Parteiführung mit genauen Angaben über die begeisterten Reaktionen der Delegierten, die von starkem über stürmischen Applaus und Hochrufen auf die Parteiführung bis zu nicht enden wollenden Ovationen reichten.

Die ebenfalls begeistert aufgenommenen Grußadressen der angereisten ausländischen Partei- und Staatsführer wurden genau protokolliert. Der Einmarsch der bewaffneten Organe, die Grüße der befreundeten Parteien und Massenorganisationen – alles wurde begleitet vom Jubel der Delegierten. Den Thälmann-Pionieren fiel die besondere Aufgabe zu, mit Kindermund für ein wenig Heiterkeit zu sorgen und auch der eine oder andere Spitzensportler oder populäre Unterhaltungskünstler lockerte das strenge Protokoll ein wenig auf. Das ↑Fernsehen der DDR übertrug das alles und die Kamera schwenkte immer wieder in den Saal, wo die Delegierten, wenn sie sich nicht gerade zu stürmischem Beifall erhoben hatten, alles das, was am nächsten Tag im »Neuen Deutschland« stand, mitzuschreiben schienen.

Bei den normalen DDR-Bürgern lösten diese Jubelveranstaltungen eher Unwillen als Begeisterung aus. Nur eines wurde aufmerksam wahrgenommen: die jeweils fällige soziale Wohltat, mit der sich die Parteiführung das Wohlwollen des Volkes immer neu zu erkaufen versuchte. Dabei konnte es sich um eine Rentenerhöhung, höhere Ehekredite oder mehr Kindergeld handeln, um eine Verkürzung der Wochenarbeitszeit oder um vagere Versprechungen, zum Beispiel die Lösung des Wohnungsproblems. Was immer beschlossen wurde, es geschah ausschließlich »zum Wohle des Volkes«.

Der XI. Parteitag war der letzte dieser Art. Er fand 1986 statt, zu einer Zeit, als die wirtschaftlichen Schwierigkeiten und der ideologische Stillstand das ganze Land endgültig lähmten. Die Jubelmaschine aber lief unverändert weiter. Zufällig traf ich damals bei Freunden einen bekannten Schriftsteller, der zu den Delegierten dieses Parteitages gehört hatte. Ich fragte ihn etwas ratlos, wie man als denkender, erwachsener Mensch so eine Veranstaltung über sich ergehen lassen könne. Er lächelte etwas ratlos und sagte dann: »Wenn man dabei ist, ist das was ganz anderes.«

Pioniere → Gebote der sozialistischen Moral → Parteitage der SED → SERO → Sozialistische Erziehung

Planwirtschaft → Eigentum → Wetterbericht

Plattenbau

Die Wohnplatte ist eine typische DDR-Erfindung

Wie staunte der DDR-Normalbürger aus Berlin-Marzahn, Leipzig-Grünau oder Dresden-Gorbitz, als er in die weite Welt hinauskam und nun »seine Platte« in den Weichbildern fast aller europäischen Großstädte wieder sah. Hatte nicht alle Welt über diese heimischen Betonschließfächer gespottet? In Berlin konnte man das im Westen gelegene Märkische Viertel zwar von Weitem sehen, aber da sagte man sich doch, die Häuser dort sehen nur von Weitem so ähnlich aus wie unsere Plattenburgen hier im Osten. Doch nun sahen sie zu unserer Überraschung aus der Nähe nicht anders aus. Das wunderbar romantische Paris, nach dem wir uns vor Sehnsucht verzehrt hatten, ist umzingelt von einem Betongürtel, der Marzahn und Hellersdorf an Hässlichkeit weit in den Schatten stellt, von der Verwahrlosung dort gar nicht zu reden.

Verwahrlost waren die ostdeutschen Plattensiedlungen, so lange hier DDR war, ganz und gar nicht. Gut, als man da einzog, musste man noch Gummistiefel tragen, weil die Wege nicht fertig waren und überall noch Bauschutt im Schlamm herumlag. Es konnte manchmal Jahre dauern, bis Straßen und Grünflächen angelegt waren. Auf manche »Nachfolgeeinrichtung« wie Kaufhalle oder Wohngebietsgaststätte musste man oft noch länger warten. Aber verwahrlost sind einige der ostdeutschen Plattenbausiedlungen erst nach der Wende.

Vorher hat man da sogar ganz gern gewohnt und war froh, aus seinem verfallenden Altbau mit Klo auf halber Treppe und Schwamm in allen Ecken in so eine Komfortwohnung genannte Unterkunft zu kommen. Da gab es nicht nur warmes Wasser aus der Wand, es gab überall Zentralheizung, manchmal sogar funktionierende Klimaanlagen und Müllschlucker. Und das bei Mieten von ganzen hundert oder hundertzwanzig Mark.

Zwar kannte man hier, wenn man einzog, kaum einen seiner Nachbarn und traf sich höchstens mal am Fahrstuhl oder hörte einen Betrunkenen durch die nicht immer schalldichten Wände randalieren. Im Laufe der Zeit konnte es aber geschehen, dass sich die unbekannten Nachbarn zu freundlichen Hausgemeinschaften zusammenschlossen und die Pflege der Grünanlagen vor dem Haus gemeinsam in »volkswirtschaftlicher Masseninitiative« erledigten. Dafür gab es sogar Ausweise, VMI-Ausweise. Da harkte dann der Herr Professor den Rasen, und die Putzfrau, die neben ihm wohnte, pflanzte die Blumen, während der anonyme Alkoholiker Flaschenscherben aufsammelte. Nach so einem auch Subbotnik genannten Gemeinschaftserlebnis saß man dann oft zusammen im zwar selten geschmack-, aber immer liebevoll ausgestatteten Partykeller beim gemütlichen Hausgemeinschaftsfest. (Siehe auch ↑Wir-Gefühl)

In der Platte trafen sich alle sozialen Schichten der werktätigen Bevölkerung der ↑DDR. Ich habe zwei Jahre lang in so einem Hochhaus gewohnt. Der Nachbar über mir war Hilfsarbeiter und Alkoholiker, der Nachbar neben mir war Medizin-Professor, der Mieter unter mir war der berühmteste Fernsehnachrichtensprecher der DDR. Er grüßte im Fahrstuhl immer so betont korrekt, dass ich manchmal fürchtete, er würde mir gleich seine Nachrichten vorlesen.

Im Übrigen hatte man seine sozialen Kontakte im Betrieb. Die Wohnung war für viele wochentags kaum mehr als Schlafstätte. Vater und Mutter gingen gewöhnlich beide arbeiten. Für die Kinder waren Kinderkrippen, ↑Kindergärten und Schulen ganz in der Nähe, jedenfalls zu Fuß erreichbar. Alles war praktisch, und seine Individualität konnte man ja auf dem Balkon ausleben. Da stellte man bunte Blumenkästen auf, hängte rustikale Holzräder an die Wand, und an den sozialistischen Feiertagen hängte man auch mal eine Fahne aus dem Fenster. Denn Fahnenhalter gehörten hin und wieder zur Grundausstattung so einer Neubauwohnung in der DDR.

In besonders fortschrittlichen Hausgemeinschaften hatte man sich sogar eine Beflaggungsordnung ausgedacht. Da hingen dann zum 1. Mai oder 7. Oktober in schöner Gleichmäßigkeit in einem Stockwerk die roten Fahnen, darunter die Schwarz-Rot-Goldenen mit dem DDR-Emblem und noch weiter unten die blauen Fahnen der ↑FDJ. Als ich mich weigerte, überhaupt eine Fahne an mein Neubaufenster zu hängen, erregte ich zunächst viel Aufsehen und ein bisschen Ärger. Aber schon bei der nächsten Beflaggung hing an dem einen oder anderen Nachbarfenster auch keine Fahne mehr. Im Laufe meines knapp zweijährigen Aufenthaltes in diesem Hochhaus hat die Beflaggung merklich nachgelassen, ohne dass sich noch jemand darüber aufregte.

An den Frühlings- und Sommerwochenenden fühlte ich mich in meiner riesigen Betonfestung allerdings ziemlich einsam. Am Freitagnachmittag musste ich meist lange auf den Fahrstuhl warten. Da machten sich die Familien, alle etwa zur selben Zeit, mit Sack und Pack und Kind und Kegel auf den Weg zu ihren Kleingärten, die man Datschen nannte. Am Sonntagabend kamen sie – wieder alle zur selben Zeit – zurück, und der Fahrstuhl war für mindestens eine Stunde blockiert. Ich schien der einzige Hochhausbewohner zu sein, der keine Datsche hatte.

POS

Die polytechnische Oberschule war ein Hort der ideologischen Indoktrination

Das Bildungswesen der ↑DDR wurde und wird mit Recht in vielen Punkten kritisiert. Braves Angepasstsein wurde da meist mehr geschätzt als aufmüpfiger Widerspruch. Zu viel reine Wissensvermittlung hat es gegeben, zu wenig Entwicklung der Denkfähigkeit. Darüber wurde zu DDR-Zeiten auch oft geklagt. Die Erziehung zum Duckmäusertum haben wir im ↑Kabarett thematisiert. Nein, das Bildungswesen der DDR erschien uns ganz und gar nicht vorbildlich. Wenn ich aber höre, wie zum Beispiel der Pfarrer Gauck heute von den unterdrückten, verhuschten DDR-Schülern spricht, denen eigenes Denken verboten war, die unter den verordneten Pionier- und ↑FDJ-Nachmittagen leiden mussten, statt ihren eigenen Interessen nachgehen zu dürfen, habe ich immer wieder den Eindruck, er spricht von einer Klosterschule, die ich oder meine Kinder in der DDR nie besucht haben.

Wenn er dann noch von den Vorzügen des freiheitlichen Bildungswesens der Bundesrepublik schwärmt, das den jungen Menschen alle Möglichkeiten der individuellen Entfaltung und Entwicklung biete, frage ich mich, ob er je eine dieser Schulen besucht hat. Eine Hauptschule kann es jedenfalls nicht gewesen sein. Vielen dieser Schüler könnte man nur wünschen, einmal unter den Qualen des östlichen Bildungssystems leiden zu müssen und danach dem Zwang einer Berufsausbildung ausgesetzt zu sein.

An der zehnklassigen allgemeinbildenden polytechnischen Oberschule (POS) der DDR gab es außer Staatsbürgerkunde auch Fachunterricht in ideologiefreier Mathematik, in Physik, Chemie und Biologie. Es gab normalen Deutschunterricht, sogar die gesamtdeutsche Rechtschreibung wurde gelehrt. Dass die Partei nicht darauf kam, in diese Rechtschreibung einzugreifen, rechne ich ihr heute – im Zeitalter der Rechtschreibreformen – hoch an. Wenn mich nicht alles täuscht, vermittelte die normale DDR-Schule – bei allen zu Recht beklagten Einschränkungen – doch noch eine Art Allgemeinbildung, von der viele heute nur träumen können. An den Ergebnissen der PISA-Studie jedenfalls ist nicht Margot Honecker, die ungeliebte Bildungsministerin der DDR, schuld. Sie hat gewiss viel Unheil angerichtet, aber das tun die Politiker von heute auf diesem Gebiet leider nicht weniger.

Von einer Chancengleichheit konnte man damals, trotz mancher Ungerechtigkeit bei der Zulassung zu Abitur und Studium, doch wohl viel eher sprechen als heute, wo Kinder aus so genannten bildungsfernen Milieus von vornherein ausgeschlossen sind von höherer Bildung. Heute entscheidet die Herkunft des Einzelnen und der Geldbeutel der Eltern in einem erschreckenden Ausmaß über die berufliche Zukunft. Die Bevorzugung von Arbeiterkindern in der DDR – so formal sie oft genug gehandhabt wurde – erscheint mir inzwischen wie ein Ausbund an Gerechtigkeit. Manches, was wir in der DDR gar nicht so gut fanden, war zumindest weniger schlecht, als es jetzt in der Bundesrepublik ist. Doch auch in der alten Bundesrepublik war wohl manches besser, als es heute ist, nachdem das eine System über das andere gesiegt hat und daraus schließt, es sei in allen Punkten das bessere.

In der Beurteilung des DDR-Bildungswesens tut man weitgehend genau das, was man diesem Bildungswesen vorgeworfen hat – man argumentiert rein ideologisch. Manche Irrtümer über die DDR sind nicht nur lächerlich, sie verhindern, inzwischen angehäufte Irrtümer zu korrigieren. Das Bildungswesen der Bundesrepublik kann auch nicht immer so schlecht gewesen sein, wie es heute ist. Ohne den verspotteten zweiten Bildungsweg wären Karrieren wie die von Joschka Fischer oder Gerhard Schröder kaum zu erklären.

Mag sein, dass die ideologische Indoktrination in der DDR-Schule unvergleichlich viel größer war, als sie es heute ist. Aber nebenbei vermittelte diese Schule ein Allgemeinwissen, das man heute vergeblich sucht. Von der Chancengleichheit gar nicht zu reden.

Preussen

Alles Preußische war ein rotes Tuch für die DDR-Führung

Der ↑DDR ging es mit Preußen, wie es ihr mit Martin Luther und Karl May (↑Gojko Mitić) gegangen war. Irgendwann entdeckte sie auch Preußen für sich, jenes Preußen, das am 25. Februar 1947 durch alliierte Verordnung per Gesetz Nummer 46 aufgelöst worden war. In der Präambel der Verordnung hatte gestanden, was in der DDR über Jahrzehnte als unbestreitbar galt: »Der Staat Preußen, der seit jeher Träger des Militarismus und der Reaktion in Deutschland gewesen ist, hat aufgehört zu bestehen.« Preußen, das war die Inkarnation von Militarismus und Kadavergehorsam. So habe ich es in der Schule gelernt und lange geglaubt. Das hatte ja schon der Franzose Mirabeau im 18. Jahrhundert so griffig formuliert: »Andere Staaten besitzen eine Armee, Preußen ist eine.« Nein, mit diesem Preußen wollte die DDR nichts zu tun haben, ich auch nicht.

Als dann im März 1956 die Nationale Volksarmee gegründet wurde, hat man sie zur allgemeinen Überraschung in jenes preußische Uniformgrau gekleidet, das auch im Schnitt an die verhassten Wehrmachtsuniformen erinnerte. Der Stechschritt, mit dem das Wachregiment »Friedrich Engels« jeden Mittwoch Punkt vierzehn Uhr dreißig in ↑Berlin vom Kupfergraben über die Friedrichstraße zum Mahnmal Unter den Linden ihren großen Wachaufzug zelebrierte, war preußisch. Und zur Musik, die dazu aufgespielt wurde, gehörte der Yorksche Marsch, den Beethoven einst einem preußischen General gewidmet hatte. »Preußenballett« nannten wir diesen militärischen Aufzug. Er war eine Touristenattraktion in der Hauptstadt des Friedensstaates DDR, über den wir nur spotten konnten.

Der höchste Orden, den die NVA verlieh, war ebenfalls nach einem Preußengeneral benannt, Scharnhorst-Orden hieß er. Diese preußischen Militärs galten als leuchtende Ausnahmen in einer ansonsten absolut finster dargestellten Tradition. Sie waren nämlich während der Befreiungskriege an der Seite des russischen Zaren gegen Napoleon zu Felde gezogen. Auch Schill und Lützow, dessen wilde verwegene Jagd schon Theodor Körner besungen hatte, galten als Helden und durften Namensgeber für NVA-Einheiten sein. König Friedrich der Zweite, der »Alte Fritz«, war dagegen alles andere als ein Held für uns. Von Kaiser Wilhelm ganz zu schweigen. Er galt als Hauptschuldiger am Ersten Weltkrieg.

Als dann 1986 der zweihundertste Todestag von Friedrich dem Zweiten näher rückte, änderte sich die Haltung der DDR zum alten Preußen schlagartig. Man begann die preußische Vergangenheit plötzlich mit anderen Augen zu sehen – Motto: Es war nicht alles schlecht im Preußenland. Bismarck, bis dato eine Unperson in der sozialistischen Geschichtsschreibung, wurde in gewisser Hinsicht als bedeutender Staatsmann gewürdigt. Eine große Biografie von Ernst Engelberg, die den preußischen Kanzler als durchaus zwiespältig, jedoch nicht nur verdammenswert schildert, durfte erscheinen. Ein damals viel gespieltes Stück von Claus Hammel nannte sich »Die Preußen kommen«. Eine Fernsehserie unter dem Titel »Sachsens Glanz und Preußens Gloria« wurde für das DDR-↑Fernsehen produziert. Plötzlich war Preußen in aller DDR-Munde.

Wenn das stimmt, und es klingt nicht unwahrscheinlich, was der Urenkel Wilhelms des Zweiten, Friedrich Wilhelm Prinz von Preußen, in einem Interview für »Welt Online« erklärte, dann besuchte der damalige DDR-Kulturminister den Vater des Prinzen 1986 zuerst auf seiner Hohenzollernburg und dann noch einmal in Berlin, um ihm den Vorschlag zu unterbreiten, die Särge Friedrichs des Großen und seines Vaters, des Soldatenkönigs, nach Sanssouci in Potsdam zu überführen. Der DDR-Kulturminister habe seinen Vater sogar mit dem längst abgeschafften Titel »Kaiserliche Hoheit« angesprochen.

Das Reiterstandbild Friedrichs des Zweiten, das man vorher nach Potsdam ausgelagert hatte, stand inzwischen auch wieder auf seinem alten Platz in Berlin Unter den Linden. Jetzt allerdings ritt er nicht mehr aufs Brandenburger Tor zu, sondern in entgegengesetzter Richtung. Als das Denkmal wieder aufgestellt war, machte in Berlin ein Vierzeiler die Runde: »Alter Fritz, steig doch hernieder, und regier uns Deutsche wieder. Lass in solchen schweren Zeiten, unsern Erich weiter reiten.«

Was übrigens die in beiden Teilen Deutschlands so verpönten preußischen Sekundärtugenden betrifft, so hat heutzutage wohl mancher erkannt, dass sie einem da, wo sie fehlen, gar nicht mehr so sekundär erscheinen. Zuverlässigkeit, Pünktlichkeit und Verantwortungsbewusstsein können einem Demokraten gut zu Gesicht stehen. Dass in Potsdam einst jeder nach seiner Facon selig werden durfte und die Juden zum Beispiel in Preußen viel eher Bürgerrechte erhielten als im übrigen Deutschland, ist ja auch nicht ganz unwichtig.

Privateigentum → Eigentum

Privilegien

Es durfte keine Privilegien geben

Privilegien hätte es nicht geben dürfen in einer sozialistisch genannten Menschengemeinschaft. Im Sozialismus sind alle gleich, sagten wir stets, nur manche sind gleicher, und meinten damit nicht unbedingt reicher. Ein Minister der DDR verdiente durchaus nicht so viel wie mancher Handwerksmeister oder Künstler. Aber die Zahl seiner Privilegien machte das Defizit wieder gut – der dicke Dienstwagen mit Fahrer, die Dienstvilla, die für solche Funktionäre reservierten Geschäfte, Restaurants und Ferienanlagen, die man als Normalbürger nicht betreten durfte. Nicht alle dieser Einrichtungen waren immer so geheimnisvoll und gut bewacht, wie der Wandlitzer Tante-Emma-Laden fürs Politbüro (↑Wandlitz) oder die Ferieninsel Vilm im Greifswalder Bodden (siehe auch ↑Urlaub).

Ich habe selbst kurze Zeit lang so ein Restaurant besucht, das für höhere Staatsfunktionäre reserviert war. Ein Kollege vom Kabarett »Distel« hatte es entdeckt und führte uns dorthin. Es war als Restaurant von außen nicht zu erkennen, lag in unmittelbarer Nähe des ehemaligen Außenministeriums des Herrn Ribbentrop. Wir nannten es deshalb »Ribbentröpfchen«. Am Eingang wurde nicht direkt kontrolliert. Man wurde nur diskret gemustert und an einen der vielen freien Tische geführt. Dann wurde einem eine Speisekarte gereicht, und man konnte unter vielen ganz billigen Gerichten wählen, die es in normalen HO-Gaststätten auch für teueres Geld nicht immer gab. Wir trugen allerdings bei solchen Besuchen Anzug und Schlips und freuten uns wie die Kinder, dass wir hier als höhere Funktionäre durchgingen.

Das klappte allerdings nicht lange. Beim dritten oder vierten Besuch wurden wir ganz diskret gefragt, von welcher Dienststelle wir kämen. Wir gaben das Kabarett »Distel« als solche an und wurden, wiederum sehr diskret, aber entschieden des Hauses verwiesen. Unser lauter Protest: »Wo gibt es denn so was – Privilegien im Sozialismus!« wurde von den dicken Teppichen im Treppenhaus geschluckt, und ein weiterer Versuch, hier einzudringen, scheiterte schon an der Eingangstür, wo jetzt ein Posten stand.

Obwohl man es geheim zu halten versuchte, wusste doch jeder DDR-Bürger, dass es tausend solcher kleinen und großen Privilegien gab. Allerdings konnte in der DDR schon etwas Privileg sein, was anderswo zum normalen Alltag gehörte – eine Ferienreise, ein Telefonanschluss, eine Gasheizung oder auch nur Koks für eine normale Kohlezentralheizung. Ich war immer fest entschlossen, für mich keine Privilegien in Anspruch zu nehmen. Als ich allerdings nach meiner Scheidung keine Wohnung hatte, ging ich doch ins Kulturministerium mit der Bitte um Unterstützung bei der Wohnungssuche. Die Unterstützung wurde mir versprochen, aber bekommen habe ich dann eine kleine Wohnung durch Beziehungen zu einem Kollegen, der gerade ausziehen wollte, mich aber kurz zuvor als Untermieter aufnahm. Wie ich dann auch noch zu einem Telefon kam, das steht unter dem zutreffenden Stichwort ↑Beziehungen.

Prostitution

Prostitution stand im Widerspruch zu den Gesetzen der sozialistischen Moral

Da sie das tat, gab es offiziell seit Ende der fünfziger Jahre auch keine Prostitution mehr in der DDR. Jedenfalls nicht als eingetragenes Gewerbe. Die ↑Stasi-Nutten waren ja hauptamtlich nicht im Bett, sondern als Schild und Schwert der Partei in der Abwehr tätig. Das Laken war ihr Kampfplatz an der unsichtbaren Front. Der ↑Klassenfeind musste den vorgetäuschten Liebesdienst außerdem mit seinen kostbaren Devisen bezahlen. Selbst unter den männlichen Kundschaftern des Friedens gab es Kämpfer, die sich nicht zu schade waren, mit erotischen Mitteln an der sexuellen Front des Klassenkampfes zu wirken – und zwar ohne Ansehen des Geschlechts.

Ende der fünfziger Jahre gab es zumindest in Leipzig noch stadtbekannte Bordelle für die Einheimischen. Ich habe einige damals besucht, weil einer meiner Freunde, der in Leipzig Medizin studierte, als Thema seiner Doktorarbeit die »Formen der Prostitution in der DDR« zugeteilt bekommen hatte. Er kam wie ich aus der Kleinstadt Finsterwalde und fürchtete sich, allein solche Etablissements zu betreten. In besonderer Erinnerung habe ich noch den einmaligen Besuch eines allgemein so genannten Rentnerpuffs mit dem schönen Namen »Blume« in der Leipziger Innenstadt. Die dort angestellten oder freischaffenden Damen standen selbst kurz vor ihrem Renteneintritt und gaben uns verklemmten Kleinstädtern bereitwillig Auskünfte über ihre Arbeit am älteren Manne.

Wenig später teilte mir mein Freund dann erleichtert mit, dass er ein neues Promotionsthema zugeteilt bekommen habe, weil es ab sofort in der DDR keine Prostitution mehr zu geben hätte. Mehr Berührungen mit Prostituierten hatte ich dann zu DDR-Zeiten dort nicht mehr. Ich weiß nur noch, wie ich kurz vor dem Mauerbau in Paris war und dort nachts auf dem Montparnasse von einer Dame angesprochen wurde, die nichts als den Preis für ihre Dienste nannte. Das hat mich kleinen DDR-Bürger aus Finsterwalde so verunsichert, dass ich wortlos vor ihr davongelaufen bin.

Dass es aber in der DDR inoffiziell Prostitution weiterhin gegeben haben muss, geht schon aus der Tatsache hervor, dass sie 1968 gesetzlich verboten wurde. Was es nicht gibt, muss man ja nicht verbieten. Begründung für das Verbot war die »Gefahr für die Volksgesundheit«. Wie anderswo auch, gab es in der DDR kein Verbot, dass nicht umgangen wurde. In ↑Berlin gab es Bars und Nachtlokale, von denen jeder wusste, dass dort – allerdings vorzugsweise für Westgeld – Damen zu jeder Verfügung standen. Als

Hauptstadt der DDR-Prostitution aber galt Leipzig. Zu Messezeiten machten die Besucher aus der Bundesrepublik und den anderen westlichen Ländern reichen Gebrauch von dem ebenso reichen Angebot. Mit ↑Ostgeld war zu Messezeiten weniger Liebe zu kaufen.

Aber die Ostmänner schienen trotzdem nicht unter sexueller Unterversorgung zu leiden. Freie Liebe gab es in Sachsen wie anderswo als bargeldlosen Geschlechtsverkehr in und außerhalb der Ehe. Ja, die sozialistische Moral (↑Gebote der sozialistischen Moral) führte ganz offensichtlich zu weniger Verklemmung im Bett, als es die bürgerliche Moral im freien Westen mit ihrem Überangebot an Sexshops, Pornoheften, Swingerclubs und Straßenstrich tat. Als allerdings die ↑Mauer gefallen war, kehrten wir rasch zurück zu dieser schon fast vergessen geglaubten bürgerlichen Moral. Noch ehe die Thälmann- und Wilhelm-Pieck-Straßen in unseren Städten umbenannt waren, standen die Mädchen an ihren Rändern. Das taten sie nicht etwa, weil sie nun endlich sexuell befreit waren, sondern weil andere Frauenarbeit jetzt schwerer zu finden war.

Quermann

Heinz Quermann war der Kuhlenkampff des Ostens

Solche Beinamen gibt man uns gern, wenn man einem Westpublikum erklären will, wer von uns unbekannten Ossis wo einzuordnen ist. Mich nennt man seit 1990 auch den »Hildebrandt des Ostens«. Das ehrt mich, weil ich Dieter Hildebrandt verehre. Aber keinem würde es einfallen Kuhlenkampff den Quermann des Westens zu nennen. Oder Dieter Hildebrandt den Ensikat aus München. Hildebrandt und Kuhlenkampff muss man keinem erklären – im Osten so wenig wie im Westen. So mancher in Ostberlin als weltberühmt geltende Künstler war schon in Westberlin eine völlig unbekannte Größe. Daran hat sich seit 1990 wenig geändert. Wolfgang Stumph, als bekanntester Sachse der Welt, ist eine einsame Ausnahme. Er hatte allerdings auch das Glück der späteren Geburt. Zu DDR-Zeiten war er ein ausschließlich in Dresden weltberühmter Kabarettist.

Heinz Quermann kannte jedes Kind in der DDR. Und er war – bei aller Wertschätzung für Hans-Joachim Kuhlenkampff – viel mehr als der. Schauspieler und Showmaster waren beide, auch wenn man das Wort Showmaster bei uns früher kaum kannte. Conférencier hieß die Berufsbezeichnung im Osten. Aber das war er nur nebenberuflich, im Hauptberuf war er »Talente-Vater«. Er begann 1947 beim Sender Leipzig als Redakteur und Sprecher und wurde dann Abteilungsleiter beim DDR-Unterhaltungsfernsehen. Seine Sendung »Herzklopfen kostenlos« war – wie soll man das einem Wessi erklären? –, na sagen wir, so etwas wie »Deutschland sucht den Superstar«. Aber Quermann war kein Dieter Bohlen, der sich auf Kosten seiner jungen Talente profiliert. Und die Talente, die Quermann entdeckte und förderte, machten gewöhnlich keine steile Halbjahreskarriere. Im Osten jedenfalls kennt man heute noch viele von ihnen, weil sie eben mehr waren als ein Daniel Küblböck, der es ja eher zu traurigem Ruhm gebracht hat.

Als Heinz Quermann im Oktober 2003 starb, versammelte sich an seinem Grab alles, was Rang und Namen gehabt hatte in der DDR-Unterhaltungskunst. Die meisten von ihnen hatte er einst entdeckt und gefördert, oder er hatte mit ihnen auf der Bühne und vor der Kamera gestanden – Frank Schöbel, Peter Meyer von den Puhdys, Monika Hauff, Julia Axen, Regina Thoss, Herbert Köfer, Dagmar Frederic. Mit seiner Bühnenpartnerin Margot Ebert hatte er fünfunddreißig Jahre lang im DDR-Fernsehen zu Weihnachten die Sendung »Zwischen Frühstück und Gänsebraten« moderiert.

So mancher von ihnen mag seinem einstigen Ruhm heute nachtrauern. Dabei stimmt es doch, was der in Ost und West berühmte Erich Kästner einst sagte, nämlich dass der ganze Ruhm nur darin besteht, von lauter Leuten gekannt zu werden, die man selber gar nicht kennt.

Realsozialismus → Demokratie → Sozialistische Bildung → Westautos

Reisekader

Das war eine beneidenswerte Spezies

O ja, sie wurden beneidet. Ob sie wirklich immer so beneidenswert waren mit ihren meist sehr geringen Tagegeldern und den tausend Einkaufsaufträgen von Familie und Freunden, wage ich allerdings zu bezweifeln. Aber um mal in den Westen zu kommen – dieser Westen konnte auch im tropischen Süden oder im Nahen und Fernen Osten liegen – nahm man fast alles in Kauf. Reisekader zu sein, das galt als höchstes DDR-Privileg (↑Privilegien) überhaupt. Wer es aber war, galt bei seinen Kollegen, die nicht reisen durften, schnell als potentieller Mitarbeiter der Staatssicherheit (↑Stasi), mindestens aber als allzu braver Staatsbürger.

Die Unterschiede zwischen den verschiedenen Reisekadern waren jedenfalls sehr groß. Ich kenne nicht die Höhe des Tagegeldes von Alexander Schalck-Golodkowski oder Günter Mittag, bin aber überzeugt, dass es weit höher lag als das eines Wissenschaftlers, der zu einem Kongress nach München oder Paris fahren durfte und es sich nicht leisten konnte, mit seinen westlichen Kollegen an der Hotelbar auch nur ein Bier zu trinken. Das trank man als DDR-Reisekader gewöhnlich allein auf dem Zimmer und aß dazu die mitgebrachte Dauerwurst.

Von den sechzehn Millionen DDR-Bürgern sollen ganze vierzigtausend Reisekader gewesen sein. Ob diese Zahl nur geschätzt oder wirklich gezählt war, kann ich nicht beurteilen. Sicher ist, es war eine verschwindende Minderheit, die von der großen Mehrheit beneidet und fast immer misstrauisch betrachtet wurde. Warum darf der, und ich darf nicht?

Ich war einer von diesen Privilegierten. Allerdings zunächst keiner, den die DDR dazu gemacht hatte. Ich wurde immer von westlichen Veranstaltern eingeladen. Noch vor dem Mauerbau durfte ich, ein kleiner Schauspielstudent an der Leipziger Theaterhochschule, auf Einladung des Leiters des Theaterfestivals von Avignon, Jean Vilar, nach Frankreich reisen. Dafür bekam ich hundertfünfundzwanzig Neue Francs als Taschengeld und ernährte mich zehn Tage lang von Wasser und trockenem Brot. Auf der Rückfahrt trank ich aus Geldmangel Wasser in der Zugtoilette und handelte mir eine böse Krankheit ein. Aber ich war in Paris und Avignon! Schon damals – vor dem 13. August 1961 – ein ganz unglaubliches Privileg. Als dann die ↑Mauer gebaut war, schien der Weg nach Westen endgültig verschlossen und als ich 1974 vom belgischen Kulturministerium eingeladen wurde, dort an einem Kindertheater zu inszenieren, dachte ich nicht im Traum daran, dass das in ↑Berlin je genehmigt werden würde. Bis zum Tag der vorgesehenen Reise wusste ich nicht, ob ich würde fahren dürfen oder nicht. Allerdings arbeitete ich letztlich fast regelmäßig einmal im Jahr für sechs oder acht Wochen im NSW (Nichtsozialistisches Wirtschafts- bzw. Währungsgebiet). Dabei bekam ich stets frühestens einen Tag vor der Abfahrt die »Reisedokumente« ausgehändigt. Wenn ich zurückkam, musste ich den Pass wieder abliefern, und das Spiel wiederholte sich Jahr für Jahr mit ewig unsicherem Ausgang.

Als ich 1984 eingeladen war, an einem Theater in der Bundesrepublik zu arbeiten, bekam ich meinen Pass mit dem Ausreisevisum erst acht Tage nach dem geplanten Probenbeginn. Am Theater in Oberhausen ging das Gerücht, ich käme nicht, weil ich verhaftet worden sei. Im Kulturministerium in Berlin aber war nur der oder die Zuständige, der oder die das endgültige Placet zu geben hatte, gerade im Urlaub oder krank gewesen. Das erfuhr ich erst, als ich wieder nach Hause kam. Für die westlichen Partner waren solche Einladungen an DDR-Künstler immer mit einem Risiko verbunden. Dass sie so ein Risiko auf sich nahmen, wundert mich heute noch mehr als damals.

Wer darüber entschied, ob einer Reisekader wurde oder nicht, blieb im Dunkel einer undurchschaubaren Bürokratie, in der die Staatssicherheit ein gewichtiges Wort mitsprach. Auch einem bestätigten Reisekader konnte dieses Privileg jeder Zeit ohne Angabe von Gründen wieder aberkannt werden. Dass ich Reisekader wurde und blieb, hatte wohl mit der Devisenknappheit der DDR zu tun, denn ich brachte ja – wenn auch sehr wenig – Devisen mit, die ich hier dann an die Künstleragentur zu bezahlen und den Rest eins zu eins umzutauschen hatte. Da blieb für den Lebensunterhalt im und die unerlässlichen Geschenke aus dem Gastland wenig übrig. Aber dass ich überhaupt dort arbeiten durfte, war ja Privileg genug.

Dass nicht nur die sozialistische Bürokratie für einen DDR-Reisekader undurchschaubar war, lernte ich übrigens sehr schnell. Um von der belgischen Botschaft in Berlin ein Visum für Brüssel zu bekommen, brauchte ich von dort – also aus Brüssel – eine Arbeitserlaubnis, die ich aber nur bekam, wenn ich schon ein Visum hatte. Irgendwie bekam ich am Ende immer beides, ohne die Zusammenhänge je zu durchschauen. Schließlich musste ich, um das belgische Visum zu bekommen noch einen Gesundheitspass und ein polizeiliches Führungszeugnis vorlegen. In den achtziger Jahren hatte ich sogar eine eidesstattliche Verpflichtung zu unterschreiben, dass ich nach Beendigung des Arbeitsverhältnisses umgehend in die DDR zurückkehren würde. Wohlgemerkt, das verlangten die belgischen Behörden, nicht die der DDR.

Reiseverkehr → Deutsche Reichsbahn

Republikflucht

Republikflucht war eine beliebte Massensportart

Vor dem 13. August 1961 schien sie das wirklich zu sein. Seit Gründung der ↑DDR im Oktober 1949 bis zu diesem August-Sonntag 1961 waren mehr als zweieinhalb Millionen DDR-Bürger in den Westen geflohen. Die Gründe waren vielfältig. Für manche war es die Flucht in die Freiheit, die Flucht vor dem Kommunismus, vor politischer Verfolgung. Aber häufiger floh man aus dem Mangel in den Wohlstand, der schon in den fünfziger Jahren die Bundesrepublik so anziehend machte. Die Bezeichnung Wirtschaftsflüchtlinge war damals noch nicht geläufig, aber bei der Mehrzahl der Republikflüchtigen handelte es sich wohl um solche. Der Wohlstand und die Reisefreiheit lockten mehr als die freiheitlich-demokratische Grundordnung der Bundesrepublik. Auch die Demonstranten von 1989, die eben noch nach Freiheit und ↑Demokratie gerufen hatten, drückten sich – kaum war die ↑Mauer gefallen – an den Schaufenstern des Westens die Nasen platt und riefen dann auf den östlichen Straßen und Plätzen ziemlich ungeniert nach nichts anderem mehr als nach der D-Mark. »Wir sind *ein* Volk!« Das hieß ja auch, wir wollen *eine* Währung. Freiheit, das lernten wir Ostdeutschen sehr schnell, ist nicht zuletzt eine Frage des Geldes.

In den frühen DDR-Jahren gab es Leute, die man damals »Wanderer zwischen den Welten« nannte. Sie gingen über die grüne Grenze oder fuhren mit der S-Bahn nach Westberlin und boten dann per Brief oder Telefonanruf ihre Rückkehr in den Osten an, wenn sie bestimmte Vorteile eingeräumt bekämen – eine größere Wohnung zum Beispiel oder eine besser bezahlte Stelle. So unwahrscheinlich es heute klingen mag, aber solche kurzfristigen Zweckfluchten nannten wir damals »Wohnungsbeschaffungsmaßnahmen«. So lange die innerdeutsche Grenze offen war, gab es Leute, die mehrmals hin und her wanderten.

Viele junge Leute, die im Osten keinen Studienplatz bekamen oder nicht zum Abitur zugelassen wurden, »gingen rüber« und kamen normalerweise nie wieder zurück. Aber meist waren es bereits gut ausgebildete Facharbeiter oder Fach- und Hochschulabsolventen, die in der Bundesrepublik ihr Heil suchten und in der DDR-Wirtschaft fehlten. Die grüne Grenze wurde seit 1952 zwar bereits so streng bewacht, dass sie als Fluchtweg praktisch ausschied, aber der Weg über Westberlin blieb ja offen.

Zeitweise ebbte die Fluchtwelle ab. Mitte der fünfziger Jahre, als legale Westreisen erlaubt wurden, gab es weniger Flüchtlinge. Aber das war immer nur ein kurzes Zwischenspiel. Als die ersten Gerüchte von einer Grenzschließung in ↑Berlin auftauchten, erreichte die Fluchtwelle einen bis dahin ungekannten Höhepunkt. Allein in den ersten zwei Augustwochen 1961 flohen fast fünfzigtausend DDR-Bürger in den Westen. Nach jenem 13. August gab es noch die Hoffnung, dass es sich nur um eine »zeitlich begrenzte Maßnahme« handeln könnte oder dass es zumindest innerhalb der DDR nun etwas liberaler zugehen würde. Aber das stellte sich schnell als Irrtum heraus.

Nach dem Mauerbau gab es nur noch zwei Möglichkeiten: Man musste sich mit der DDR, so wie sie nun mal war, abfinden oder auf lebensgefährlichen Wegen die Flucht wagen. Professionelle Fluchthelfer im Westen bauten Tunnel oder schleusten – selbst unter Lebensgefahr stehend – die Fluchtwilligen auf abenteuerlichen Wegen über die streng bewachten Transitstrecken direkt aus der DDR aus. Andere wählten den kaum weniger gefährlichen Umweg über Prag, Budapest oder einen anderen, für DDR-Bürger erreichbaren Ort. Die Fantasie der Fluchthelfer und der zur Flucht Entschlossenen kannte keine Grenzen. Die Fantasie der Staatssicherheit (↑Stasi) leider auch nicht. Wer sich zu so einer Flucht entschloss, wusste normalerweise, auf welches Risiko er sich einließ. Im offiziellen DDR-Deutsch nannte man die Fluchthelfer »Menschenhändler«. Als sich der Staat selbst dann seine Bürger vom Westen abkaufen ließ, war nur von der Lösung »humanitärer Fragen« die Rede.

Wer versuchte, die DDR auf »legalem« Wege zu verlassen, indem er einen Ausreiseantrag stellte, riskierte, ins gesellschaftliche Aus gestellt zu werden. Das war häufig mit dem Verlust des Arbeitsplatzes verbunden. Dann musste es auch der Akademiker hinnehmen, als Pförtner, Friedhofswärter oder für andere niedere Arbeiten eingesetzt zu werden. Die Staatsmacht tat alles, um ihre Bürger von so einem Antrag abzuschrecken. In der jeweiligen »Abteilung für Inneres«, wo man den Antrag zu stellen hatte, weigerte man sich manchmal, ihn überhaupt anzunehmen. Und wann so einem Antrag stattgegeben wurde – ob nach einem oder nach fünf Jahren oder gar nicht – das blieb der Willkür der Behörden überlassen. Der »Antragsteller« – so wurde der Betreffende dann genannt – sollte so weit wie möglich eingeschüchtert und ausgegrenzt werden, bis er schließlich so zermürbt war, dass er seinen Antrag von selbst zurück nahm.

Aber wer einmal mit der DDR abgeschlossen hatte – und das konnte bis kurz zuvor noch der treueste Genosse gewesen sein –, der ließ sich davon kaum mehr abbringen. In den achtziger Jahren gaben sich solche »Antragsteller« mit einem kleinen weißen Faden an der Autoantenne selbst zu erkennen. Die Furcht vor der Staatsmacht nahm trotz aller Schikanen immer mehr ab.

Als sich herumgesprochen hatte, dass die Bundesregierung politische Häftlinge aus den DDR-Gefängnissen freikaufte, entdeckten – vorwiegend junge Leute – eine weitere Fluchtmöglichkeit, die zumindest nicht mehr lebensgefährlich war. Republikflucht galt grundsätzlich als politische Straftat, schon der Fluchtversuch brachte jeden, der ihn unternahm, ins Gefängnis. Und als politischer Häftling hatte man eine, mit den Jahren immer bessere Chance, vom Westen freigekauft zu werden. Also begab man sich, ausgerüstet mit kleinem Reisegepäck, Landkarten und Taschenlampe in Grenznähe, um sich dort als potentieller Grenzverletzer festnehmen zu lassen. Damit riskierte man zwar eine mehr oder weniger lange Gefängnishaft, aber das nahm mancher lieber in Kauf, als sein ganzes Leben in der geschlossenen Anstalt DDR zu verbringen.

Eine Möglichkeit, ihre Ausreise zu erzwingen, entdeckten die frustrierten DDR-Bürger dann in den Botschaftsbesetzungen. Die Ständige Vertretung der Bundesrepublik in Ostberlin war zwar von Staatssicherheit und ↑Volkspolizei streng bewacht, trotzdem schafften es einzelne oder ganze Gruppen immer wieder, hinein zu gelangen und von dort aus in die Bundesrepublik auszureisen. Die Verhandlungen mit der Bundesregierung führte Honeckers Beauftragter »für humanitäre Fragen«, der Rechtsanwalt Wolfgang Vogel. Wer auf diesem Wege freigekauft wurde, hieß bei uns »vogelfrei«. In den Wochen und Monaten vor dem vierzigsten und letzten »Republikgeburtstag« besetzten dann Hunderte, zum Schluss Tausende die westdeutschen Botschaften in Prag, Warschau und Budapest. ↑Honecker stimmte ihrer Ausreise in die Bundesrepublik schließlich zu, um das ohnehin schon irreparabel ramponierte Bild der DDR vor der Weltöffentlichkeit zu retten.

Schon vorher, als im Mai 1989 die ungarische Regierung ihre Grenze zu Österreich geöffnet hatte, war ein Ende der innerdeutschen Mauer abzusehen. Aber die Wenigsten wollten damals an dieses Wunder glauben. Im Sommer 1989 waren Tausende DDR-Touristen ohne alle Habe durch dieses erste offene Loch im Eisernen Vorhang geflohen. Zur gleichen Zeit entstand in der DDR eine Gegenbewegung, die der »Hierbleiber«. Sie wurden von der Stasi mindestens so gefürchtet wie die zur Flucht Entschlossenen. Aus der Drohung »Wir bleiben hier!« wurde etwas später der Ruf »Wir sind das Volk!«

Je undurchdringlicher die Grenze zum Westen geworden war, desto mehr war das Mauersyndrom des eingesperrten DDR-Bürgers im Laufe der Jahre gewachsen. Den Wunsch, »nur einmal in den Westen zu dürfen«, hegten ja nicht nur Leute, die dort bleiben wollten. Das ständige Gefühl, eingesperrt zu sein, wurden auch die nicht los, die – wie ich – immer mal aus beruflichen oder familiären Gründen diesen Mauerstaat in Richtung Westen verlassen durften. Das, was den Fortbestand der DDR sichern sollte – diese scheinbar unüberwindliche Staatsgrenze der DDR – trug letztlich entscheidend zu ihrem Untergang bei.

Wie lange eine DDR mit offenen Grenzen Bestand gehabt hätte, weiß ich nicht. Die ökonomische Unterlegenheit des Ostens war ja nicht nur dem System geschuldet, sondern hatte lange zurückliegende, historische Ursachen. Und der Westen tat mit seinem Alleinvertretungsanspruch zusätzlich alles, um diesem ungeliebten zweiten deutschen Staat ein Existenzrecht von vornherein abzusprechen. Zuerst waren es die Flüchtlingsströme, die so eindeutig gegen den ostdeutschen Staat gesprochen hatten. Die Abstimmung mit den Füßen nannte man das damals. Danach war die Existenz der Mauer, diese innerdeutsche Grenze mit ihrem Todesstreifen, den Minenfeldern, dem Schießbefehl und den Selbstschussanlagen für alle Welt sichtbarer Beweis dafür, dass diese DDR ein Unrechtsstaat war, der seine Bürger gefangen hielt.

Sandmännchen

Kinderfernsehen war Parteiauftrag

Im Gegensatz zur »Aktuellen Kamera« oder dem »Schwarzen Kanal« hatten »Sandmännchen«, »Flimmerstunde« und »Meister Nadelöhr« hohe Einschaltquoten auch da, wo man das Wesfernsehen empfangen konnte. Der Ost-Sandmann schlug den Westsandmann in seiner Beliebtheit um Längen, obwohl er nicht nur auf harmlosen zivilen Fahrgestellen ins Kinderzimmer kam, sondern manchmal den Fuhrpark der Nationalen Volksarmee benutzte. Das allerdings geschah nicht aus freiem Willen der Redaktion, sondern eher auf Weisung der »anleitenden Behörde«.

Oberster Chef des ganzen ↑Fernsehens war nicht etwa sein Intendant, sondern der für Agitation und Propaganda zuständige ZK-Sekretär. Zuletzt hieß dieser Chef, dessen Borniertheit sprichwörtlich war, Joachim Herrmann. Seine ganze ZK-Abteilung war dafür berüchtigt, sich in alles einzumischen, also auch ins Kinderfernsehen. Dass dieses Kinderfernsehen trotz solcher Anleitung Sendungen zustande brachte, die man noch heute ohne rot zu werden ansehen kann, hatte wohl damit zu tun, dass auch die Partei irgendwann erkennen musste, dass die parteilichste Sendung nichts bringt, wenn sie nicht gesehen wird.

Die alles nivellierende Macht der Einschaltquote hatte – damals zumindest – ihr Gutes. Hinzu kam, das weiß ich als Betroffener, dass die Partei es natürlich nicht ungern sah, wenn DDR-Kindersendungen vom Westfernsehen gekauft und gesendet wurden. Mit dem »Schwarzen Kanal« des Genossen Karl Eduard von Schnitzler – so viel war sicher – waren keine Devisen zu verdienen.

Zu den beliebtesten Sendungen überhaupt zählte der »Besuch im Märchenland« bei Meister Nadelöhr. Sie liefen von 1955 bis 1975 regelmäßig an jedem Sonntagnachmittag und hätten wohl noch lange weiterlaufen können, wäre sein Darsteller, der Schauspieler Eckart Friedrichson, nicht viel zu jung gestorben. Er war so populär, dass ihm 1964 sogar eine Zehn-Pfennig-Briefmarke gewidmet wurde, gestaltet von Werner Klemke, dem berühmtesten Buchgestalter und Illustrator der DDR.

Die kaum weniger populäre »Flimmerstunde« lief immer sonnabends moderiert vom Schauspieler Walter E. Fuß, der sich Professor Flimmrich nannte. Im Rahmen dieser Sendung lief regelmäßig ein Film oder ein Fernsehspiel für Kinder, und Flimmrich führte vorher oder danach Gespräche mit beteiligten Schauspielern, Regisseuren oder Autoren. Damit in solchen Interviews kein falsches Wort fiel, mussten sie grundsätzlich vorher aufgezeichnet werden. So konnte man notfalls jedes »falsche Wort« noch herausschneiden.

Was aber viele dieser DDR-Kinderfilme oder Fernsehspiele so besonders macht – da spielten die besten Schauspieler des Landes mit. Nein, es war und ist keine Schande, für das DDR-Kinderfernsehen gearbeitet zu haben. Das sage ich allerdings als Befangener, der selbst viel für dieses Kinderfernsehen geschrieben hat und das für den Parteifunk Geschriebene jetzt immer mal wieder auf unseren öffentlich-rechtlichen Fernsehkanälen zu sehen bekommt.

Schalck-Golodkowski → Beziehungen → Korruption → Reisekader → Westautos

Scheidung auf sozialistisch

So etwas tat nie weh

Dem Geldbeutel tat sie ja wirklich nicht so weh wie heute. Man brauchte keinen teuren Rechtsbeistand, und da die meisten Frauen in der DDR ihren Unterhalt sowieso selbst verdienten, mussten auch die Männer nicht fürchten, nach der Scheidung an den Unterhaltszahlungen zugrunde zu gehen. Wenn es keine Kinder gab in der Ehe, konnte sie sozusagen auf einen Ritt geschieden werden, also ohne den berühmten Versöhnungstermin. Nach dem »Schuldigen« wurde schon längst nicht mehr gesucht. Es galt das Zerrüttungsprinzip. Wenn sich beide Scheidungspartner einig waren, ging das Auseinanderlaufen sowieso schnell und unaufwendig vorbei. Dass es deshalb weniger weh tat als heute, halte ich, nicht nur aus eigener trauriger Erfahrung, für einen Irrtum.

Die Scheidungsquote in der DDR lag höher als beispielsweise die in der Bundesrepublik. Das war ein offenes Geheimnis, auch wenn man genauere Zahlen kaum erfuhr. Schließlich war das kein Ruhmesblatt für unsere familien- und kinderfreundliche Gesellschaft, aber es war auch keine Schande. Im Osten hat man sich öfter und schneller scheiden lassen, weil man früher und schneller geheiratet hat. Denn man wusste ja, dass Ehe nicht unbedingt lebenslänglich bedeuten musste. Außerdem war bekannt, dass man ohne den Trauschein kaum Aussicht auf eine eigene Wohnung hatte. Fehlende anderweitige Ablenkungen im Alltag taten ein Übriges.

Trotzdem waren auch hier Scheidungen fast immer äußerst traurige Angelegenheiten, selbst wenn keine Kinder darunter zu leiden hatten. Ich habe zwei Wochen lang in einer kleinen Stadt bei Berlin jeden Tag beim Gericht solche Scheidungsverhandlungen beobachtet. Was ich dabei sah, war alles andere als heiter. Daran scheiterte dann meine Absicht, das Buch für einen »heiteren« Scheidungsfilm zu schreiben. Fast immer waren es die Frauen, die sich von ihren trinkenden oder schlagenden Männern trennen wollten. Und dann ging es in den Verhandlungen regelmäßig ums »Eingemachte«.

Die meisten Paare, die sich scheiden ließen, besaßen nur wenig. Aber um ganz Weniges kann man sich sehr erbittert streiten. Als ich die Richterin in einer Verhandlungspause fragte, wie sie solches Elend täglich ertragen könne, sagte sie mir: »Was wollen Sie denn? Wenn in der DDR überhaupt etwas besser ist als drüben, dann ist es die Tatsache, dass sich die Frauen nichts mehr gefallen lassen müssen von solchen Männern.« Dem dabei sitzenden Schöffen mit dem Parteiabzeichen am Revers fielen fast die Augen heraus.

Diese Richterin – sie selbst war übrigens geschieden – kümmerte sich nach der Verhandlung darum, dass die geschiedene Mutter notfalls einen neuen Arbeitsplatz bekam und dass die Versorgung der Kinder gesichert war. Das, meinte sie, gehöre zu den normalen Aufgaben einer Familienrichterin. Sicher sahen das nicht alle Familienrichter im Osten so. Aber man wird doch mal sagen dürfen, dass es auch vor Gericht in der DDR nicht immer ungerecht zuging.

Schiessbefehl

Einen Schießbefehl hat es gegeben und hat es nie gegeben

Dass der Rechtsstaat Bundesrepublik mit der juristischen Aufarbeitung des Unrechtsstaates ↑DDR überfordert war und ist, zeigt sich schon bei der Frage, wie so ein Schießbefehl aussehen müsste, um den, der ihn gegeben hat, dafür zur Verantwortung ziehen zu können. Immer mal wieder taucht ein Schriftstück auf, in dem irgendwer – wer, das ist leider nicht zu ermitteln – den Befehl zum Töten schriftlich festgehalten hat. Leider ohne Unterschrift und

Kopfbogen. Zuletzt fand man ein solches Papier im August 2007 in der Magdeburger Nebenstelle der Birthler-Behörde. Das war mal wieder eine Sensation, von der sich erst nach der größtmöglichen Aufregung herausstellte, dass es gar keine war. Denn ein gleich lautendes Dokument war der Behörde bereits seit zehn Jahren bekannt. Das hatte sie nur vergessen. Bei so vielen Sensationen kann man sich eben nicht jede merken. Man könnte den Eindruck gewinnen, dass der ↑Stasi-Auflösungsbehörde inzwischen jede Sensation willkommen ist, um ihre weitere Existenz zu sichern. Motto: Es gibt noch viel zu tun – warten wir's ab.

Egon Krenz dagegen weiß als letzter DDR-Oberbefehlshaber ganz genau, dass es einen Schießbefehl nie gegeben haben kann. Seine Begründung ist besonders originell: »Das weiß ich nicht aus Akten, das weiß ich aus eigenem Erleben. So ein Befehl hätte den Gesetzen der DDR auch widersprochen.« Was in der DDR so alles angeordnet wurde, obwohl es den Gesetzen widersprach, scheint ihm entfallen zu sein. Da könnte ihm die Birthler-Behörde mit einer kleinen Akteneinsicht auf die Sprünge helfen. Oder hat jemand hinter dem Rücken des Politbüros Befehle erteilt, von denen da oben keiner was geahnt hat? Haben die da unten einfach so geschossen?

Für Militärangehörige dieser Welt – das dürfte in einer Diktatur nicht anders sein als in einer ↑Demokratie – ist das Vorhandensein eines Befehls Grundvoraussetzung für alles Handeln. Wo kämen wir hin, wenn ein Soldat ohne Befehl töten dürfte? Es ist schon schlimm genug, dass er es überhaupt darf. Von dem kleinen Mauerschützen verlangte der Rechtsstaat, dass er bereits im Unrechtsstaat hätte erkennen müssen, dass er den Schießbefehl auf wehrlose Grenzverletzer nicht hätte befolgen dürfen. Woher wusste so ein kleiner Soldat, der das sozialistische Lager nie hatte verlassen dürfen, dass sein Staat ein Unrechtsstaat war und dass an anderen Grenzen nicht geschossen werden durfte? In der Schule hat ihm das keiner gesagt, und als er an die Grenze kam, hatte er selbst

Angst, so einem Grenzverletzer zu begegnen, von dem er ja nicht sofort wusste, ob er wirklich unbewaffnet, also wehrlos war.

Ziemlich genau dürfte er aber gewusst haben, was bei der Volksarmee auf Befehlsverweigerung stand. Die Urteile, mit denen der Rechtsstaat ihn dann bestrafte, waren so milde, dass man daran zweifeln könnte, dass die Richter von einer wirklichen Schuld der meisten Mauerschützen überzeugt waren. Aber irgendeine Strafe musste wohl schon aus symbolischen Gründen ausgesprochen werden. Das war man den Opfern schuldig.

Für die Angeklagten jedenfalls war es ein Glück, nicht einem Richter wie dem Hauptaufklärer des ganzen DDR-Unrechts, Hubertus Knabe, begegnet zu sein. Der weiß nicht nur, wie ein Stasiknast von innen aussieht, er weiß, wie die ganze DDR von innen ausgesehen hat. Also hat er auch den Mut, diesen Schießbefehl bei seinem wirklichen Namen zu nennen: »Eine Lizenz zum Töten.« Er kennt eben nicht nur uns und unsern ↑Mielke genau, er kennt auch seinen James Bond.

Die ganze Diskussion über die Existenz oder Nichtexistenz dieses Schießbefehls reicht inzwischen ins Transzendentale. Da wir nur wissen, dass geschossen wurde, aber nicht beweisen können, dass dafür auch ein Befehl vorgelegen hat, bleibt nur ein Schluss: Da an der DDR-Grenze offenbar ein Befehl empfangen wurde, den nie einer gegeben hatte, kann es sich dabei nur um eine unbefleckte Empfängnis gehandelt haben. Könnte es sein, dass Egon Krenz in seiner Not zum Katholizismus übergetreten ist, oder war die ganze DDR nicht von dieser Welt?

Schlager-Süsstafel, Kaffee-Mix

Die trinkfeste DDR-Wirtschaft wusste sich immer zu helfen

Dass man Alkohol aus nahezu allen Grundstoffen herstellen kann, war ein Glück für die volkseigenen Schnapsproduzenten. Kartoffeln, Korn und Zucker wuchsen auf den heimischen Böden, und Wasser gab es ausreichend. Also an Schnaps mangelte es nie bei uns – auch wenn der Weinbrand nur Verschnitt war. Ob »Wilthener Goldkrone«, »Kristall-Wodka« – auch »Blauer Würger« genannt – oder »Pfeffi«, der hart gesottene DDR-Trinker unterschied ohnehin nur zwischen »Braunem«, »Klarem« und »Süßem«. Der Pro-Kopf -Verbrauch an Alkohol lag in der DDR bei stolzen vierzehn Litern im Jahr. Das glich auch kein Harald Juhnke im Westen aus – die härteren Trinker saßen bei uns im Osten.

Schnaps war der billigste Stimmungsmacher und wesentlich wirksamer als alle Propaganda. Das hatte auch die Partei schon früh erkannt. Der größte Irrtum Gorbatschows bestand darin, seinen Sowjetbürgern den Wodka verbieten zu wollen. Daran musste jeder russische Staatsführer scheitern. Wir nannten ihn, von dem wir in anderer Beziehung so viel erwartet hatten, von da an nur noch Mineralsekretär. Dass heute ausgerechnet eine Wodka-Sorte seinen Namen trägt, ist eine besondere Ironie in der Geschichte.

Unseren Kristall-Wodka nannten wir übrigens auch »Erichs Rachengold«, obwohl ↑Honecker zu den wenigen Parteiführern gehörte, die nur mäßig tranken. Einer wie der im Politbüro für das Bauwesen zuständige Konrad Naumann war da wohl einfach typischer. Er war bekannt dafür, dass er bei freundschaftlichen Begegnungen mit den trinkfesten Bauarbeitern dieser Republik regelmäßig alle unter den Tisch soff. Dass Honecker ihn 1986 aus der Parteiführung warf, lag jedoch nicht am Suff. Säufer hat es im Politbüro wie an der Basis immer gegeben. Vom Gewerkschaftsboss Harry Tisch erzählte man ähnliche Geschichten wie vom trinkfesten Konrad Naumann.

Leider war aber nicht alles so einfach aus den heimischen Pflanzen und Kräutern herzustellen wie Alkohol. Für die Tabakproduktion mochten die heimischen Kräuter der Uckermark wenigstens teilweise noch verwendbar sein, aber Kaffee und Kakao wuchsen nun mal nicht in der Uckermark oder auf den so fruchtbaren Böden der Magdeburger Börde. Alle Versuche, Kaffee ohne Kaffee und Schokolade ohne Kakao zu produzieren, scheiterten. Also versuchte man wenigstens den Kaffeegehalt im Kaffee zu senken. Das Ergebnis war ein »Kaffee-Mix« genanntes Gemisch aus etwas Bohnenkaffee und sehr viel Malz und Zichorie. Das trieb die an allerlei Härten und Entbehrungen gewöhnte DDR-Bevölkerung denn doch auf die Barrikaden. Die Produktion von »Honeckers Krönung« musste eingestellt werden. Die ↑Stasi – in diesem Fall als Meinungsforschungsinstitut tätig – hatte dringend dazu geraten, um den ganzen Sozialismus nicht am falschen Kaffee scheitern zu lassen.

Etwas erfolgreicher waren die Süßwarenhersteller mit der Entwicklung einer nahezu kakaofreien Schokolade, »Schlager-Süßtafel« genannt (Kakao-Gehalt sieben Prozent). Über dieses Produkt aus dem volkseigenen Zeitzer Süßwarenwerk Zetti gab es zwar viele Witze, aber die Empörung hielt sich in den Grenzen des Üblichen. Irgendwie war ja fast alles bei uns nur Ersatz, von den Halloren-Kugeln über die Othello-Kekse, die Knusperflocken bis hin zur Schlager-Süßtafel.

Diese DDR-Süßigkeiten gibt es übrigens heute unter gleichem Namen, aber in ganz anderer Zusammensetzung fast alle wieder. Seit dem Jahr 2000 wird die einst so verspottete Süßtafel von der »Goldeck Süßwaren GmbH Zeitz« wieder hergestellt. Als ich im Winter 2000 in meine alte Kaufhalle kam, die längst ein ganz neuer Supermarkt geworden war, sah ich eine Gruppe älterer Frauen am Schokoladen-Regal stehen und hörte, wie sie einander gerührt darauf hinwiesen, dass es die gute alte »Schlager-Süßtafel« endlich wieder zu kaufen gab. Und sie packten jede mindestens zwei davon glücklich in den Einkaufswagen. Ein ganz neues Produkt unter altem Namen – aus diesem Stoff ist Ostalgie gemacht.

Schlangestehen

Schlangestehen war eine beliebte Freizeitbeschäftigung in der DDR

Sozialistische Wartegemeinschaft nannten wir die allgegenwärtigen Schlangen vor unseren Geschäften. Aber da standen »unsere Menschen« nicht etwa nur in ihrer Freizeit. Mit dem Ruf: »Im Konsum gibt's Bananen!« konnte man ganze Arbeitskollektive von ihren Schreibtischen oder Schraubstöcken auf die Straße locken. Besonders leidenschaftliche Schlangesteher sollen sich, ohne zu fragen, was es gerade gab, grundsätzlich überall mit eingereiht haben, wo sie eine Schlange sahen. Denn man konnte ja davon ausgehen, dass es da, wo sich viele Leute vor einem Geschäft versammelt hatten, irgendwas geben musste, was es nicht alle Tage zu kaufen gab. Die freie Zeit, die wir früher in der Warteschlange verbracht haben, verbringen wir heute genauso gern im Stau, wo man ja auch Leute kennen lernt, mit denen man normalerweise nie ins Gespräch käme.

Ich habe Schlangen zwar gemieden, wo ich konnte, aber immer war das für keinen möglich. An den wenigen Kassen der gewöhnlichen DDR-Kaufhallen oder beim Bäcker musste man am Wochenende grundsätzlich anstehen. Aber das war durchaus nicht immer nur vertane Lebenszeit, es konnte ein wichtiger sozialer Kontakt dabei entstehen. Für mich als Kabarettautor war das Schlangestehen sogar so etwas wie ein Quellenstudium. Nirgends erfuhr man besser, wie die Stimmungslage im Volke gerade war. Hier hörte man die letzten Witze, auch die politischen – man war ja unter sich. Erich ↑Mielke hätte sich viele seiner inoffiziellen

Mitarbeiter sparen können, hätte er seine fest angestellten Leute öfter in Zivil zum Schlangestehen geschickt. Was die Leute am Telefon nicht aussprachen, weil sie damit rechnen mussten, dass sie abgehört wurden – hier in der anonymen Schlange machten sie aus ihrem Herzen keine Mördergrube und sagten, was sie wirklich dachten.

Man schimpfte gemeinsam auf die ewige Ansteherei und genoss dabei gleichzeitig das schöne Gefühl unter Gleichgesinnten zu sein, mit denen man ein – wenn auch unschönes – Schicksal teilte. (↑Wir-Gefühl) Auch wenn man in einer Gaststätte stundenlang vor dem schönen Schild »Sie werden platziert« stand und dabei immer die vielen freien Plätze vor Augen hatte, musste man seinen Zorn nicht in sich hineinfressen. Man konnte sich gemeinsam erregen über die Willkür des Bedienungspersonals, so lange es außer Hör- und Sichtweite war. Wenn der Kellner dann schließlich doch kam, um einen gnädig zu platzieren, hörte man automatisch auf zu schimpfen. Schließlich wollte man von ihm ja auch noch bedient werden. Und das setzte voraus, dass man dem Bedienungspersonal höflich und bescheiden entgegen kam.

Schwarzarbeit → Feierabendbrigaden

SED

Eigentlich musste jeder in der Partei sein

In ihren besten Zeiten hatte die SED über zwei Millionen Mitglieder. Bei einer Gesamtbevölkerung von gut sechzehn Millionen Bürgern ist das, wenn man die Kinder und Jugendlichen abrechnet, ein hoher Prozentsatz. Trotzdem ist meines Wissens keiner gezwungen worden, da einzutreten. Geworben wurde man überall, und bestimmt wurde bei vielen auch Druck ausgeübt. Bestimmte Karrieren waren in Wirtschaft, Wissenschaft und selbst in der Kultur nicht oder nur sehr schwer ohne Parteimitgliedschaft zu machen. Und wenn man erstmal drin war, kam man nur sehr schwer wieder heraus. Die ungebremste Austrittswelle begann erst im Herbst 1989, als die Allmacht der Partei sichtbar zu bröckeln begann. Vorher konnte man praktisch gar nicht selbst austreten. Man musste sich ausschließen lassen, was wohl immer mit großen persönlichen Nachteilen verbunden war. Als schlimmste Strafe galt, wenn die Mitgliedschaft gestrichen wurde. Das bedeutete, dass man dieser Mitgliedschaft nie würdig gewesen war.

Die Genossen gingen miteinander viel rigoroser um als mit unsereinem, der gar nicht erst eingetreten war. Mich hat man kurz vor dem Abitur zum ersten Mal zu werben versucht. Da verriet mir meine Klassenlehrerin ein wunderbares Argument: »Sag einfach, du bist nicht reif.« Das hatte neben anderem den Vorteil, dass es auch noch stimmte. Als ich dann die Dreißig überschritten hatte, sagte ich nur noch: »Ich könnte doch nie Parteidisziplin üben.« Später hat man mich gar nicht mehr angesprochen. Ich hatte allerdings auch nicht vor, eine Karriere zu machen, bei der eine Parteimitgliedschaft Voraussetzung war. Als ich 1986 zu einem der zahlreichen Vizepräsidenten des Theaterverbandes gewählt werden sollte, sagte mir einer der Genossen noch, dass ich vorher natürlich in die Partei eintreten müsste. Ich sagte ihm nur, dass ich das natürlich nicht tun würde. Damit war die Sache erledigt. Als Parteiloser durfte ich nur Mitglied des vielköpfigen Präsidiums werden. Diesen Karriereknick habe ich fast dankbar hingenommen.

Längst nicht immer und überall, konnte man sich durch einfache Parteimitgliedschaft nach oben arbeiten. Außer Parteilichkeit waren gewisse Fachkenntnisse bei Genossen Voraussetzung für höhere Positionen. Aber so mancher, dem sein beruflicher Aufstieg nicht gelang, schob es darauf, dass er nicht Genosse sei. Auch darüber gab es Witze. Ein Stotterer beschwert sich, dass er beim Rundfunk nicht hat Nachrichtensprecher werden können: »Nur, weil ich nicht in der Partei bin!«

Unter meinen Freunden waren übrigens viele Parteimitglieder, die ihre Partei nicht weniger kritisch sahen als ich. Sie waren irgendwann mal als junge Menschen eingetreten und hatten keine so gute Ratgeberin wie ich. Oder sie taten es wirklich aus Überzeugung. Es gab ja auch gute Gründe, Kommunist sein zu wollen. Aber wenn sie dann erkennen mussten, dass diese Partei mit dem, was sie sich unter Kommunismus vorgestellt hatten, gar nichts zu tun hatte, war es zu spät. Nicht alle waren schließlich aus reinem Opportunismus Genossen geworden. Opportunisten waren wohl mehr unter denen zu suchen, die rechtzeitig in eine der Blockparteien eingetreten waren, um nicht Genossen werden zu müssen und ihre Karriere trotzdem nicht zu gefährden. (Siehe auch ↑Mitläufer)

Unter denen, die die DDR nach dem Vorbild Gorbatschows reformieren wollten, waren nicht wenige SED-Mitglieder. Und es waren nicht die Unfähigsten. Dass die SPD sich dann geweigert hat, solche Genossen bei sich aufzunehmen, hatte die bekannten Folgen, mit denen die Sozialdemokraten noch heute zu kämpfen haben. Mit Recht, finde ich.

SERO

Der Altstoffhandel war in privater Hand

Irrtum, dieser Staatsbetrieb, das »VEB Kombinat Sekundär-Rohstofferfassung«, kurz SERO genannt, wurde allerdings meist von privaten Kleinunternehmern betrieben, die sogar ziemlich gut verdienten an diesem staatlich gelenkten Altstoffhandel. Seit den sechziger Jahren gab es ein dichtes Netz solcher Altstoff-Annahmestellen, in die man Flaschen, Gläser, Altpapier, Lumpen, Stahl-

und Aluminiumschrott, sogar alte Sprayflaschen und natürlich alle Buntmetalle wie Kupfer, Zink oder Blei bringen konnte und noch Geld dafür bekam.

Die Preise waren so, dass es sich lohnte, die Altstoffe abzuliefern. Auch hier gab es Festpreise – für die normale Weinflasche bekam man zehn, für Marmeladengläser fünf und für Saftflaschen sogar dreißig Pfennige. Die Flaschenfarbe allerdings spielte damals keine Rolle. Auch die Preise für Altpapier waren gestaffelt – je nach Qualität. Wir lernten also schon damals den Müll zu trennen, denn für Zeitungen, Zeitschriften und Wellpappe bekam man, wenn man sie ordentlich gebündelt hatte, ganze dreißig Pfennige, während es für unsortiertes Altpapier nur acht Pfennige gab.

Mit dem Sammeln und Abliefern solcher Sekundärrohstoffe erfüllten wir auch eine staatsbürgerliche Pflicht, die zwar nicht kontrolliert wurde, aber deren Nutzen für die Volkswirtschaft uns immer wieder ins Gedächtnis gerufen wurde. Schließlich wussten wir ja auch selbst, dass wir in einem rohstoffarmen Ländchen lebten, in dem es außer Braunkohle und Blumenerde kaum etwas abzubauen gab. Für nichts wie für den Sozialismus im Allgemeinen und für SERO im Besonderen wurde so viel Werbung betrieben. »Rohstoffe – von uns – für Sie. Unsere Annahmestelle erwartet Sie!« Das war nur einer der meist etwas mühsam gereimten Werbesprüche.

Eine besondere Rolle spielten beim Altstoffsammeln die Jungen Pioniere, die in Gruppen oder einzeln von Haus zu Haus zogen, um Flaschen, Gläser und Papier zu sammeln. Damit erfüllten sie einen so genannten Pionierauftrag und haben zusätzlich ihr Taschengeld aufgebessert. Einen Teil des Geldes mussten sie manchmal auch spenden für Vietnam, Angola oder ganz allgemein für die um ihre Befreiung kämpfenden Völker dieser Erde. Unter dem Namen »Aktion Rumpelmännchen« wurde das Altstoffsammeln zu einer der wichtigsten Aktivitäten der Pionierorganisation »Ernst Thälmann«, und – ehrlich gesagt – wir Normalbürger waren meist froh, wenn diese Pioniere das Zeug für uns in die SERO-Annahmestellen trugen. Dass es sich dabei eigentlich um verbotene Kinderarbeit handeln könnte, darauf kamen weder wir noch die Kinder selbst. Aber vielleicht kommt heute mal einer darauf, wenn es wieder um die bösen Folgen der Kindererziehung im Sozialismus geht.

Singebewegung → Oktoberklub

Souveränität

Die DDR war ein souveräner Staat

So ganz souverän wirkten sie alle nicht, die in der ↑DDR das Sagen und den Staat nach außen zu repräsentieren hatten. ↑Honecker noch weniger als Ulbricht, von Krenz ganz zu schweigen. Keiner von ihnen wirkte nur annähernd so souverän wie ein Willy Brandt oder Helmut Kohl. Umso mehr bestanden sie darauf, die souveränen Repräsentanten des souveränen Staates DDR zu sein. So stolz Honecker 1973 in Helsinki gewesen sein mag, als er dort aus Gründen der alphabetischen Reihenfolge zwischen dem Bundeskanzler Helmut Schmidt und dem amerikanischen Präsidenten Ford sitzen durfte, es sah aus, als hätten ihn die Großen nur mal kurz vom Katzentisch ins Präsidium gerufen.

Für den Westen waren alle Volksdemokratien, ganz besonders aber die DDR, nur Satteliten Moskaus. Und in der Tat sieht es nach Aktenlage ganz so aus, als habe sich die DDR-Führung in Moskau jeweils die Erlaubnis holen müssen, wenn sie sich in die inneren Angelegenheiten des eigenen Staates einmischen wollte. Wie lange Honecker in Moskau antichambrieren musste, um sich von

Breshnew die Genehmigung zum Sturz Walter Ulbrichts zu holen, das ist aktenkundig. Auch dass Ulbricht die ↑Mauer nicht ohne Erlaubnis von Moskau hätte bauen dürfen, ist allgemein bekannt. Das Grenzregime, die innerdeutschen Beziehungen, selbst die Handelsbeziehungen unterlagen der Kontrolle Moskaus. Nicht einmal unter Gorbatschow durfte Honecker nach Bonn fahren, wann er wollte.

All das war im Westen bekannt und ist jetzt in tausend Protokollen nachzulesen. Das ganze Gerede von der Souveränität der DDR-Führung war eine Lüge. Das zuzugeben, waren die einst so souveränen Führer gern bereit, als sie von der Justiz der Bundesrepublik für Taten angeklagt wurden, die sie ja nur auf Befehl Moskaus hatten ausführen lassen. Die westdeutsche Justiz hingegen wollte nun, aus den Befehlsempfängern von gestern vor Gericht die voll verantwortlichen Politiker von heute machen. Wofür sollte man sie denn sonst bestrafen? Sie hatten ja nicht selbst geschossen wie die kleinen Mauerschützen (↑Schießbefehl), die man schon verurteilt hatte. Sie hatten die Befehle aus Moskau nur weitergegeben. Das Ergebnis solcher unterschiedlichen Rechtskonstruktionen waren dann die seltsamen Politbüro-Prozesse, bei einem wurde ↑Mielke für Taten bestraft, die er sechzig Jahre zuvor begangen hatte. Als Stasichef ging er praktisch straffrei aus.

Honecker konnte aus Krankheitsgründen gar nicht mehr belangt werden, und wofür Krenz und die anderen ein paar Jahre eingesperrt worden sind, das können wohl nur die beteiligten Juristen genau sagen. Aber dass die DDR nie ein souveräner Staat war, das hätte ihnen jeder von uns bestätigen können, wenn sie uns in den Zeugenstand gerufen hätten. So richtig souverän wirkten die bundesdeutschen Richter auch nicht in der juristischen Aufarbeitung des DDR-Unrechts. Aber wie sagte einst Karl Kraus: »Ein bisschen Ungerechtigkeit muss sein, sonst wird man nie fertig.«

Sozialistische Erziehung

Die sozialistische Erziehung war ein voller Erfolg

Dass sie das nicht war, wollten Partei- und Staatsführung bis zum Schluss nicht einsehen. Der Fackelzug der Freien Deutschen Jugend (↑FDJ) am Vorabend des vierzigsten Jahrestages der DDR sollte auch in letzter Minute noch beweisen, dass die Jugend ihren sozialistischen Staat liebte. Wie wenig sie das tat, ist schon daran zu erkennen, dass man in Berlin nicht mehr genügend Jugendliche fand, die bereit waren, an dieser letzten großen Jubelveranstaltung teilzunehmen. In Bussen mussten Jugendliche von außerhalb herangekarrt werden, um die nötige »Masse« an ↑Honecker vorbeiziehen zu lassen. Und was taten sie? Statt ihm zuzujubeln, riefen sie nach Gorbatschow.

Dabei hatte man doch schon in den staatlichen Kindergärten damit begonnen, den Kindern ihren ↑Arbeiter- und Bauernstaat in Wort und Bild nahe zu bringen. Und wenn diese Kinder in die Schule kamen, wurden sie fast automatisch Jungpioniere. Das wurden die meisten von ihnen noch gern, eben weil es fast alle wurden, und weil so ein Pionierausweis mit Lichtbild und das blaue Halstuch für Sechs- bis Siebenjährige etwas Besonderes waren. Diese frühe Begeisterung aber legte sich ziemlich schnell. Anfangs mochten die Pioniernachmittage noch Spaß machen, wenn man zusammen auf Wanderung ging, ins Kindertheater oder in den Tierpark. Wenn dann aber die langweiligen Pionierversammlungen unter Leitung der Unterstufenlehrer/innen oder der hauptamtlichen Pionierleiter/innen abgehalten wurden, ließ die Begeisterung schnell nach.

Mit dem Übergang vom »Jung«- zum »Thälmann-Pionier« in der vierten Klasse, begann das »fröhliche Pionierleben« für viele bereits zur lästigen Pflicht zu werden. Wem machte es schon Spaß, eine Wandzeitung zu gestalten, auf der nur stehen durfte, was auch in der Pionier-Zeitung »Trommel« stand? Und wenn sie dann als Vierzehnjährige automatisch in die FDJ aufgenommen wurden, war ihnen das Blauhemd meist schon peinlich, und sie trugen es nur zu den Veranstaltungen, bei denen das Tragen dieses Hemdes Pflicht war. Auf dem Weg zu solchen Veranstaltungen und danach auf dem Heimweg zogen sie es aus oder etwas darüber, weil man sich im Blauhemd einfach lächerlich vorkam. Das trugen nur die meist schon etwas korpulenten, grauhaarigen Vierzigjährigen in ihrer leicht vorsenilen Jugendlichkeit.

Zu dem, was man »frohes Jugendleben« nannte, hatten die Jungen schon gar keine Lust. Da wurde nicht ihre Musik gespielt, nicht ihre Sprache gesprochen, und die FDJ-Kleidung hatte mit dem, was sie unter Jugendmode verstanden, schon gar nichts zu tun. Hinzu kam, dass in den meisten Familien zu Hause anders gesprochen wurde als in der Schule. Schon auf dem Schulhof sprach man ja anders als im Unterricht oder auf der FDJ-Versammlung. Alle wussten das, und die meisten machten es lange Zeit mit, allerdings auch immer frustrierter. Die sozialistischen Absichten verkehrten sich in ihr Gegenteil. Man machte mit und machte sich gleichzeitig lustig über dieses allgemeine Mitmachen.

Außerhalb des offiziellen Programms machte jeder seins. Die Verballhornung einer allseits bekannten DDR-Losung lautete: »Jeder macht, was er will. Keiner macht, was er soll. Aber alle machen mit!« Das war ja bei den Erwachsenen nicht anders als bei den Jugendlichen. (↑Jugend) Die von Schule und FDJ angebotenen Vorbilder wurden allenfalls belächelt. Man wählte sich seine Vorbilder lieber selbst, und das waren nun mal keine »Helden der sozialistischen Produktion« oder irgendwelche längst gestorbenen Revolutionäre. Allenfalls noch Che Guevara. Aber der war eher so etwas wie eine romantische Figur aus einer anderen Welt und einer anderen Zeit. Und den kannte man schließlich wie andere Vorbilder hauptsächlich aus den Westmedien.

Die Lehrer standen ihren Schülern in solchen Fragen meist hilflos gegenüber. Im schulischen Alltag halfen alle von Margot Honecker verkündeten Erziehungsideale nicht mehr. Noch im Juni 1989 feierte die DDR-Bildungsministerin auf einem letzten Pädagogischen Kongress die Erfolge einer sozialistischen Erziehung, die alles Mögliche hervorgebracht hat – nur nicht das, was man »sozialistische Persönlichkeiten« nannte. Sie wurden dankbare Konsumenten in der neuen Warenwelt oder plötzlich wirklich linke Chaoten, PDS- oder CDU-Wähler. Eine der durch die sozialistische Schule gegangene Ostdeutsche wurde sogar Bundeskanzlerin. Wenn das kein Erfolg sozialistischer Erziehung ist!

Sozialistische Menschengemeinschaft → Beziehungen → Notgemeinschaft → Plattenbau → Privilegien → Schlangestehen

Sozialistische Moral → FKK → Gebote der sozialistischen Moral

Stabile Preise

Die stabilen Preise waren ein reiner Segen

Zu den großen ↑Errungenschaften, auf die sich Partei- und Staatsführung der DDR immer wieder beriefen, gehörten die stabilen Preise im ↑Arbeiter- und Bauernstaat. Nicht nur die Preise für Grundnahrungsmittel und Waren des täglichen Bedarfs waren offiziell unantastbar. Weder die Mieten, noch die Fahrpreise in den öffentlichen Verkehrsmitteln, nicht einmal Theater-, Kino- oder Kabarettkarten durften teurer werden. Preiserhöhungen sollte es bis zum Schluss nicht geben, jedenfalls keine, die man als solche sofort hätte erkennen können. So kam es, dass die Produktionskosten vieler Waren immer weiter über dem EVP – dem heiligen Einzelhandelverkaufspreis – lagen. Dass das keine Volkswirtschaft der Welt auf Dauer verkraften kann, war zwar den meisten Wirtschaftsfachleuten klar, aber die Weisheit der Partei stand weit über allen ökonomischen Fachkenntnissen. Und diese Weisheit lautete: Lieber zehn ökonomische Fehler machen, als einen ideologischen. Ideologisch gesehen war alles falsch, was die Massen gegen die Partei zusätzlich hätte aufbringen können.

Mit vielen Tricks versuchten Betriebsleiter deshalb, ihren neuen alten Produkten durch neue Verpackung oder einfache Umbenennung einen höheren Gebrauchswert zu verleihen. Wenn der Schwindel nicht herauskam beziehungsweise nicht zu größerer Unruhe in der Bevölkerung führte, hatte die Partei nichts dagegen. Ja, hier und da hatte die Staatliche Plankommission selbst schon versteckte Preiserhöhungen – für Fahrräder etwa – angeordnet, aber sofort wieder zurück nehmen müssen, als die Staatssicherheit – das größte Meinungsforschungsinstitut der DDR (↑Stasi) – von Unruhen unter den Werktätigen berichtete. Dann hieß es einfach, örtliche Organe oder einzelne Betriebsleiter hätten eigenmächtig gegen die Grundsätze der Einheit von Wirtschafts- und Sozialpolitik – Honeckers Vaterunser – verstoßen.

Nur die Preise für Alkohol und Tabak durften immer mal erhöht werden. Das war ja sogar gesundheitspolitisch zu rechtfertigen. Es wurde zwar viel getrunken und geraucht im realen Sozialismus, aber so viel, dass man damit die stabilen Mieten auf Dauer hätte stützen können, war es nun wieder nicht. Und die vielfach überteuerten Preise in den Delikat- und Exquisitläden für so genannte »hochwertige Erzeugnisse« machten den niedrigen Brotpreis nicht wett. Allein dieser besonders heilige Brotpreis führte zu absurden Abläufen in Landwirtschaft und Handel. Da ging der Bauer zum Bäcker und kaufte Brot für seine Hühner, weil das Futterkorn teurer war als das gebackene Brot. Und derselbe Bauer ging zur Kaufhalle, um dort bei der Warenannahme die von eben diesen Hühnern gelegten Eier zu verkaufen, die er dann vorn im Verkaufsraum mit Gewinn zurückkaufen konnte.

Dasselbe machten die hunderttausend Kleingärtner in Stadt und Land, die ihr Obst und Gemüse teuer an die staatlichen Handelseinrichtungen verkaufen durften, um es dann in eben diesen Einrichtungen zum staatlich festgelegten Ladenpreis, der niedriger war als der erzielte Verkaufspreis, zurückzukaufen. Im ↑Kabarett durften darüber zwar Witze gemacht, aber am Prinzip der stabilen Preise durfte nicht gerüttelt werden. Das Erstaunlichste an diesem ostdeutschen Wirtschaftswunder war, dass es so lange brauchte, um endgültig zusammenzubrechen.

Stars

Nur im Westen gab es Stars

Im Osten gab es höchstens Publikumslieblinge, die außer in der Dresdner Gegend und im fernen Ostvorpommern – den beiden westfernsehfreien Zonen – kaum einer kannte. Über diese von der DDR-Fernsehzeitung »FF dabei« gekürten Fernsehlieblinge des Ostens wurden viele Witze gemacht. Einer unter diesen angeblichen Publikumslieblingen war – und das allein war ein einziger Witz – Karl Eduard von Schnitzler. Der gehörte schließlich nicht nur in Dresden, aber da ganz besonders, zu den meist gehassten Leuten überhaupt. Seine Sendung, der »Schwarze Kanal«, war von ähnlicher Qualität wie Gerhard Löwenthals »ZDF-Magazin«, nur in entgegengesetzter Stoßrichtung. »Der schwarze Kanal« lief immer montags nach den äußerst beliebten alten UFA-Filmen. Bei Beginn von Schnitzlers Sendung konnte man in den Dresdner Elektrizitätswerken sofort feststellen, wie der Stromverbrauch sank, weil die hunderttausend Fernsehgeräte abgeschaltet wurden. Dafür stieg schlagartig der Wasserverbrauch. Wenn Schnitzlers Gesicht auf dem Bildschirm erschien, schalteten die Dresdner ab und gingen aufs Klo.

So unbeliebt wie er waren natürlich nicht alle »Fernsehlieblinge«. Manche von ihnen, Heinz Florian Oertel etwa, Marianne Wünscher, Herbert Köfer, Frank Schöbel oder Heinz Rennhack waren sogar wirklich beliebt bei den Zuschauern. Aber Stars, nein, echte Stars wurden sie erst, als »FF dabei« längst keine Fernsehlieblinge mehr kürte. Das brauchte erst noch einige Zeit.

Als die Grenzen plötzlich offen waren, wollten die Ostdeutschen zunächst mit ihren einstigen Fernsehlieblingen, auch mit denen, die sie wirklich gern gehabt hatten, nichts mehr zu tun haben. Sie riefen nach all den westlichen Stars und Sternchen, die sie aus dem Westfernsehen oder – wie in Dresden – zumindest vom Hörensagen kannten. Sie kamen alle, wurden umjubelt und reisten wieder ab. Nach einer kurzen Atempause sagten sich die Ostdeutschen: Da war doch noch was. Und als sie schließlich zu der grundsätzlichen Erkenntnis gekommen waren, dass nicht alles schlecht war in der DDR, erinnerten sie sich auch ihrer Fernsehlieblinge von gestern. Jetzt, da man die alten aus dem Osten mit den auch nicht so ganz neuen Stars aus dem Westen im direkten Vergleich erleben konnte, kamen die einst nur halb so geliebten Oststars gar nicht mehr so schlecht weg.

Den DDR-Fernsehlieblingen ging es bald wie den Spreewaldgurken, dem Rotkäppchen-Sekt und dem Bautzner Senf – sie wurden geradezu neu entdeckt. Sie waren »welche von uns«. Das ist inzwischen so etwas wie ein Qualitätssiegel geworden. Wenn man in der Dresdner Komödie zum Beispiel heute den Saal füllen will, muss mindestens ein Oststar mitspielen, am besten einer aus dem einstigen ↑Tal der Ahnungslosen selbst.

Seit 1995 gibt es sogar einen in Ost und West gleichermaßen begehrten Preis – die »Goldene Henne«. Benannt ist er nach einer mehrfach zum Fernsehliebling gekürten Unterhaltungskünstlerin der DDR – Helga Hahnemann. Sie hat inzwischen geradezu Kultstatus erreicht. Ich wüsste keinen, der bisher den nach ihr benannten Preis abgelehnt hätte. Einer der Preisträger dieser von MDR, »SUPER TV«, »SUPERillu« und Friedrichstadtpalast gestifteten Auszeichnung wurde im Jahre 1999 Altbundeskanzler Helmut Kohl. Helga Hahnemann ist 1991 gestorben. Ich kannte sie von gemeinsamen Auftritten und Gesprächen. Was sie zu diesem und manch anderem Preisträger sagen würde, mag ich mir nicht recht vorstellen.

Stasi

Die Stasi wusste alles

Dass die Stasi durchaus nicht alles wusste, kann jeder anhand seiner eigenen Stasi-Akte – wenn er denn überhaupt eine hat – studieren. Dass ↑Mielke und seine zum Schluss etwa einundneunzigtausend hauptamtlichen und hundertvierundsiebzigtausend inoffiziellen Mitarbeiter alles wissen wollten, hatte ihr Minister selbst oft genug verkündet. Nur war eben genau diese Absicht letztlich mit Schuld an ihrem Scheitern. Die Stasi hatte einfach zu viel Wissen angesammelt, um damit noch etwas anfangen zu können und um Wichtiges von Unwichtigem zu unterscheiden. Sie ist an ihren eigenen Aktenbergen fast erstickt. Seit fast zwanzig Jahren ist die Stasiauflösungsbehörde mit ihren modernen technischen Möglichkeiten, die der Mielke-Behörde damals noch nicht zur Verfügung standen, damit beschäftigt, diese Akten zu sichten. Ein Ende ist nicht abzusehen. Mielkes Erbe ist ein Jahrhundertprojekt!

Ich weiß aus dem Wenigen, was ich in Stasiunterlagen über mich gelesen habe, dass da kaum etwas stimmt. Da haben jeweils drei oder vier inoffizielle Berichterstatter oft genug einander widersprechende Darstellungen desselben Vorgangs aufgeschrieben, und meine Erinnerung stimmt selten mit einer von ihnen überein. Dass mich die Erinnerung täuschen kann, ist klar. Ebenso klar dürfte aber sein, dass der Wahrheitsgehalt dieser Akten nicht zuverlässiger ist als mein Gedächtnis.

Angelegt wurden sie ja, um im Ernstfall Material gegen den Beobachteten in der Hand zu haben, um ihn »zersetzen« oder anderswie belangen zu können. Aber was da zusammengetragen wurde, ist meist nur bruchstückhaft und oft genug zufällig, fast immer banal. Denn um nur ein paar der hunderttausend potentiellen Staatsfeinde lückenlos zu überwachen, reichten weder das Personal, noch dessen Intelligenz oder die technische Ausstattung der Staatssicherheit. Die Stasi wusste zu wenig, um alles zu wissen und zu viel, um damit letztlich etwas Sinnvolles ausrichten zu können. Mal abgesehen von der Frage, wie sinnvoll so ein geheimer Sicherheits- und Spionageapparat überhaupt sein kann.

Das Positivste, was man ihr nachsagen kann, war wohl, dass sie die Lage in der DDR etwas realistischer einschätzte als die Partei, in deren Auftrag sie ihre Arbeit tat. Dass sie nicht einmal diese Auftraggeber vom Wahrheitsgehalt ihrer Berichte überzeugen konnte, spricht für sich. ↑Honecker soll diese Berichte zum Schluss nur noch für Feindpropaganda gehalten haben, weil er Ähnliches jeden Tag in der Westpresse lesen konnte. Aber von uns hält heute so mancher die hinterlassenen Stasi-Akten für die historische Wahrheit über den Überwachungsstaat DDR.

Nach dem Schrecken, den sie einst verbreiten sollte und verbreitet hat, dient die Stasi heute immer mal wieder der Unterhaltung einer gelangweilten Öffentlichkeit, die sich gern ein bisschen gruselt. Stasigeschichten eignen sich inzwischen auch ganz gut, um abzulenken von unschönen Dingen, die heute geschehen. Wann und wo immer etwas Spektakuläres die Öffentlichkeit erregt, ein unaufgeklärtes Verbrechen etwa, vermutet man zuerst mal und am liebsten Mielkes Gruselkombinat dahinter. Etliche Fernsehabende kommen da schon zusammen. Sei es, wie vor Jahren, bei den gefälschten Hitlertagebüchern, bei der Suche nach dem Bernsteinzimmer oder dem Nazigold. Ein bisschen Stasiverdacht bringt noch immer etwas Würze in die Mediensuppe.

Subbotnik → Plattenbau

Tabus → Kunst als Waffe → Meinungsfreiheit

Tal der Ahnungslosen

In Dresden wusste man nichts über den Westen

Das sagten alle, die in Gegenden wohnten, in denen man ARD und ZDF empfangen konnte. Wer nur die beiden Programme des DDR-Fernsehens zur Verfügung hatte, der konnte sich gar keine Vorstellung vom goldenen Westen machen. Dass das ein Irrtum war, musste ich immer wieder feststellen, wenn ich zu Besuch ins Tal der angeblich Ahnungslosen kam. Die Dresdner wussten nicht *nichts* vom Westen, die meisten von ihnen wussten sogar viel besser als wir, wie golden der Westen wirklich war. Wir Besserwisser aus der Hauptstadt konnten uns in Dresden sowieso leicht unbeliebt machen. Also bliesen wir lieber mit ins schwarze sächsische Horn, als vielleicht noch unter Kommunismusverdacht zu geraten.

So schön, wie man sich in Dresden den Westen vorstellte, so schön hat sich nicht mal der ↑Klassenfeind selbst in seinen Medien gemalt. Im Gegenteil. So kritisch, wie manche Sendung in ARD und ZDF über die Verhältnisse in der Bundesrepublik berichteten, hätte man vielen Dresdnern nicht kommen dürfen. Sie hätten das glatt für kommunistische Propaganda gehalten. Dem DDR-↑Fernsehen misstrauten sie noch mehr als wir. Im Gegensatz zu uns konnten sie bei ARD und ZDF nicht überprüfen, ob da nicht doch etwas gestimmt hatte von dem, was sie in der »Aktuellen Kamera« gesehen und natürlich gar nicht hatten glauben können.

Dass gerade die sozialistischen Medien da, wo sie konkurrenzlos waren, besonders viele Antikommunisten produzierten, war eine Erkenntnis, die die ZK-Abteilung für Agitation und Propaganda einfach nicht wahrhaben wollte. Erst ganz zum Schluss soll es Überlegungen gegeben haben, diesen Zustand zu beenden und die technischen Voraussetzungen für den Empfang der Feindsender zu schaffen. Aber da war es schon zu spät. Als Helmut Kohl im Dezember 1989 den Hans Modrow in Dresden besuchen kam, war er wohl selbst ein wenig erschrocken, wie viel vorbehaltloses Vertrauen ihm da im Tal der Ahnungslosen entgegengebracht wurde. Solchen Jubel wie damals in Dresden kannte Helmut Kohl von zu Hause schon lange nicht mehr. Da galt er eher als Auslaufmodel. Ausgerechnet im Tal der Ahnungslosen muss ihm wohl die Chance seines Lebens klar geworden sein – er konnte nun der Kanzler der Einheit werden.

Talente-Vater → Quermann

Trabi

Der Trabant war ein Auto aus Pappe

Ich kann es bezeugen, Motor und Unterboden waren *nicht* aus Pappe, auch die Räder nicht. Und beliebt war er wie kaum ein anderes Auto, schon weil viele von uns kaum ein anderes Auto hätten bezahlen können. Wie liebevoll pflegten und putzten wir unsern Trabi, schmückten ihn mit Gardinchen und kannten sein

Innenleben besser als je ein Mercedesfahrer seinen Motor kennen gelernt haben dürfte. Am Trabant konnte man nicht nur fast alles selbst reparieren, man musste es auch, weil Werkstatttermine schwer zu bekommen waren. Es gab ganze Lehrbücher für die Trabantpflege und Reparatur unter dem Titel »Wie helfe ich mir selbst«. Der vorausschauende Trabantbesitzer hatte zu Hause im Keller oder in der Speisekammer normalerweise ein ganzes Ersatzteillager. Auch das trug dazu bei, dass Ersatzteile im Handel immer Mangelware blieben.

Neben der kompletten Auspuffanlage war das berühmteste Trabi-Ersatzteil der Keilriemen, eigentlich ein Pfennig-Artikel. Wer ihn im Geschäft liegen sah, nahm grundsätzlich mindestens einen davon mit. Ich hatte immer zwei oder drei in Reserve. Er trieb die »ungeregelte Lüftung« an und pflegte oft zu reißen. Ihn zu wechseln war äußerst kompliziert. Man musste – wenn ich mich recht erinnere – die ganze Lichtmaschine dafür aus- und wieder einbauen. Ich weiß nicht mehr wie, ich weiß nur noch, dass ich auch das gelernt habe. Besonders fähige Trabantfahrer ersetzten den Keilriemen im Notfall durch einen straff gespannten Damenstrumpf. Zu solcher Vollendung habe ich es leider nie gebracht.

Die Produktion der Nullserie unter dem Namen P 50 begann am 7. November 1957. Der letzte Trabant von insgesamt mehr als drei Millionen lief am 30. April 1991 vom Band. Dieses seit 1963 technisch nicht mehr wirklich veränderte Modell P 60, beziehungsweise P 601, war Synonym für die Unfähigkeit sozialistischer Planwirtschaft. Die Zahl der Witze über die »Rennpappe«, auch »überdachte Zündkerze« genannt, ist legendär. Hier nur einer: Kommt ein Trabant-Besitzer in die Werkstatt und sagt: »Könnten Sie mir bitte ein Schiebedach, eine automatische Fünf-Gang-Schaltung, eine Klimaanlage und einen zweiten Bremsweg in meinen Trabant einbauen.« Der Kfz-Meister darauf: »Kein Problem, holen Sie den Wagen morgen früh wieder ab.« Der Kunde: »Wollen Sie mich verkohlen?« Der Meister: »Wer hat denn damit angefangen?«

Inzwischen ist aus dem verlachten DDR-Produkt ein Kultgegenstand geworden. Im Jahre 2007 wurde in Zwickau, der Stadt, in der er erfunden und gebaut worden war, ein großes Fest gefeiert – »Fünfzig Jahre Trabant«. Das dürfte noch lange nicht der letzte Trabant-Witz gewesen sein.

Ulbricht → Arbeiter- und Bauernstaat → Demokratie → Flugwesen → Honecker → Kunst als Waffe → Souveränität

Unterhaltung → Fernsehen

Urlaub

Der Urlaub war immer die schönste Zeit im Jahr

Dass er das würde, hoffte man jedes Jahr wieder so hartnäckig, wie meist leider auch vergebens. Die Urlaubsfreuden begannen schon viele Monate vor Urlaubsantritt, beim Roulette der Urlaubsplatzvergabe durch den Feriendienst der Gewerkschaft. Dieser Dienst wurde seit 1947 vom FDGB, dem »Freien Deutschen Gewerkschaftsbund«, betrieben.

Da es nie genügend Ferienplätze gab, mussten sie in den Betrieben reihum verteilt werden. Manchmal geschah das nach Verdienst oder Bedürftigkeit, Kinderreichtum wurde immer belohnt. Manchmal ließ man aber auch – wenn es um die besonders begehrten Urlaubsplätze an der Ostsee ging – das Los entscheiden. So ein Ferienplatz der Gewerkschaft war sehr billig, und die Reichsbahn gewährte für Ferienreisen dreiunddreißig Komma drei Prozent Fahrpreisermäßigung.

Großbetriebe hatten gewöhnlich eigene Ferienheime für die Belegschaft. Betriebe mit solchen Heimen an der Ostsee hatten weniger Probleme, Arbeitskräfte zu finden, als Betriebe ohne solchen Luxus. Ein Arbeitsplatz mit garantiertem Ostseeurlaub war so etwas wie das große Los im ↑Arbeiter- und Bauernstaat. Auch viele LPG-Bauern machten bei uns im Sommer Urlaub. Da musste die Ernte eben mal warten oder man forderte Erntehelfer aus den Städten an. »Stadt und Land – Hand in Hand« gehörte ja schon zu den ganz frühen sozialistischen Losungen.

So niedrig die Kosten für so einen Ferienplatz waren, so niedrig war meist der Komfort. Wenn man als vierköpfige Familie zwei oder drei Wochen in einem Zimmer zubringen musste, konnte es schon geschehen, dass die fröhlich von zu Hause abgereisten Urlauber als zerrüttete Familie wieder heimkamen. Das soll selbst heute unter viel luxuriöseren Verhältnissen passieren. Die Urlaubsorte waren in den Sommermonaten, wenn die ganze DDR geschlossen in Urlaub fuhr, hoffnungslos überlaufen. Es gab überall zu wenig Restaurants, Cafés oder andere Möglichkeiten der Zerstreuung. Am Ostseestrand lag man dann Handtuch an Handtuch und Kofferradio neben Kofferradio in der Sonne. So fern die Sonne wirklich schien. Für einen Urlaub an der See nahm man fast alles in Kauf, obwohl ein verregneter Sommer dort zur reinen Familienfolter werden konnte.

Noch schwieriger war es für Leute wie mich, die als Freischaffende keiner Gewerkschaftsgruppe und keinem der ebenfalls Ferienplätze verteilenden Künstlerverbände angehörten. Hotels gab es so gut wie keine und die wenigen waren dem FDGB-Feriendienst vorbehalten. Also versuchte man, irgendwo privat unterzukommen. Wer einmal so eine Privatunterkunft gefunden hatte, versuchte sie möglichst vor der Abreise für das nächste Jahr gleich wieder zu buchen. Also musste man sich mit seinem Vermieter gut und keine außergewöhnlichen Ansprüche stellen – wie etwa Bettwäsche oder Handtücher. Die hatte man gefälligst mitzubringen. Ich habe auf der schönen Insel Hiddensee Urlauber getroffen, die ihrem Vermieter das Dach deckten und die Kohlen in den Keller trugen, nur um nächstes Jahr wiederkommen zu dürfen. Hiddensee stand in der Rangfolge der Ferienorte ganz weit oben.

Zu den Sorgen und Nöten des außergewerkschaftlichen Urlaubers gehörte die Angst ums tägliche Abendbrot. Die wenigen Restaurants waren entweder überfüllt – dann konnte man ja noch einsehen, dass man warten musste – oder auf den freien Tischen standen den ganzen Abend über jene beliebten »Reserviert«-Schildchen. Schon am Eingang wurde der ungebetene Gast darauf hingewiesen, dass er hier platziert würde. Wer sich, ohne zu fragen, an einen der zahlreichen freien Tische setzte, wurde gewöhnlich streng gerügt und des gastlichen Hauses verwiesen.

Zur Vorfreude auf so einen Sommer- oder Winterurlaub kam während des Urlaubs sehr schnell die Freude auf zu Hause. Der Balkonurlaub wurde – anders als heute – nicht aus finanziellen Gründen so beliebt, sondern weil man sich zu Hause gewöhnlich viel besser erholen konnte als an irgendeinem anderen Urlaubsort unserer schönen Komfortrepublik.

Verordneter Antifaschismus

Antifaschismus wurde als Staatsdoktrin verordnet

Das ist ein besonders schöner Vorwurf, der da aus dem schlechten Gewissen des Westens kommt, weil man nämlich mit den Nazis gleich zu Anfang ein wenig gründlicher aufgeräumt hat in der DDR als in der Bundesrepublik. Dass zumindest in hohen Partei und Regierungsämtern keine alten Nazis saßen, ist einfach nicht zu bestreiten. Leute wie die Globkes, Seebohms oder Kiesingers wären in einer DDR-Regierung nicht denkbar gewesen. Dass sich die DDR-Propaganda das zunutze machte und damit das ganze

System Bundesrepublik in den Verdacht des Neofaschismus und Revanchismus zu bringen suchte, ändert nichts daran, dass die Tatsachen nicht gerade für einen wirklich demokratischen Neuanfang in der Bundesrepublik sprechen.

Die Kontinuität in der Verwaltung, der Justiz, im diplomatischen Dienst, in nahezu allen Bereichen des öffentlichen Lebens wurde von der offiziellen Geschichtsschreibung der Bundesrepublik erst zur Kenntnis genommen, als die Betroffenen nicht mehr im Dienst oder am Leben waren. Antifaschismus in der DDR war Staatsdoktrin. Dass die dazugehörigen Gedenkveranstaltungen, Reden, Mahnwachen und so weiter oft genug formalen Charakter hatten, leeren Ritualen glichen, unterscheidet sie nicht von ähnlichen Veranstaltungen damals und heute in der Bundesrepublik.

Da aber nach dem Untergang der ↑DDR kein gutes Haar an ihr bleiben durfte, erfand man den schönen Begriff vom »verordneten Antifaschismus«. Es stimmt, dieser Antifaschismus in der DDR war verordnet, unter anderem von Kommunisten, die gegen den Faschismus gekämpft hatten, die in den Nazigefängnissen und Konzentrationslagern gesessen hatten. Sie hatten ein Recht, ihn zu verordnen, auch wenn sie jetzt oft Ämter bekleideten, denen sie im Gegensatz zu vielen ehemaligen Nazibeamten, Juristen oder Diplomaten nicht gewachsen waren. In der Bundesrepublik nutzte man das Wissen der alten Elite und hatte damit offenkundig mehr Erfolg in Wirtschaft und Politik als die kommunistischen Laien im Osten. Gleich war auf beiden Seiten die allgemeine Neigung der hungernden und frierenden Bevölkerung, sich aus ihrer Vergangenheit davonzustehlen, die Nazizeit und vor allem jede eigene Verstrickung zu vergessen. In den ersten Jahren ging es nur um das nackte Überleben. Und da die übergroße Mehrheit der Deutschen mehr oder weniger freiwillig mitgemacht hatte, fragte man auch lieber nicht, was der Nachbar getan hatte.

In der Sowjetzone und später dann in der DDR schlug man sich allzu schnell auf die Seite der Sieger der Geschichte. Die wirklichen

Nazis saßen angeblich alle im Westen. Bei uns waren allenfalls ein paar harmlose Mitläufer, einsichtig gewordene Wehrmachtsoffiziere aus dem »Nationalkomitee Freies Deutschland«, denen man – um sie zu integrieren – eine eigene Partei schenkte, die NDPD (Nationaldemokratische Partei Deutschlands). Gegründet wurde sie 1948 unter Aufsicht der Kommunistischen Partei. Die in diese NDPD »delegierten« kommunistischen Funktionäre saßen bis zum Schluss mit den »Ehemaligen« im Parteivorstand. Diese Partei galt übrigens nicht zufällig als treueste Verbündete der ↑SED.

Glaubte man der Propaganda auf beiden Seiten, so hatten wir Ostdeutsche uns mit Hilfe der Roten Armee praktisch selbst befreit, während im Westen die alten Beamten und Nazi-Generäle die schnelle Wiederbewaffnung betrieben. Die Bundesrepublik aber wurde als Musterschüler der USA fast über Nacht zum Hort der Demokratie, während im Osten jetzt »rot lackierte Faschisten« das Zepter schwangen. Der Kalte Krieg machte es Ost- und Westdeutschen leicht, sich ihrer Vergangenheit zu entledigen. Die gegenseitigen Vorwürfe über den Umgang mit der gemeinsamen Vergangenheit waren Bestandteil dieses Kalten Krieges. Dieser Kampf um die Deutungshoheit dauert bis heute an. Motto: Der Feind ist weg, der Kampf geht weiter.

Als ich Mitte der neunziger Jahre die Gedenkstätte im KZ Buchenwald zum zweiten Mal in meinem Leben besuchte, erinnerte ich mich an meinen ersten Besuch dort. Das war im Rahmen der damals allgemein üblichen Abiturreisen in der DDR, die alle Schüler nach Buchenwald und Weimar führten. Ich weiß noch, wie still wir wurden, als wir da von ehemaligen Häftlingen durch die damals noch vorhandenen Reste des Lagers geführt wurden, die Verbrennungsöfen, die Sammlung von Schuhen, Haaren und Habseligkeiten der Ermordeten sahen. Auch diesmal sah ich mehrere Gruppen junger Leute, die da in Bussen mit ihren Lehrern angereist waren und eher desinteressiert wirkten, bis sie dann in die neu gestaltete Ausstellung kamen und sahen, was das war – Nationalsozialismus. Sie waren sehr nachdenklich, als sie zurück zu ihren Bussen kamen.

Ja, ich bin dafür, dass dieser Antifaschismus auch in der Bundesrepublik weiter verordnet bleibt.

VÖLKERFREUNDSCHAFT

Völkerfreundschaft war eine Selbstverständlichkeit

Allerdings eine mehr oder weniger theoretische. Denn die meisten Völker, mit denen uns diese propagierte Freundschaft verband, kannten wir gar nicht. Und besuchen durften wir sie auch nicht. Dafür wurden bei uns Betriebe, Straßen, Schiffe und Fußballstadien mit dem Ehrennamen »Völkerfreundschaft« geschmückt. Zu unserem größten Freund unter den Völkern durften wir zwar reisen, aber private Kontakte mit dem Brudervolk der Russen waren hier im Lande nicht gern gesehen. Den russischen Soldaten waren solche Kontakte sogar verboten. Es kam hier und da zwar zu offiziellen »Freundschaftstreffen«, wo in Reden, manchmal auch in Trinksprüchen, unsere »unverbrüchliche Freundschaft« beschworen wurde, aber über den Trinkspruch zum offiziellen Glas Wodka oder Krimsekt hinaus kamen wir kaum miteinander ins Gespräch. Schon weil wir ihre Brudersprache zwar alle in der Schule gelernt hatten, aber nicht sprechen konnten.

Mit welchen Völkern uns gerade eine besondere Freundschaft verband, das hing immer von der politischen Großwetterlage ab. Relativ stabil – jedenfalls nach außen hin – war die Freundschaft mit den sozialistischen Brudervölkern, selbst wenn wir als Urlauber bei ihnen längst nicht so freundschaftlich aufgenommen wurden wie beispielsweise der ↑Klassenfeind mit seinem Westgeld. Aber dafür hatten wir noch Verständnis, ging es uns doch im eigenen Land kaum besser als in so einem Bruderland.

Mit den Polen kamen wir schon deshalb nicht so gut zurecht, weil sie zu oft und zu zahlreich zu uns kamen. Als dann im sozialistischen Polen Ende der siebziger, Anfang der achtziger Jahre die Arbeiterunruhen ausbrachen, war es den Genossen ganz lieb, dass die Polen hier sowieso nicht geliebt wurden, weil sie angeblich unsere Geschäfte leer kauften und zu faul zum Arbeiten wären. Das Wort von der »polnischen Wirtschaft« machte wieder die Runde und viele ganz und gar nicht freundschaftliche Witze wurden erzählt, die eher an Völkerverhetzung als an Völkerfreundschaft erinnerten.

Eng verbunden hingegen waren wir mit den fernen Völkern Afrikas, Asiens und Südamerikas, die um ihre Befreiung kämpften. Je ferner, desto enger schien die Freundschaft mit ihnen zu sein. Ihren Kampf unterstützten wir regelmäßig mit dem Kleben von Solidaritätsmarken und der Zustimmung zu Grußadressen, die unsere Regierung ihnen zukommen ließ. Sonst wussten wir wenig von diesen Völkern, zu denen wir trotz so enger Verbundenheit ja nicht reisen konnten. Und wenn sie dann in größeren Gruppen zu uns kamen, wie in den siebziger Jahren einige hundert Algerier, dann kam es meist nach der herzlichen Begrüßung zu ganz und gar nicht freundschaftlichen, sondern eher gewalttätigen Begegnungen. Wir Theoretiker der Völkerfreundschaft hatten eben keine Übung im praktischen Umgang mit diesen Völkern, auf deren Anderssein wir nicht recht vorbereitet waren.

Auch die Vietnamesen, die wir einst für ihren Mut im Kampf gegen Franzosen und Amerikaner so bewundert hatten, verloren sehr schnell an Ansehen, als wir ihnen hier auf den Straßen und in den Kaufhallen begegneten, obwohl sie damals noch keine illegalen Zigaretten verkauften, sondern fleißig arbeiten gingen. Je mehr wir die Völker im Allgemeinen liebten und gern bei sich zu Hause besucht hätten, desto weniger liebten wir sie, wenn sie in größerer Anzahl bei uns auftauchten. Und als uns dann die Wessis nach der Wende mit ihrem Hochmut so gedemütigt hatten, dass wir psychisch ganz unten waren, versuchten wir, uns zuerst an den uns bekannten Vietnamesen für die erlittene Schmach zu rächen und schließlich an all den Ausländern, mit denen wir bis dahin nur per Grußadresse verkehrt hatten.

Völkerfreundschaft war eine schöne Selbstverständlichkeit, so lange man den befreundeten Völkern nicht zu nahe kam.

Volkseigentum → Eigentum

Volkspolizei

Das war »dein Freund und Helfer«

So hieß es offiziell. Und mancher ABV (Abschnittsbevollmächtigter) war auch nichts anderes als heute der freundliche Kontaktbereichsbeamte von nebenan. Auch gegen den Verkehrspolizisten, der bei Ampelausfall – und unsere Ampeln fielen damals noch öfter aus, als sie das heute tun – den Verkehr regelte, hatte man nichts. Nur wenn er sich an Autobahn oder Landstraße in die Büsche schlug und mit seinem Radargerät verdeckte Geschwindigkeitskontrollen an uns vollstreckte, wurde er zum Hassobjekt. Dass auch Westpolizisten so hinterhältig wären, konnten wir uns gar nicht vorstellen. Onkel Paul aus Flensburg jedenfalls hat immer gesagt, so gemein seien nur die Vopos.

Vopos nannten wir sie alle, egal ob es sich um Verkehrs-, Kriminal-, Transport- oder Bereitschaftspolizisten handelte. Auch der Sammelbegriff »Bullen« war üblich für unsere etwa achtzigtausend hauptberuflichen Freunde und Helfer, die von rund hundertsiebenundsiebzigtausend freiwilligen Helfershelfern unterstützt wurden. Sie nannten sich untereinander »Genosse«, auch wenn sie gar nicht in der Partei waren. Unterstellt waren sie allesamt dem Genossen Innenminister, der gleichzeitig als Chef der Deutschen Volkspolizei den schönen Dienstgrad Generaloberst bekleidete. Der vorletzte – Friedrich Dickel – war ganze sechsundzwanzig Jahre im Amte, der letzte – ein gewisser Lothar Ahrendt – nur für ein paar Monate. Erich ↑Mielke hatte den noch schöneren Dienstgrad Armeegeneral inne, womit klar war, dass der Stasichef über dem Innenminister und die Staatssicherheit über der Volkspolizei standen.

Die Zahl der Witze über Dummheit und Beschränktheit der Vopos war wesentlich größer als die über andere Berufsgruppen. Ich staunte nicht wenig, als ich in Belgien und anderswo dann genau die gleichen Polizistenwitze hörte, die wir uns über unsere dummen Bullen erzählten. Es gab so manches, was wir für typisch DDR hielten, bis wir lernen mussten, dass sich vieles bei uns im Mauerländchen gar nicht so sehr unterschied von dem, was draußen in der freien Welt gang und gäbe war.

Unsere Bullen hatten natürlich, wie alle anderen Berufsgruppen auch, einen Ehrentag. Zunächst wurde dieser »Tag der Deutschen Volkspolizei« am ersten Juni gefeiert, fiel also auf den »Tag des Kindes«. Darum verlegte man ihn Anfang der sechziger Jahre auf den ersten Juli. Seit es unsere Volkspolizei nicht mehr gibt, gibt es auch ihren Ehrentag nicht mehr, obwohl immerhin sechzig Prozent unserer Vopos am 3. Oktober 1990 ihren alten Dienst in den neuen Uniformen antreten durften.

Auch die alte Krimiserie »Polizeiruf 110« wurde übernommen. Statt des Genossen Hauptmann Fuchs fahnden nun allerlei Kriminal-Hauptkommissare aus Ost und West nach Verbrechern, die es in diesem Ausmaß im DDR-↑Fernsehen nie hätte geben dürfen. Aber viel spannender sind die Geschichten nicht geworden, obwohl es sich bei den Kriminalfällen heute meist um richtige Kapitalverbrechen handelt. Davon kann man sich überzeugen, wenn man sich die alten DDR-Polizeirufe in den unzähligen Wiederholungen im öffentlich-rechtlichen Fernsehen noch mal ansieht.

Vorbilder → Sozialistische Erziehung

Wahlbetrug

Bei der letzten Volkswahl in der DDR wurden die Wahlergebnisse manipuliert

Von Wahlbetrug in der DDR zu reden, ist ganz und gar abwegig, da es ja Wahlen, die diesen Namen verdienten, in der DDR nie gegeben hatte. Nicht nur die Kandidaten der »Nationalen Front« standen von vornherein fest, auch die neunundneunzig Prozent der Wählerstimmen, mit denen sie gewählt wurden, waren beschlossene Sache, bevor wir den Zettel mit den Kandidatennamen gefaltet und in die Urne gesteckt hatten. Es konnte bei solcher Art Wahlen gar nicht darum gehen, wen man wählte. Das stand ja auf dem Zettel. Es ging in erster Linie darum, dass man überhaupt wählen ging. Die Wahlergebnisse standen fest. Der einzige erkennbare Wahlkampf in der DDR war der um eine möglichst hohe Wahlbeteiligung.

Dass man zur Wahl erschien, darum kümmerten sich die vielen, vielen Wahlhelfer, die einen notfalls von zu Hause abholten und jeden potentiellen Nichtwähler davon zu überzeugen suchten, dass die Stimmabgabe im Sozialismus nicht nur ein Recht, sondern auch eine staatsbürgerliche Pflicht sei. Die einzige Möglichkeit, mit Nein zu stimmen, war also, nicht zur Wahl zu gehen oder – damit machte ich mich persönlich immer verdächtig – im

Wahllokal nach der versteckten Wahlkabine zu fragen und sie auch noch zu benutzen. Da stand ich dann ratlos mit der Kandidatenliste in der Hand und wusste nicht recht, wie ich es anstellen sollte, sie nicht zu wählen. Alle einzeln durchstreichen? Nur Manche? Ich habe es bis zur letzten »echten« DDR-Wahl im Mai 1989, nach der dann erstmals bei uns das Wort vom Wahlbetrug auftauchte, nicht herausbekommen.

Der Druck, der auf potentielle Nichtwähler ausgeübt wurde, war zwar beträchtlich. Aber dass sie bestraft wurden oder andere wirkliche Nachteile hatten, habe ich nie gehört. Allein die Angst davor bewirkte, dass fast jeder zur Wahl erschien. In meinem Familien- und Bekanntenkreis gab es einige hartnäckige Wahlverweigerer. Sie ließen sich, wenn die Wahlhelfer klingelten, um die Säumigen ins Wahllokal zu holen, an der Wohnungstür verleugnen oder waren vorsorglich am Wahltag verreist.

Eine ganz spezielle Form von Wahlkampf gab es allerdings doch in der DDR. Dabei ging es wiederum nicht darum, wen man wählte – das stand ja, wie gesagt, fest – es ging darum, wann man wählte. Ganze Hausgemeinschaften verpflichteten sich, gleich morgens um acht, wenn die Wahllokale öffneten, ihre Stimme den Kandidaten der »Nationalen Front« zu geben. Wahlsieger in der DDR war also der, der als Erster gewählt hatte.

Wandlitz

Wandlitz war das Versailles von Ostberlin

Dreißig Kilometer nördlich von Berlin, zwischen den Ortschaften Wandlitz und Bernau, lag es, das sagenumwobene, exterritoriale »Fürstentum Wandlitz«, umgeben von einer grünen Mauer im grünen Wald. Schon seit 1960, also ein Jahr bevor wir alle hinter einer Mauer zu leben lernten, errichteten unsere Landesherren für sich einen »antifaschistischen Schutzwall«, um sich vor ihrem Volke zu schützen. Ganze acht Kilometer lang war diese Mauer, die uns Untertanen von unseren obersten Fürsten trennte. »Waldsiedlung« nannte sich das Wunderland verharmlosend, das wir hinter der Dornenhecke vermuteten. Ringsherum standen Schilder, die das Gelände als »Wildforschungsgebiet« ausgaben. Hier wohnten King Erich und Queen Margot mit zweiundzwanzig anderen Fürstenfamilien in Saus und Braus, gehegt und gepflegt von unzähligen dienstbaren Geistern, die ihnen jeden Wunsch von den Lippen ablasen. Bewacht wurden sie von einer Heerschar ergebener Waffenträger.

Nichts drang von dort nach außen. Und weil das so war, meinten wir, unsere Fürsten lebten dort noch luxuriöser, als wir uns das Leben im goldenen Westen vorstellten. Vom Westen hatten wir ja wenigstens unser täglich Fernsehbild. Von Wandlitz nur die ganz und gar nicht alltäglich klingenden Gerüchte.

Anfang der siebziger Jahre erzählte mir eine schwedische Journalistenfreundin von einem Besuch in der Waldsiedlung. In ↑Berlin fand gerade eine Weltfrauenkonferenz statt, und meine Freundin aus dem kapitalistischen Schweden hatte die außerordentliche Ehre, von Inge Lange, einer der zwei Kandidatinnen des Politbüros, nach Wandlitz eingeladen zu werden. Leider war es schon dunkel, als sie dort, natürlich nicht im eigenen Wagen oder einem gewöhnlichen Taxi, sondern in einem großen schwarzen Politbüro-Dienstwagen, ankam. »Aber«, sagte sie mir, »was ihr euch da von einem Fürstenhaus vorstellt, ist falsch. So weit ich es erkennen konnte, stehen dort ganz gewöhnliche Ein- oder Zweifamilienhäuser. Und bei Frau Lange habe ich auch keinen Luxus erkennen können. Nur die Sicherheitsvorkehrungen erscheinen mir ein bisschen schizoid.«

Na ja, die reichen Schweden haben vielleicht eine andere Vorstellung von Luxus als wir hier im armen Osten, dachte ich. Als dann kurz nach der Berliner ↑Mauer auch die in Wandlitz gefallen war und herauskam, wie es da wirklich aussah, war es beinahe ein Schock für uns. Dieses ganze sozialistische Versailles war so miefig und piefig wie fast alles bei uns. Außer den dreiundzwanzig höchst gewöhnlichen ein- oder zweistöckigen Wohnhäusern im Innenring, wo die Bonzen wohnten, sah man im Außenring ebenso gewöhnliche, kleine DDR-Reihenhäuschen für das Personal. Innen- und Außenring waren noch mal durch eine Mauer getrennt. Nein, nicht der Luxus war beeindruckend, wohl aber die Vorstellung von der Einsamkeit und Trostlosigkeit des Lebens der Insassen dieser Seniorenanstalt.

Einzig der Tante-Emma-Laden, in dem die einsitzenden Funktionäre und ihre Familien einkaufen konnten, unterschied sich in seinem Sortiment etwas von dem, was wir aus HO und KONSUM kannten. Außer Südfrüchten und einigen westlichen Kosmetika gab es hier etwas, was es im gewöhnlichen DDR-Handel damals nirgends zu kaufen gab, nämlich Büchsenbier. Und in den Nasszellen unserer Führungselite waren überall echte Messingmischbatterien eingebaut. Diesen Vorsprung haben wir einfachen DDR-Bürger in wenigen Wochen aufgeholt. Jetzt trennt uns von dem Wandlitzer Luxus nur noch der Geschmack. In Wandlitz jedenfalls war er nicht besonders gut.

Wesentlich luxuriöser, aber durchaus nicht geschmackvoller als dieses Bonzensammellager waren die Ferien- oder Jagdobjekte der einzelnen Genossen ausgestattet. Und die Betreuung der dreiundzwanzig zur politischen Führung gehörenden Familien ließ wohl auch nichts zu wünschen übrig. Ganze sechshundert – übrigens nicht besonders gut bezahlte – Angestellte aus dem Außenring sorgten sich um das Wohl der Innenringbewohner. Sie hatten stillschweigend auch gelegentliche Schikanen zu ertragen und hier und da manche außergewöhnlichen Wünsche ihrer Dienstherren zu erfüllen. Schließlich standen sie allesamt, selbst die Putzfrauen, Gärtner und Köche, in einem militärischen Dienstverhältnis. Ihr oberster Dienstherr war Erich ↑Mielke, und der hat sie, wie die Tausenden seiner anderen offiziellen oder geheimen Mitarbeiter, zu strengster Verschwiegenheit verpflichtet.

Nachdem sie dann von ihrer Schweigepflicht entbunden waren, haben sie die eine oder andere Geschichte aus ihrem Wandlitzer Alltag erzählt. Auch davon, wie einsam sich manche Politiker-Gattin da draußen gefühlt hat und schon deshalb gern mal zur Flasche griff, oder wie schwer es war, einem Mann wie Willi Stoph etwas recht zu machen. Aber der vorherrschende Grundton ihrer Berichte ist eindeutig. Er lautet übereinstimmend – es war nicht alles schlecht in Wandlitz.

Weltniveau → Malimo

Werbung

In der DDR gab es keine Werbung

Zu den weit verbreiteten Irrtümern gehört, in der DDR habe es nur Propaganda, aber keine Werbung gegeben. Die (Ost)Deutsche Werbe- und Anzeigengesellschaft, kurz DEWAG genannt, wurde zwar von der KPD schon kurz nach dem Krieg gegründet und unterstand bis Ende 1989 der Abteilung Agitation und Propaganda im Zentralkomitee der SED, sie hatte aber auch Aufgaben wie jede normale, private Werbeagentur in der Welt der freien Marktwirtschaft. Außer für den Sozialismus hat sie zum Beispiel für bestimmte Sorten Pudding- oder Waschpulver geworben, für Zigaretten, Kräuterschnaps und Abführmittel. Bei der DEWAG konnte man von Anfang bis Ende ziemlich leicht zwischen politischer Propaganda und Produktwerbung unterscheiden. Der misstrauische DDR-Bürger vermutete zwar hinter allem, auch hinter der Werbung, politische Absichten, aber die reine Propaganda war als solche meist sofort zu erkennen. (Siehe auch ↑Widerstand) Bei der Produktwerbung war das nicht immer so klar. »Chemie bringt Wohlstand und Schönheit« hieß einer der bekanntesten Werbesprüche. Den Beweis für die Richtigkeit dieser Losung konnte man in Gegenden wie der um Leuna und Bitterfeld nicht nur sehen, sondern auch riechen.

Heute, da jede Partei ihren Wahlkampf von privaten Werbeagenturen gestalten lässt, ist es wesentlich schwieriger, Werbung und Propaganda immer klar auseinander zu halten. Denn die politischen Parteien werben inzwischen mit den gleichen Mitteln um ihre Wähler wie die Waschmittelhersteller um ihre Kunden. Bei weitgehend gleichem Inhalt von Waschpulversorten und Parteiprogrammen zählt am Ende nur noch die glänzendere Verpackung oder der zündendere Slogan.

In der DDR waren in der Regel weder Inhalt noch Verpackung glänzend. Aber die SED-Propaganda war auch für Kleinkinder von der Putzi- oder Badusan-Werbung zu unterscheiden. Übrigens waren Badusan- und Putziwerbung wesentlich erfolgreicher als Propagandasprüche wie: »So, wie wir heute arbeiten, werden wir morgen leben!« Der Badezusatz wie die Kinderzahncreme wurden viel und gern gekauft. Der Partei dagegen wurden ihre Sprüche nur selten abgekauft. Das übrigens soll auch den demokratischen Parteien von heute so gehen. Obwohl hinter dem Parteien-Marketing keine Abteilung für Agitation und Propaganda steht, sondern hoch professionelle Werbeagenturen, denen die politische Richtung, für die sie da werben, meist ganz egal ist. Manchmal sind die Ergebnisse ihrer Arbeit gar nicht so verschieden von denen jener Abteilung des Zentralkomitees der SED. In den späten neunzehnhundertachtziger Jahren lautete eine viel plakatierte SED-Losung: »Ich leiste was – ich leiste mir was!« Entstehende Ähnlichkeiten mit dem schönen CDU-Slogan: »Leistung muss sich wieder lohnen« sind ganz und gar nicht zufällig.

Ein Problem allerdings, das kein westlicher Marketing-Spezialist kannte, hatten die staatlich angestellten Werbefachleute der DDR zu lösen: Wie wirbt man für Mangelwaren? Zum Beispiel für Autos, auf die der Käufer zehn bis fünfzehn Jahre warten muss? Zumindest die Adlershofer Fernsehwerbung ist an diesem Problem irgendwann – Mitte der siebziger Jahre – gescheitert. Die seit 1959 täglich gesendeten »Tausend Teletipps« wurden 1976 aus Mangel an Tipp-Möglichkeiten aus dem Programm des DDR-↑Fernsehens gestrichen.

Oft genug musste Produktwerbung in der DDR auch behilflich sein, wenn es wirtschaftliche Probleme gab. Und wann gab es die nicht? Als Fleisch- und Wurstwaren gerade wieder knapp geworden waren, erfanden die Werbefachleute der DEWAG den schönen Reim »Fisch auf jeden Tisch«. Der Spruch hielt sich allerdings nicht lange, denn irgendwann war auch Fisch nicht mehr so reichlich im Angebot zu finden, dass man für ihn werben konnte. »Nimm ein Ei mehr« hielt sich als Werbeslogan viel länger. Denn das KIM-Ei, also das Ei aus dem Kombinat Industrielle Mast, war, nachdem es einmal erfunden war, immer und überall zu kaufen. Aber dass das glückliche Ei vom glücklichen, weil frei herumlaufenden Huhn besser schmeckte als das KIM-Ei, das wussten wir anspruchslosen DDR-Bürger schon.

Für »Plaste und Elaste aus Schkopau« wurde an der Autobahnbrücke über die Elbe bei Vockerode noch geworben, als die Chemischen Werke Buna längst den Besitzer gewechselt hatten. Diese riesige Leuchtschrift fand ihren Platz dann im Deutschen Historischen Museum. Es ist also so, dass es nicht nur Werbung in der DDR gab, sie hat sogar Eingang in die deutsche Historie gefunden.

Westautos

In der DDR waren alle Westautos nur Bonzenschleudern

Ein Westauto zu besitzen, gehörte zu den Wunschträumen der meisten DDR-Bürger. Dass ausgerechnet die hohen Funktionäre sich in diesen großen Westschlitten durch ihr kleines sozialistisches Vaterland kutschieren ließen, ärgerte die heimischen Trabant- und Wartburgfahrer. (↑Trabi) Aber es waren nicht nur die Bonzen, die in begehrten Westschlitten saßen. Die Partei versorgte manche Künstler, Wissenschaftler und Schriftsteller mit solchem Luxus. Die mussten diese Autos zwar recht teuer bezahlen, aber auch in der DDR gab es ganze Berufsgruppen oder Einzelne, die so gut verdienten, dass sie sich einen Volvo, Citroën oder Peugeot leisten konnten. Als ich einen Fernsehregisseur, der alle paar Jahre wieder einen neuen Westwagen fuhr, einmal fragte, wie er sich das leisten könne, erklärte er mir das Prinzip: »Wenn du erst mal einen Westwagen hast, kannst du den ja immer teurer verkaufen, als du ihn gekauft hast. Und mit dem Gewinn kannst du dir dann den nächsten neuen Wagen wieder leisten.«

Klar, wo man auch ältere Trabant- oder Wartburgmodelle weit über dem Neupreis verkaufen konnte, war das mit den Westautos erst recht kein Problem. Der Schwarzmarkt florierte, und so kam es, dass bald besonders viele Handwerksmeister Peugeot oder Volvo fuhren. Sie verdienten normalerweise sehr gut und hatten meist ein Beziehungsnetz um sich geknüpft, mit dem sie an fast alles herankamen, was gut und teuer war in der DDR. Handwerk hatte wirklich goldenen Boden im Realsozialismus.

Als ich in mein schönes altes Haus in Hohenschönhausen gezogen war, wunderte ich mich über die vielen Westwagen, die dort mit den Ostberliner Kennzeichen herumfuhren. Ich hatte keine Ahnung, in wessen Nähe ich da, am schönen Obersee, geraten war. Als ich den Handwerker, dessen Werkstatt auf meinem Hof lag, fragte, ob hier denn nur Kollegen von ihm – ich meinte,

Handwerker – wohnten, sagte er empört: »Ich bin doch nicht bei der Stasi!« Nun wusste ich wenigstens, wohin ich gekommen war und wer meine Nachbarn waren. Zu Gesicht bekam ich sie selten. Nur ihre Autos sah ich morgens wegfahren und abends heimkehren. Als ich ihnen dann 1990 auf der Straße persönlich begegnete, hatten sie ihre schönen Dienstautos hergeben müssen und gehen seitdem zu Fuß an meinem Haus vorbei.

Zu diesen Nachbarn gehörte der damals in der Öffentlichkeit noch völlig unbekannte Schalck-Golodkowski. Er war unter anderem für die Einfuhr dieser Westautos zuständig. Wie die Verteilung erfolgte, wer Anspruch auf solche »Sonderzuteilungen« hatte, blieb unklar. Es war vermutlich auf der höheren Ebne nicht anders als unten – man musste die richtigen Leute kennen, eben ↑Beziehungen haben. Das verärgerte natürlich alle, die solche Beziehungen nicht hatten, aber auch mal ein Westauto fahren wollten.

Irgendwer muss das Erich ↑Honecker zugetragen haben, dem zu seiner Macht nur eines zu fehlen schien – die Liebe seines Volkes. Diese Liebe hatte er ja gleich nach seinem Machtantritt mit der Einfuhr westlicher Jeans, die unter Ulbricht noch verpönt waren, zu erringen versucht. Die Jeans wurden wirklich geliebt, die Staatsratsvorsitzenden nie wirklich. Weder Ulbricht noch Honecker. Die Einfuhr einiger tausend Volkswagen der Marke Golf für das gemeine Volk zu einem nicht gar zu hohen Preis war ein weiterer Versuch, sich dem Volke angenehm zu machen. Aber dieses Volk blieb undankbar, auch als dann nach den westlichen Volkswagen eine größere Zahl fernöstlicher Mazdas importiert wurde. Denn natürlich kam zur Freude der wenigen neuen Golf- oder Mazdabesitzer der Ärger und Neid derer, die leer ausgegangen waren. Und das war die überwältigende Mehrheit des Volkes, zu der ich leider auch gehörte.

Ich selbst kam erst Ende 1989 zu einem Westwagen. Den kaufte ich von einer berühmten Schauspielerin, die noch im Herbst 1989 einen neuen Peugeot aus Schalcks Sonderkontingent erworben hatte. Für ihren alten Peugeot zahlte ich selbstverständlich viel mehr, als der neue gekostet hatte. Wenig später wurde der ganze Osten Deutschlands von den Gebrauchtwagenhändlern aus dem Westen überrollt. Der Westwagen verlor langsam seinen Nimbus bei uns, dafür verloren viele von uns sehr schnell große Summen, weil sie auf Schrotthändler hereingefallen waren. Dass alte Westwagen viel weniger wert sind als neue, hatten wir ja bis dahin nicht gewusst.

Westpakete

Ein Westpaket machte einen verdächtig

Das stimmt, aber nur bei denen, die keine bekamen und ganz besonders bei den guten Genossen, die gar keine Westkontakte hatten, also keine Westpakete, auch nicht von Verwandten, empfangen durften. Dass sie damit allerdings der Volkswirtschaft gezwungenermaßen beträchtlichen Schaden zufügten, das haben sie vermutlich nicht geahnt. Abgesehen davon, dass DDR-Bürger, die regelmäßig solche Pakete bekamen, weniger unzufrieden sein konnten mit der schlechten Versorgungslage, hatten die Westpakete einen beträchtlichen volkswirtschaftlichen Wert. Die Staatliche Plankommission der DDR konnte fest damit rechnen, dass zum Beispiel zehn bis fünfzehn Prozent des Kaffeebedarfs der Ostdeutschen von ihren westdeutschen Verwandten gedeckt wurde. Damit rechneten natürlich ebenfalls die westlichen Kaffeeröster. So gesehen waren Westpakete für beide Seiten von volkswirtschaftlichem Interesse.

Die Versorgung mit Südfrüchten, Textilien, Backzutaten, wie Mandeln, Zitronat oder Rosinen, zur Weihnachtszeit durch Verwandte und Freunde waren feste Posten in den Wirtschaftsplänen beider Seiten. Man sprach also nicht nur im Allgemeinen vom

Handel zum gegenseitigen Vorteil, man praktizierte ihn auf dem privaten Postweg. Der DDR-Außenhandel sparte Devisen, und die kapitalistische Wirtschaft steigerte ihren Umsatz. So kam es, dass mancher stramme Antikommunist im Westen mit zum Gedeihen des Sozialismus in der DDR beigetragen hat, ohne es zu ahnen. Auch wenn er nicht gleich für einen Milliardenkredit sorgte wie Franz Josef Strauß, sondern nur für den Kaffee- oder Schokoladenbedarf seiner armen Ostverwandtschaft, trug der Wessi zum Wohle der sozialistischen Gesellschaft bei.

Dass auf den Paketen groß und deutlich geschrieben stehen musste »Geschenksendung, keine Handelsware«, war eine reine Irreführung der Westdeutschen durch die DDR-Behörden. Das genaue Inhaltsverzeichnis, das diesen Sendungen beigefügt werden musste, erleichterte die Arbeit der staatlichen Plankommission beim Verbuchen der Mengen an Kaffee und Schokolade, für die man die Devisen einsparte.

Westzigaretten

Zigaretten aus dem Westen waren weniger schädlich als die aus dem Osten

Dass das ein Irrtum war, belegen die warnenden Hinweise auf allen Zigarettenschachteln, selbst auf den illegal eingeführten, also den im Osten nachgemachten Tabakwaren. Zum gesundheitlichen Schaden, den die Schmuggelzigaretten wie die legalen Rauchwaren anrichten, kommt bei ihnen noch ein erheblicher volkswirtschaftlicher Schaden. Der Staat verliert seinen Steuervorteil, den er unserem ungesunden Lebenswandel verdankt, an gewöhnliche Kriminelle.

Der Ruhm der Westzigarette – egal ob legal oder illegal – war bis über den Mauerfall hinaus ungebrochen. Nachdem aus dem

Ruf »Wir sind das Volk«, ein ganz anderer Ruf geworden war, nämlich: »Wir sind ein Volk«, sahen die Marketing-Strategen der westlichen Tabakindustrie ihre Stunde gekommen. »Test the West« gaben sie als neue Losung aus, unter der wir DDR-Bürger – nicht nur die Raucher – uns nun begeistert versammelten und allen bunten Glasperlen der Marktwirtschaft nachjagten. Endlich keine Club Cola mehr, den Coca-Cola-Ersatz, kein Werderobst, keine F 6! Auch Nordhäuser Doppelkorn, Spee und Bautzner Senf wurden verschmäht. Denn jetzt gab es die echte Cola, das echte holländische Obst und Gemüse, die echten Malboro, den wahren Bommerlunder und den farblich viel überzeugenderen Löwensenf. (Siehe auch ↑Schlager-Süßtafel, Kaffee-Mix)

Anders als andere Westprodukte hatten Westzigaretten ja schon lange zu den uns bekannten Perlen westlichen Geschmacks gezählt. Die »Westlulle« war seit Jahrzehnten auch ostdeutscher Raucheralltag. Die gab es nicht nur im Intershop, sondern in den zahlreichen Delikatläden. Die ersten dieser Läden nannten wir übrigens UWUBU – Ulbrichts Wucherbuden.

Unsere heimischen Filterzigaretten F 6, Cabinet, Club und Duett galten als den Westzigaretten nachempfundene Rauchwaren. Aber auch Genossen lehnten eine richtige Westzigarette schon lange nicht mehr rundweg ab, wie noch in den fünfziger Jahren, als für sie noch der ↑Klassenfeind in jeder feindlichen Rauchware gesteckt hatte. Damals vermutete die Partei in fast allem, was aus dem Westen kam, einen Versuch, unser sozialistisches Vaterland zu unterwandern. Aber seine Handwerker konnte man schon damals mit einer Schachtel »Ernte 23« oder einer Packung »Stuyvesant« bestechen. Der Duft der großen weiten Welt wehte durch die ostdeutsche Raucherlunge, als noch keine Aufschrift vor den Gefahren des Rauchens warnte.

Filterzigaretten hatte es lange im Osten gar nicht gegeben. Dafür gab es eine besonders teure Zigarette mit einem Korkmundstück – »Orient« hieß sie und kostete die Unsumme von vierundzwanzig Pfennigen das Stück. Meine erste Filterzigarette östlicher Produktion habe ich noch gut in Erinnerung. Sie hieß »Inka«, und ich weiß noch, dass sie mir persönlich dem Geschmack von Westzigaretten nahe zu kommen schien. Aber eben nur nahe. Über den unverhältnismäßig hohen Preis regten wir uns natürlich auf und sind schon aus Geldmangel bei Salem, Jubilar oder Turf geblieben. Wenn man damals schon Filterzigaretten rauchen wollte, dann die richtigen, also die aus dem Westen.

Als nun 1990 die Zigarettenmarke mit dem schlichten Namen »West« und dem genial einfachen Slogan »Test the West« auf den Markt geworfen wurde, überzeugte sie allein mit ihrem Namen die ostdeutsche Raucherwelt – aber nur kurz. Die Gewissheit, dass im Westen alles besser sei, ließ allgemein nach, je näher man diesen Westen mit seiner Wunderwarenwelt kennen lernte. Die Erkenntnis, dass das heimische Werderobst einfach besser schmeckt, als all diese Obst- und Gemüseimitate aus Holland, kam ziemlich schnell. Auch der Löwensenf war – verglichen mit dem Bautzner Senf – nur farblich und in der Verpackung geschmackvoller. Hatten wir früher immer gesagt: »Das Auge isst mit!«, so mussten wir jetzt feststellen, dass das Auge nicht das einzige menschliche Geschmacksorgan ist. Und nun begannen wir ins genaue Gegenteil zu verfallen. Plötzlich schmeckte uns der ganze Westen nicht mehr. Das betraf nun überraschenderweise auch die Zigaretten, die uns in der DDR immer besser geschmeckt hatten als alles, was die heimische Tabakindustrie hergestellt hatte. Das aber hatte wohl weniger mit Geschmack als mit Trotz zu tun, der sich in dem einen Satz manifestierte: Es war nicht alles schlecht in der DDR.

Diesen Sinneswandel merkten als erstes wieder jene Marketing-Fachleute, die uns eben noch so schlicht wie wirkungsvoll in die westliche Warenwelt gelockt hatten. Genauso schlicht und wirkungsvoll machten sie unsere Wende mit, indem sie nun ab sofort »Das Bier von hier« für uns entdeckten und Club Cola zu

»Unserer Cola« ernannten. Alles, was eben noch vom Markt hatte verschwinden sollen, bewarben sie nun, obwohl es das Original gar nicht mehr gab. So wurde unter altem Namen ganz schnell etwas ganz Neues produziert, zum Beispiel ziemlich originale Westzigaretten unter alten ostdeutschen Markennamen. Besonders schön ist dabei die Kontinuität der schlichten, aber wirkungsvollen Überzeugungsarbeit der Marketingtaktiker zu beobachten – aus »Test the West« machten sie flugs eine ganz neue ↑Werbung für die ganz neue alte »Juwel«: »Ich rauche Juwel, weil ich den Westen schon getestet habe.« Und der alte Juwelraucher raucht nun unter altem Namen ein ziemlich neues Kraut, das auf reinem Westmist gewachsen ist. Gesünder, so war es früher und ist es heute, ist das nur für die Zigarettenindustrie.

Wetterbericht

Wenigstens der Wetterbericht war auch im Osten unpolitisch

Das Wetter spielte im Sozialismus eine herausragende Rolle. Nicht nur in der Landwirtschaft. Die kurz nach dem Krieg ausgegebene Losung »Ohne Gott und Sonnenschein bringen wir die Ernte ein!« musste ziemlich schnell wieder zurückgenommen werden. Zumindest ohne Sonnenschein reifte auch in der DDR das Korn schlecht auf den Feldern. Im Laufe der Jahre konnte man sogar den Eindruck gewinnen, dass es hier bei keinem Wetter so richtig reifte. Ja, dieses Wetter wurde bald für alles, was bei uns nicht klappte, verantwortlich gemacht. Unsere Werktätigen in Stadt und Land befanden sich im ständigen Kampf mit den Unbilden einer ewig feindlichen Witterung.

Bei uns wurde keine Ernte einfach eingebracht, es wurden jedes Jahr wieder ganze Ernteschlachten geschlagen. Auch die Braunkohle wurde nicht abgebaut, sie wurde der Erde in heldenhaftem

Kampf abgerungen. Der Kampf um die Planerfüllung tobte an allen Witterungsfronten. Als besonders extreme Witterungseinflüsse galten Schnee und Frost im Winter und Sonne im Sommer. Aber auch Regen im Herbst und im Frühling bereiteten unserer Volkswirtschaft immer wieder unvorhersehbare Schwierigkeiten.

Zu den ältesten DDR-Witzen gehörte die Frage nach den Hauptfeinden des Sozialismus – Frühling, Sommer, Herbst und Winter. Die Wetterlage von heute entschied über die zu erwartende Versorgungslage von morgen. Wir konnten uns anhand der Witterungslage schon im Frühjahr ausrechnen, was es im Sommer nicht zu kaufen geben würde. So bangten wir schon im Frühjahr mit unseren Obst- und Gemüsebauern, wussten wir doch, jedes Hagelkorn, das heute ihre Obstplantagen oder Gemüsebeete traf, verschlechterte morgen das Obst- und Gemüseangebot in unseren Geschäften. Heute werden die Kirschen oder Erdbeeren nur einfach teuerer, wenn es in einem Jahr zu viel hagelt. Früher blieben die Preise stabil, nur die Erdbeeren und Kirschen gab es zu diesen stabilen Preisen eben nicht zu kaufen.

Ist es ein Wunder, dass der Wetterbericht für uns damals spannender sein konnte als heute jeder Tatort? Bis in die späten siebziger Jahre unterschieden sich die Prognosen unserer Potsdamer Wetterwarte übrigens kaum von denen der Meteorologen aus Frankfurt – egal, ob da ein Tief nun aus dem Osten oder Westen kam. Es wurde bei seinem gesamtdeutschen Namen genannt. Plötzlich aber tauchte auf der Frankfurter Wetterkarte etwas auf, was bei uns ganz und gar unbekannt blieb – Smog. Den gab es bei uns erst, als die schützende ↑Mauer gefallen war. Bis dahin konnte in der DDR von Smog keine Rede sein. Man sprach höchstens einmal von verstärkter Nebelbildung über Industriegebieten. Also diese Umweltsorgen des Westens mussten wir uns im Osten damals nicht machen. Da waren wir wie der Wetterbericht ganz unpolitisch.

WIDERSTAND

Wir waren alle dagegen

Dieser Irrtum gehört zu den besonders beliebten und weit verbreiteten. Kaum war die ↑DDR untergegangen, gab es hier mit einem Schlag fast so viele Widerstandskämpfer wie das Land Einwohner hatte. Im ↑Kabarett sagten wir damals: »Sechzehn Millionen Opfer suchen sechzehn Millionen Täter, und keiner findet sich.« Dass sie schon immer dagegen waren, verkündeten jetzt auch höhere und ganz hohe Parteifunktionäre, an ihrer Spitze Egon Krenz, der schon am Tage seiner Machtübernahme die Wende verkündet hatte, aber dann im Laufe dieser Wende nicht mal die Kurve kriegte. Fast das gesamte Politbüro – mit solchen Widerständlern wie Günter Schabowski und Günter Mittag in vorderster Linie – hatte unter der Knute Erich ↑Honeckers gestanden. Nun erfuhr das staunende Volk auch noch, dass diese tapferen Genossen allesamt seit Jahren heimlich in ↑Wandlitz den Aufstand geprobt hatten. Selbst ↑Mielke soll unter den Widerständlern gewesen sein.

Da konnte das einfache Volk nicht nachstehen. Was sich fast jeder DDR-Bürger zugute halten konnte, war sein ständiges Meckern. Ich weiß nicht, ob es ein anderes Land auf dieser Erde gab oder gibt, in dem so viel gemeckert wurde oder wird wie einst in der DDR. Anfangs tat man das noch hinter vorgehaltener Hand im Familien- oder Freundeskreis. In den letzten Jahren soll sogar auf Parteiversammlungen laut gemeckert worden sein. Als Beweis für den schon immer »gefühlten« Widerstand legten die Genossen kurz vor Toresschluss zu Hunderttausenden unter Protest ihre Parteimitgliedschaft nieder. Auch Dreißigjährige fühlten sich nun vierzig Jahre lang belogen und betrogen. Hatte es früher geheißen: »Wo ein Genosse ist, da ist die Partei«, so galt jetzt: »Wo früher die Partei war, ist heute keiner mehr Genosse.«

Unvergleichlich viel bessere Karten hatte natürlich, wer gar nicht erst in der Partei war oder nur in einer der Blockparteien, die nun von einem Tag auf den anderen zu reinen Oppositionsparteien mutierten, weil sie – nur unter Zwang und natürlich nur nach außen hin – vierzig harte Jahre lang mit der ↑SED in der »Nationalen Front« hatten zubringen müssen. Die ostdeutschen Christdemokraten – nur zur Erinnerung – sie hatten als einzige sogar einmal in diesen vierzig Jahren einem SED-Gesetz ihre Zustimmung verweigert. Sie begaben sich geschlossen und gemeinsam mit der Bauernpartei unter Kanzler Kohls christliche Obhut. LDPD und NDPD fanden Zuflucht bei Genschers Freien Demokraten, nachdem sie sich ebenso plötzlich und entschieden von allem losgesagt hatten, was sie einst mit Honeckers SED verbunden hatte.

Übrig blieben als Schmuddelkinder nur die Genossen, denen ihr rascher Parteiaustritt jetzt nichts mehr half. Die SPD weigerte sich, ihnen Asyl in ihren Reihen zu gewähren, was zunächst die SED-Genossen, später dann aber noch viel mehr die Genossen der SPD von ganzem Herzen bedauerten. Denn den Sozialdemokraten blieb damit nicht nur alles östliche Parteivermögen verschlossen, sie gewannen trotz ihrer hier einst so beliebt gewesenen Politiker wie Willy Brandt und Egon Bahr nur wenig neue Mitglieder. Die ersten freien Volkskammerwahlen verloren sie haushoch und mussten im Osten mühsam überhaupt erst neue Strukturen aufbauen, während CDU und FDP die alten Strukturen und Mitgliederkarteien ihrer lieben Blockparteien nur zu übernehmen brauchten.

Auf der Suche nach ihrem nun ganz entschieden gefühlten Widerstand begaben sich Massen bisher unbescholtener DDR-Bürger in die Archive der zuerst nach Joachim Gauck, dann nach Marianne Birthler benannten Behörde, die das Erbe der Staatssicherheit verwaltet und heute noch hartnäckig ihren Alleinvertretungsanspruch auf die Wahrheit über unser aller DDR-Vergangenheit verteidigt. Erhobenen Hauptes, seine Stasiakten hochhaltend, trat so mancher Widerstandskämpfer, den man zu DDR-Zeiten für einen gewöhnlichen ↑Mitläufer gehalten hatte, vor die verblüffte Öffentlichkeit und zeigte jetzt allen, wie dick seine Akte war. Der Umfang der Akte entschied nachträglich über den Umfang des geleisteten Widerstands.

Ja, so mancher, der die Behörde noch als Normalbürger betreten hatte, kam als Widerstandskämpfer wieder heraus. Mielke war sein Zeuge und Gauck oder Birthler waren seine Propheten, denn was da in den Akten als Widerstand registriert war, übertraf alle Erwartungen. Wenn dieser Widerstand wirklich geleistet worden wäre, wie er da aufgeschrieben steht, hätte es die DDR seit Jahrzehnten nicht mehr geben dürfen. Dann wäre auch das, was wir uns als Witz erzählt haben, kein Witz, sondern schlichte Realität gewesen. Da fragt Mielke bei einem Freundschaftstreffen in Moskau seinen Amtkollegen Andropow, wie viele Staatsfeinde es seiner Schätzung nach in der Sowjetunion gäbe. Als Andropow erwidert: »Fünfzehn bis sechzehn Millionen«, atmet Mielke beruhigt auf und sagt: »Mehr sind es in der DDR auch nicht.«

Natürlich gab es im DDR-Widerstand nachträglich auch Verlierer, deren Untergrundarbeit so geheim geblieben war, dass nicht mal die ↑Stasi etwas davon aufgeschrieben hatte. In diesem Falle konnte man sich aber immer noch sagen, dass gerade diese Akten wegen ihrer besonderen Brisanz als erste geschreddert worden wären. Keine Akte konnte so als Beweis für besonders geheimen Widerstand dienen.

Viel häufiger aber stellten neugierig gewordene Mitbürger »nur so aus Interesse« mal einen Antrag auf Akteneinsicht und standen dann sprachlos vor amtlichen Beweisen einer Untergrundarbeit, von der sie nie geahnt hatten, dass es sich um solche handelte. Da waren sie als Besucher eines christlichen Haus- oder Familienkreises registriert worden oder hatten ihr Auto vor dem Haus eines Dissidenten oder nur im gewöhnlichen Parkverbot abgestellt. Oder sie hatten sich regelmäßig mit Freunden zum Skat getroffen und dabei laut – in welcher ostdeutschen Skatrunde geschah das nicht? – auf die DDR geschimpft und politische Witze erzählt.

Es scheint in dieser DDR keine Ansammlung von mehr als fünf Leuten ohne Stasibeteiligung gegeben zu haben. In mecklenburgischen Dissidenten-Kreisen gab es nach Aktenlage konspirative Treffen, bei denen fünf IM (Inoffizielle Mitarbeiter der Staatssicherheit) mit einem einzigen richtigen Dissidenten zusammen saßen, weil die anderen, weniger disziplinierten Dissidenten den Termin vergessen hatten oder weil ihnen an dem Tage gerade nicht nach Widerstand zumute war. Und da berichtete dann jeder der fünf IM über die vier anderen und alle zusammen – ohne von einander zu wissen – über den einen Dissidenten, der echt war. Woher sollten sie denn wissen, wer da ein richtiger IM war und wer nur ein falscher Dissident? So behielt die Stasi nicht nur den Widerstandskampf, sondern auch sich selbst immer im Auge und hat gleichzeitig den Widerstand nicht nur beobachtet, sondern hier und da auch selbst organisiert.

Das erklärt unter anderem, warum so viele Stasispitzel so lange so sicher waren, dass man sie bei diesem selbst für sie undurchsichtigen Who is Who im DDR-Widerstand nicht würde identifizieren können. Einer der besonders aktiven Mielke-Kämpfer brachte es Anfang 1990 in der SPD noch zum Spitzenkandidaten bei den ersten freien Volkskammerwahlen. Ein anderer hätte es in der CDU beinahe sogar zum letzten DDR-Ministerpräsidenten gebracht. Wen würde es wundern, wenn spätere Historiker, nachdem sie endlich den letzten Aktenschnipsel aus dem Hause Mielke studiert haben, feststellen müssen, dass der ganze Widerstand allein von Erich Mielke organisiert war. Die wenigen echten Dissidenten waren für ihn nichts als ein paar nützliche Idioten, die er brauchte, um die Kosten für seine ganze Staatssicherheit vor Honecker und dem Rest des Politbüros zu rechtfertigen, so weit die nicht selbst schon im Widerstand arbeiteten.

Wir-Gefühl

Vom Ich zum Wir – Wir Ossis sind die besseren Menschen

Das wagen wir zwar nicht immer und überall auszusprechen, aber wenn wir unter uns sind, kann es schon vorkommen, dass wir einander zu verstehen geben, was uns vor den Wessis auszeichnet. Auch wenn es sich kaum in Worte fassen lässt, das Gefühl moralischer Überlegenheit verbindet uns und schenkt ein bisschen Trost in einer ansonsten von rein westlichen Wertmaßstäben beherrschten Gesellschaft. Nachdem uns der Westen auf allen anderen Gebieten seine Überlegenheit demonstriert hat, kann es heute sogar vorkommen, dass ein mitfühlender, also ein Ausnahmewessi ausspricht, was wir höchstens zu denken wagen: Im Osten ging es menschlicher zu. Und dann fragen wir uns manchmal trotzig: War das, was wir früher Mief nannten, nicht eigentlich menschliche Wärme?

Das sozialistische Kollektiv, über das wir in der DDR nicht genug spotten konnten, vergoldet sich mit dem Abstand der Jahre. Schließlich waren wir damals jünger und hatten vor allem noch die Hoffnung, dass sich bei uns mal etwas ändern würde. Diese Hoffnung haben wir jetzt nicht mehr. Und wenn uns nun einer erzählt, in welcher Hölle wir unsere schönsten Jahre verbracht hätten, dann erscheint uns das Leben damals noch mal so schön. Schließlich kannten wir keine Existenzangst, keinen Konkurrenzkampf, nur den sozialistischen Wettbewerb, der von einem gemütlichen Beisammensein kaum zu unterscheiden war. Es ging alles seinen sozialistischen Gang. Die Karriere war nicht so wichtig. Als Leiter verdiente man vielleicht zweihundert Mark mehr, handelte sich dafür aber nur unnötigen Ärger ein. Der sozialistische Gemütsmensch brauchte keine Ellenbogen, um einigermaßen zurechtzukommen. Und da – wie wir gelernt haben – die Umwelt den Menschen formt, können wir ja gar nicht so egoistisch und karrieresüchtig sein wie der gemeine Wessi, der gar nichts anderes kennt als diese kalte Konkurrenzgesellschaft.

Natürlich sagen wir ihm das nicht. Das verbietet uns unsere moralische Überlegenheit ja von selbst. Außerdem könnte er für sich ins Feld führen, dass er in einer ↑Demokratie aufgewachsen, also folgerichtig selbst ein Demokrat ist, während wir in vierzig Jahren Diktatur verlernt haben, den Wert der Freiheit zu schätzen. Und wenn er dann noch mit der ↑Stasi kommt, sieht es ganz schlecht aus mit unserer moralischen Überlegenheit. Dass wir nicht alle bei der Stasi gewesen sein können, ist den meisten Wessis zwar theoretisch klar, aber praktisch bleibt doch zumindest immer ein leiser Verdacht. So wie wir über sie Bescheid wissen, so genau wissen sie ja auch über uns Bescheid. Wenigstens in dem Punkt unterscheiden wir uns nicht.

Also reden wir lieber nicht von unserer moralischen Überlegenheit. Es reicht ja, wenn wir sie fühlen. Wir sind nun mal wahre Gefühlsmenschen, wir Ossis. Und wir halten rein gefühlsmäßig auch zusammen, was man schon daran erkennen kann, dass wir immer wir sagen. Ich auch. Aus lauter Verbundenheit zu uns sechzehn Millionen Ossis, von denen ich neunundneunzig Komma neun Prozent gar nicht kenne.

Mag ja sein, dass diese moralische Überlegenheit nur eingebildet ist. Aber wenn sie das ist, handelt es sich hier doch zumindest um einen schönen Irrtum.

Wissenschaftlich-technischer Fortschritt

→ CAD/CAM

X

Der Tag X ist ein ganz besonderer Tag

Irrtum – jeder ganz gewöhnliche Tag hat das Zeug zum Tag X. Sehr oft ist so ein Tag X bei den einen mit großen Hoffnungen, bei den anderen mit großen Befürchtungen verbunden, bei Dritten wiederum mit gar nichts. So ein Tag X – nein, *der* Tag X – war in der DDR der 17. Juni 1953. Die einen erhofften sich von diesem Tag das Ende der kommunistischen Herrschaft, die anderen fürchteten das, und die Dritten – in dem Falle die Bundesbürger –, die mit diesem Tag gar nichts zu tun hatten, bekamen einen, meist sonnigen Ausflugstag geschenkt, ohne so genau zu wissen warum, und wem sie diesen freien Tag verdankten. Zumindest haben sie das im Laufe der vielen Jahre immer gründlicher vergessen.

Wir Ossis jedenfalls hatten den Wessis jährlich einen freien Tag verschafft, der offiziell »Tag der Deutschen Einheit« hieß. Aber kaum war die Einheit da und wir – die Verursacher des Feiertags und der ganzen Einheit – waren endlich dazu gestoßen, da schaffte man den schönen Feiertag wieder ab. Stattdessen wählte man jetzt einen x-beliebigen, selten sonnigen 3. Oktober zum Einheitsfesttag. Allein dieser 3. Oktober beweist schon, dass so ein Tag X auf jeden Tag des Jahres fallen kann. Nur sehr wenige Tage des Jahres haben so wenig mit deutscher Geschichte zu tun wie dieser 3. Oktober.

Über jenen 17. Juni 1953 ist inzwischen so viel geredet und geschrieben worden, dass ich mir hier weitere Erörterungen sparen kann. Nur so viel noch – Stefan Heym hat unter dem Titel »Der Tag X« einen eigentlich ganz DDR-freundlichen Roman geschrieben. Aber der durfte nur im Westen erscheinen. Für die DDR-Oberen reichte die Erwähnung dieses Datums aus, um sie in Angst und Schrecken zu versetzen. Denn da war das Undenkbare geschehen: Die Arbeiter waren gegen den Arbeiter- und Bauernstaat auf die Straße gegangen. Als sie das zum zweiten Mal taten, geschah dann wirklich das, was die Herrschenden seit diesem 17. Juni 1953 immer gefürchtet hatten. Zumindest in ihrer Angst vor einem neuen Tag X hatte die Partei immer Recht ...

Yves Montand und andere

Von solchen Weltstars konnten wir nur träumen

Wir träumten in der Tat von ihnen. Aber irgendwann kamen sie auch alle zu uns, und sie alle vereinte danach etwas, was uns zusätzlich stolz machte – sie schwärmten von uns, ihrem Publikum. So dankbar wurden sie wohl nur im Osten gefeiert. Und deshalb kamen sie immer wieder, ob Marcel Marceau oder Louis Armstrong, Juliette Gréco, von Mireille Mathieu und Adamo gar nicht zu reden. Yves Montand und seine Frau Simone Signoret spielten in einer deutsch-französischen Koproduktion die Hauptrollen, in dem ↑DEFA-Film »Die Hexen von Salem«. Auch als Chansonsänger war Yves Montand in der DDR immer hoch willkommen, bis er 1976 gegen die Ausbürgerung Wolf Biermanns protestierte. Solche »Einmischung in die inneren Angelegenheiten der DDR« liebte die Parteiführung gar nicht. Aber der Liebe des Publikums zu Yves Montand tat das kaum Abbruch.

Ich weiß nicht, wie hoch die Gagen solcher Weltstars bei uns waren. Sollten sie nicht ganz so hoch wie anderswo gewesen sein, so wurden sie durch den Jubel unseres Publikums auf jeden Fall entschädigt. Manchem Weststar verhalf so ein Auftritt in Ostberlin sogar zu neuem Ruhm. Mitte der achtziger Jahre kam Udo Lindenberg in den Palast der Republik. Im Westen war sein Stern gerade im Untergehen begriffen, wie mir Ahnungslosem vom Westbesuch versichert wurde. Hier ging er dann mit seinem »Sonderzug nach Pankow«, seinem seltsamen Flirt mit Erich ↑Honecker und der Publikumsbegeisterung im Palast der Republik wieder auf und ist seitdem – so weit ich weiß – nie wieder ganz untergegangen. Für die Karriere im Westen konnte also ein DDR-Auftritt durchaus förderlich sein.

Karten für die Auftritte solcher Weststars waren zwar schwer zu bekommen, aber Fans im Osten nahmen manche Entbehrung und nächtelanges Anstehen in Kauf, um dabei zu sein, wenn ihr Star aus der großen weiten Welt in die kleine enge DDR kam. War es doch auch immer ein Hauch von dieser großen weiten Welt, den diese in das kleine Mauerländchen brachten. Solche Gastspiele machten sehnsüchtig auf die Welt da draußen. Heimweh bekamen die DDR-Bürger erst, als ihr Fernweh gestillt war. Das Eigene schätzen kann nur, wer das Andere kennt. Näheres hierzu unter dem Stichwort ↑Stars.

Zensur

Die Zensur in der DDR war allmächtig

Sie war allgegenwärtig, aber nicht allmächtig. Offiziell gab es sie ja gar nicht. Das machte die Auseinandersetzung mit ihr manchmal so kompliziert, oft abenteuerlich. Bei manchem Verbot wusste man nicht einmal, wer es warum ausgesprochen hatte. Auch wenn es einen selbst betraf, erfuhr man das nicht unbedingt. Dass ich zeitweise verboten war, wurde mir durch einen anonymen Anruf eines »guten Freundes«, der seinen Namen nicht nannte, mitgeteilt. Als ich einige Monate später bei einer Vertragsverhandlung mit einem Berliner Theaterintendanten gefragt wurde, ob ich verboten sei oder nicht, konnte ich guten Gewissens sagen, ich wüsste von keinem Verbot. Der Intendant lächelte nur und sagte dann: »Na gut, dann gehen wir davon aus, dass Sie nicht verboten sind.« Ich durfte an seinem Theater arbeiten und von einem Verbot – der Intendant hatte davon ja auch nur gerüchteweise erfahren – war keine Rede mehr.

Die Auseinandersetzung mit der Zensur war ein ewiges Katz-und-Maus-Spiel, bei dem nicht immer die Katze gewann, unter anderem deshalb, weil es die Katze ja angeblich gar nicht gab. In den sechziger Jahren wurde erzählt, dass Walter Ulbricht bei einem Besuch im DDR-Fernsehfunk dort an einer Tür das Wort »Abnahmeraum« gelesen und empört gesagt habe: »Abnahme gibt es in der DDR nicht. Wir üben keine Zensur aus.« Seit dieser Zeit nannte man die Abnahmeproben im ↑Kabarett offiziell nicht mehr Abnahme, sondern »Interessentenprobe« oder »Freundschaftsbesuch«. Mit dieser Probe – wie immer man sie nannte – hatte sich die Zensur allerdings längst nicht erledigt.

Jeder gute, also wachsame Staatsbürger konnte sie ausüben, indem er die »Zuständigen« darauf hinwies, dass sie einen feindlichen Ton, ein feindliches Wort überhört hätten. Denn die »Zuständigen« trugen, anders als die ausübenden Künstler, die politische Verantwortung. Den Künstlern gestand man eine gewisse Unbedarftheit im Politischen zu. Deshalb gab es ja die Funktionäre mit ihrem politisch-ideologischen Spezialwissen. Sie durften sich nicht einfach dumm stellen, wie wir von der ausübenden Zunft. Mangelnde Wachsamkeit war ein schwerer Vorwurf, der sie schnell ihr Amt kosten konnte.

Es gehört übrigens zu den Geheimnissen real-sozialistischer Zensur, dass sie auch politikferne Töne, also Musik, als feindlich erkennen konnte. Oder ganz und gar abstrakte Malerei, die nur mit Farben oder Formen arbeitete. Dass man an geschriebenen oder gesprochenen Worten Anstoß nehmen konnte, das habe ich sogar noch verstanden. Aber an einem atonal klingenden Streichquartett, das einen keiner anzuhören zwang? Oder an einem auf Leinwand gesprühten Farbklecks?

Es gibt auf der Welt so viele Streichquartette und Farbkleckse, die ich nie hören oder sehen möchte. Aber in dem Moment, wo sie verboten werden, würde ich vielleicht doch anfangen, mich für sie zu interessieren. Genau so hat die DDR-Zensur oft ein Interesse erst geweckt, das es ohne sie gar nicht gegeben hätte. So manches Kunstwerk in der DDR verdankte seine öffentliche Wahrnehmung dieser Zensur. Wenn man hörte, ein Text sei verboten worden oder auch nur in die Kritik der Partei geraten, versuchte man, ihn irgendwie in die Hand zu bekommen. Theatervorstellungen, die von der Parteipresse kritisiert wurden, lockten ganze Publikumsströme ins Parkett, die ohne solche Kritik nie gekommen wären. Selbst Lyrik konnte in der DDR ein Massenpublikum erreichen, wenn man hörte, die Partei habe ein Gedicht falsch verstanden. Und wir vom Kabarett verdankten viel von unserer Popularität überhaupt nur der Zensur, die zwischen Bühne und Publikum unsichtbar, aber deutlich spürbar, schwebte und manche Pointe erst zur Pointe machte.

Die Kulturfunktionäre, deren trauriger Beruf es war, darüber zu wachen, dass kein falsches Wort gedruckt oder öffentlich ausgesprochen würde, hielten sich natürlich nicht für Zensoren. Sie verstanden sich vielmehr als fürsorgliche Freunde der Künstler. Denn sie schützten uns ja vor möglichen Missverständnissen der oberen Behörden, die nicht so viel Verständnis aufzubringen vermochten wie sie. Nichts nahmen sie so übel, wie von uns Zensor genannt zu werden.

Jetzt, da ich erst eine Anstalt des öffentlichen Rechts betreten muss, um mich zu vergewissern, dass Zensur nicht nur eine realsozialistische Eigenart war, vermisse ich sie manchmal schon. Und dann erinnere ich mich an Brecht, der angesprochen auf die Zensureingriffe in seine und Paul Dessaus Oper »Lukullus« gesagt hatte, dass das doch immerhin von außergewöhnlichem

Interesse der Regierenden an den Künsten zeuge. Dieses Interesse zumindest kann man doch vermissen. Absolute Interesselosigkeit, also Schweigen über ein Kunstwerk, ist ein viel endgültigeres Urteil als jedes ausgesprochene Verbot. Um einem beliebten Irrtum zuvorzukommen: Nein, ich will die DDR-Zensur nicht zurückhaben.

Eine Geschichte, die sich in Leipzig abspielte, zeigt die ganze Absurdität der Zensurausübung und ihre Folgen für die Betroffenen. In der Leipziger »Pfeffermühle« war Ende der siebziger Jahre ein Programm von der Abnahmekommission genehmigt worden, wurde aber nach der Premiere wegen schwerwiegender ideologischer Fehler verboten. Der Stadtrat für Kultur, der diese Fehler bei der Abnahme übersehen hatte, verlor seinen Posten und der Kabarettdirektor, der mit der Produktion selbst nichts zu tun hatte, wurde abgesetzt. Nachfolger des Direktors wurde kurz darauf der Autor und Regisseur des verbotenen Programms.

Zusammenfassung

Die ganze DDR war ein Irrtum

Wenn sie das war, so war sie doch zumindest für die meisten von uns ein einschneidender Irrtum. Ob sie es aber wirklich von Anfang bis Ende war, sollten wohl zuerst mal die entscheiden, die sie – wie auch immer – erlitten oder genossen, jedenfalls erlebt haben. Wer sie wie ich von Anfang bis Ende erlebt hat, weiß auch, dass die DDR von 1949 eine andere war als die von 1970 oder von 1989. Aber solche Unterschiede zählen heute, da man alles von ihrem Ende her sieht, kaum noch.

Die allgemein akzeptierte Sprachregelung, dass die DDR die zweite deutsche Diktatur im zwanzigsten Jahrhundert war, scheint mir nicht zutreffend zu sein. Es sei denn, man hält das Kaiserreich für eine ↑Demokratie. In manchen Strukturen ähnelte der feudalsozialistische Staat DDR mit dem einen Kaiser in Ostberlin und seinen Duodezfürsten in den Bezirken sowie mit dem Untertanengeist seiner Bürger diesem Kaiserreich weit mehr als dem Dritten Reich. Man soll die Unterschiede nicht verwischen, aber der immer wieder gezogene Vergleich zwischen Nazi-Diktatur und DDR scheint mir viel abwegiger als einer mit dem Kaiser-Deutschland.

Die Leichenberge der Nazis mit den Aktenbergen der ↑Stasi zu vergleichen, wie das heute manche tun, ist mehr als abwegig. Dass zum Beispiel die ↑Zensur in der DDR strenger und noch kleinlicher war als im Kaiserreich, wird zumindest ausgeglichen durch mehr soziale Gerechtigkeit, die in der DDR herrschte. Eine Stasi gab es nicht unterm Kaiser, wohl aber eine durchaus rührige Geheimpolizei, die von keinem Parlament kontrolliert wurde. Und Sammellager für Unbotmäßige waren bei Ausbruch des Ersten Weltkrieges genauso geplant, wie die Staatssicherheit sie 1989 auf dem Papier hatte. Dass sie unterm Kaiser nicht errichtet wurden, lag wohl vor allem an der fehlenden Unbotmäßigkeit der deutschen Untertanen von 1914. Dass sie unter ↑Honecker und ↑Mielke 1989 nicht mehr eingerichtet wurden, lag eher daran, dass die Zahl der Unbotmäßigen schon zu groß war, um sie in solchen Lagern unterbringen zu können.

Die Militarisierung des Alltags war im Kaiserreich wohl entschieden größer als dann in der DDR. Die Kinder und Jugendlichen im kaiserlichen Deutschland trugen ja Waffen und Uniformen mit vaterländischer Begeisterung, also freiwillig. Das kann man von der DDR-↑Jugend bestimmt nicht behaupten. Ein Vergleich mit der Begeisterung für Führer und Vaterland führt wohl ganz in die Irre. Was DDR und Kaiserreich wiederum verbindet, ist ihr Ende durch eine Revolution. Dass die zweite deutsche Revolution des zwanzigsten Jahrhunderts im Gegensatz zur ersten so unblutig endete, besagt ja nicht, dass es keine war. Und dass sie erfolgreicher war als die erste, glaube ich trotz aller Enttäuschung darüber, dass nicht das Gute gesiegt hat, sondern nur das Stärkere. Man müsste erstmal klären, was das Gute überhaupt ist, beziehungsweise, was für wen gut ist.

Der größte DDR-Irrtum dürfte wohl gewesen sein, dass es sich bei der DDR um einen sozialistischen Staat, eine sozialistische Gesellschaft gehandelt haben soll. Es mag in den Ansätzen den einen oder anderen zaghaften Versuch dazu gegeben haben, manche gute Absicht und viel guten Glauben. Dass dieser Sozialismus, bevor man versuchte, ihn zu etablieren, unter Stalin bereits bis zur Unkenntlichkeit entstellt war, machte ihn von Anfang an unglaubwürdig. Sozialistisch war schließlich nur noch das – allerdings höchst vulgärmarxistische – Vokabular. An dem Irrtum, dass es sich im Ostblock um sozialistische Staaten gehandelt habe, halten heutzutage besonders gern alle Antikommunisten dieser Welt fest. Denn wenn das, was Sozialismus genannt wurde, wirklich einer gewesen wäre, dann könnte es zum bestehenden Kapitalismus natürlich keine sozialistische Alternative geben.

Ich bin mir nicht sicher, möchte aber die Hoffnung nicht aufgeben, dass das letzte Wort über die Möglichkeiten des menschlichen Zusammenlebens noch nicht gesprochen ist. Ob wir dafür einen alten oder neuen Ismus brauchen, weiß ich nicht. Aber dass der heute praktizierte Kapitalismus das Ende der Geschichte sein soll, möchte ich mir nicht vorstellen.

Die DDR war eine Diktatur der Partei-↑Bürokratie, die sich bis zum Schluss auf Marx, Engels und Lenin berief. Aber zumindest mit Marx und Engels hatte dieser Real-Sozialismus nur zu tun, was in Lenins Übersetzung von beiden übrig geblieben war. Die Stalinschen Durchführungsbestimmungen haben aus den Ideen der beiden Deutschen und ihres russischen Übersetzers endgültig eine Gefängnisordnung gemacht, die in der DDR dann zwar weniger brutal vollstreckt wurde, aber eben die Ordnung einer geschlossenen Anstalt blieb, eine Erziehungsdiktatur.

Die Erkenntnis, dass die außerhalb unseres Mauerstaates vermutete Freiheit auch keine Freiheit für alle ist, lässt viele Ostdeutsche heute glauben, dass es in der DDR-Anstalt zumindest gemütlicher gewesen sei, als heute auf der freien Wildbahn, wo der ökonomisch Stärkere herrscht. Dass nicht nur die moderaten Sozialdemokraten, sondern auch manche Christdemokraten heute von Raubtierkapitalismus sprechen, ja, dass man ihn beim Namen nennen darf, macht nichts besser. Meinungsfreiheit kann auch bedeuten, dass die Machtverhältnisse geklärt sind. Was kann noch demokratisch sein an einer Gesellschaft, in der die Machtverhältnisse geklärt sind? Das waren sie ja so lange – wenn auch auf eine andere Art – in der DDR ebenfalls.

Freie Wahlen zwischen Parteien, die an diesen Machtverhältnissen nicht rütteln können oder wollen, bringen zwar Abwechslung in die Argumentation – SPD: wir können nicht, CDU: wir wollen nicht. Aber die Freiheit des Wortes ist nichts, wenn sie folgenlos bleibt. Von Demokratie zu sprechen, ohne von den Besitzverhältnissen zu reden, ist nicht weniger verlogen, als es dieser Real-Sozialismus war, der meinte, zu Gunsten der »Freiheit für alle« die Freiheit des Einzelnen missachten zu können. Die DDR hat sich selbst ad absurdum geführt. Die Bundesrepublik ist in den zwanzig Jahren nach dem Untergang der DDR auf diesem Wege schon ein gutes Stück vorangekommen.

Die Annahme, dass der Untergang des anderen deutschen Staates dieser Bundesrepublik gut bekommen würde, hat sich leider viel zu schnell als Irrtum erwiesen. Mancher Altbundesbürger hat inzwischen festgestellt: Es war nicht nur nicht alles schlecht in der alten BRD. Manches war einfach besser, damals, als man noch beweisen musste, dass die sozialistische Gleichmacherei und Bevormundung im Osten keine Alternative ist zu Demokratie und sozialer Marktwirtschaft im Westen. Vor Irrtümern ist man nirgendwo sicher.

Liste der DDR-Irrtümer

Literaturhinweise

Dem Gedächtnis des Autors bei dem einen oder anderen Irrtum half das Internet mit verschiedenen Seiten auf die Sprünge sowie u. a. folgende Nachschlagewerke und Bücher:

Das dicke DDR-Buch, Berlin 2002
Thomas Flemming, Hagen Koch: Die Berliner Mauer, Berlin 2008
Thomas Grimm: Das Politbüro privat, Berlin 2004
Andreas Herbst, Winfried Ranke, Jürgen Winkler: So funktionierte die DDR, Reinbek bei Hamburg 1994
Hans-Hermann Hertle, Konrad H. Jarausch, Christoph Kleßmann (Hg.): Mauerbau und Mauerfall, Berlin 2002
Meyers Großes Taschenlexikon in 26 Bänden, Mannheim 2003
Stefan Wolle: Die heile Welt der Diktatur, Berlin 1998